Schreiben gegen das Abgeschriebensein

**Eine biografisch-kreative Schreibwerkstatt mit Langzeitarbeitslosen
in Theorie und Praxis**

Hans-Jürgen Fischer

Bibliografische Information der Deutschen Nationalbibliothek:

Die Deutsche Nationalbibliothek verzeichnet diese Publikation in der Deutschen Nationalbibliografie; detaillierte bibliografische Daten sind im Internet über http://dnb.dnb.de abrufbar.

© 2016 Hans-Jürgen Fischer

Herstellung und Verlag:

BoD – Books on Demand, Norderstedt

1. Auflage 2016

ISBN: 9783839162262

Über den Autor:

Hans-Jürgen Fischer (M.A.) wurde 1949 in Hannover geboren, das bis heute sein Lebensmittelpunkt blieb. 1966 wurde er Deutscher, vorher war er staatenlos. Seit 1970 ist er verheiratet.

Sein schulischer / beruflicher Werdegang gliedert sich in zwei Teile. Als hartnäckiger Schulverweigerer ging er 1965 ohne Abschluss aus der Volksschule ab. Nach zwei abgebrochenen Handwerkslehren war er nacheinander Seemann, Fabrikarbeiter, Soldat, Kraftfahrer. Dann erlebte er eine längere Arbeitslosigkeit.

Mit 24 Jahren begann er, in Abendkursen Schulabschlüsse nachzuholen. Nach Volksschule, Tischlerlehre, Realschule und Fachoberschule studierte er von 1979 bis 1982 Sozialarbeit/Sozialpädagogik in Hildesheim. Von 1983 bis 2011 war er als Sozialpädagoge bei der LH Hannover tätig – als Jugendpfleger, Jugendgerichtshelfer, Leiter eines Ferienlagers und als Koordinator für Kinder- und Jugendarbeit. Zwischenzeitlich absolvierte er eine Sozialmanagement-Ausbildung. Mit Eintritt in den Ruhestand studierte er „Biografisches und Kreatives Schreiben" an der ASH Berlin und schloss 2014 mit dem *Master of Arts* ab. Seitdem bietet er Workshops zum Biografischen und Kreativen Schreiben für unterschiedliche Ziel- und Altersgruppen an.

Bisher erschienen:

- Roman „Sandros Strafe", Edition Thaleia 2011 (ISBN 978-3-924944-98-8). Verknüpft werden darin die Leidensgeschichten eines jugendlichen Amokläufers und seines professionellen Helfers.
- Lesebuch „Auf den zweiten Blick – Ein unbequemes Lesebuch", Books on Demand 2015 (ISBN 978-3-7386-5066-2). Autobiografisches und Fiktives ist hier in unterschiedlichen Textformen verbunden (Satire, Glosse, Kurzgeschichte, Essay, Lyrik).

Vorwort

Ungeachtet der staatlich verkündeten, stets euphemistisch gefärbten Statistiken gibt es in Deutschland etwa eine Million Langzeitarbeitslose. Von diesem Massenschicksal ist somit jeder achtzigste Deutsche betroffen – mitgerechnet all jene, deren Arbeitskraft dem Arbeitsmarkt aus unterschiedlichen Gründen offiziell nicht zur Verfügung steht. Staatliche Hilfemaßnahmen für diese Problemgruppe beschränken sich weitgehend darauf, solche Verlierer der neokapitalistisch geprägten Gesellschaft in ihrer Fähigkeit zu trainieren, sich besser auf dem Arbeitsmarkt verkaufen zu können. Wenn auch nur wenige Betroffene davon profitieren, weil sie darüber ihre Attraktivität für den Arbeitsmarkt steigern können, wird Langzeitarbeitslosigkeit für den Großteil zum Dauerschicksal. Doch die Frage, welche Auswirkungen dieses Schicksal der Langzeitarbeitslosigkeit auf das Selbstwertgefühl von Betroffenen hat, bleibt weitgehend ausgeblendet. Psychosoziale Unterstützung wird, wenn überhaupt, in Selbsthilfegruppen oder Nischenangeboten Sozialer Träger angeboten – allerdings weit unterhalb der Bedarfsschwelle. Über die Arbeitsagenturen wird eine systematisierte, flächendeckende Hilfe für diese Zielgruppe nicht organisiert.

Vor diesem Hintergrund ist es das Anliegen dieses Buches, für die Schreibpädagogik ein neues Arbeitsfeld zu erschließen und möglichst breit gefächert zur Anwendung zu bringen. Die Methoden des Biografischen und Kreativen Schreibens zu nutzen, um damit ein psychosoziales Unterstützungsangebot für die Zielgruppe zu organisieren und landesweit anzubieten, soll hierüber ermöglicht werden.

Das Buch gliedert sich in zwei Teile:

Im ersten, theoretischen Teil wird ein Konzept für eine Schreibgruppenaktivität mit Langzeitarbeitslosen entwickelt – ausgehend von der Position, dass Langzeitarbeitslose sich in einer gesellschaftlich verursachten Krisenlage befinden, die sie individuell meistern sollen. Angemessene Hilfestellung wird ihnen versagt, das gesellschaftliche Problem wird in ein individuelles umgedeutet. Der theoretische Teil geht der Frage nach, wie ein Schreibgruppenangebot Betroffenen helfen kann, damit umzugehen. Zum Verständnis der individuellen Lage von Langzeitarbeitslosen wird zunächst das Phänomen Arbeitslosigkeit in seinen unterschiedlichen Dimensionen untersucht. Nachgezeichnet wird dabei die historische Entwicklung im deutschsprachigen Raum sowie die sozial- und individualpsychologische Situation. Dies führt zu einer Zustandsbeschreibung jener Krise, in der sich Langzeitarbeitslose in der derzeitigen wirtschaftlich-gesellschaftlichen Lage befinden. Über eine quantitative Erhebung unter Betroffenen wird dies empirisch geprüft. Auf Grundlage dieser Erkenntnisse wird ein Konzept entwickelt, das auf die Bedürfnisse und die Fähigkeiten der Zielgruppe zugeschnitten ist. Das Stärken und das Wiederentdecken wirksamer Copingstrategien und des Selbstwertgefühls stehen dabei im Mittelpunkt. Hauptintention des Konzeptes ist es, einen emanzipatorischen Prozess bei den Teilnehmenden zu fördern. Im zweiten Teil wird jener Schritt vollzogen, ohne den der erste Makulatur wäre. Er enthält die Evaluation und Dokumentation eines Pilotprojektes, das auf Grundlage des erarbeiteten Konzepts umgesetzt wurde. Zielsetzung dieses Pilotprojektes war es, die Annahmen und didaktischen Einheiten des Konzepts auf Plausibilität und Wirksamkeit zu überprüfen. Hier sei vorweggenommen, dass die Konzeptgrundlage durch den Verlauf und das Ergebnis des Pilotprojekt weitgehend bestätigt werden konnte.

Das vorliegende Buch führt somit beide Projekte zusammen – die Konzeptentwicklung und das Pilotprojekt. Hierdurch ergänzen und verstärken sich die gewonnenen Erkenntnisse aus beiden Entwicklungsprozessen, die so einer Fachöffentlichkeit verfügbar gemacht werden. Schreibpädagogen, Quereinsteigern in die Schreibgruppenleitungstätigkeit, Sozialpädagogen und anderen in der Erwachsenenbildung Tätigen, die eine Schreibgruppenaktivität mit Langzeitarbeitslosen durchführen wollen, soll hiermit eine Orientierungsmöglichkeit geboten werden.

Zur Klarstellung: Dieses Buch kann nicht als ein Handlungsleitfaden dienen, der ohne Einbeziehung weiterer Rahmenbedingungen eins zu eins zu übersetzen wäre. So sind etwa geografische Besonderheiten, spezielle Lebenslagen potenzieller Teilnehmender und fachliche Voraussetzungen von Schreibgruppenleitungen Variablen, die jeweils zu berücksichtigen sind. Bei der Planung und Durchführung eigener Angebote im Biografischen und Kreativen Schreiben für die definierte Zielgruppe sollte dies beachtet werden.

Ich will mich bei allen bedanken, die mich bei der Arbeit an diesem Buch unterstützt haben – zuallererst meiner Ute, die all meine Schreibprojekte stets kritisch-konstruktiv begleitet. Dank auch an die Teilnehmenden des Pilotprojektes dafür, dass sie ihre Texte zur Verfügung stellten.

Hans-Jürgen Fischer

Teil 1: *Schreiben gegen das Abgeschriebensein*

Entwicklung eines Konzeptes zur Schreibgruppenpädagogik mit Langzeit-arbeitslosen

Abstract

Ausgangspunkt ist meine Position, dass Langzeitarbeitslose sich in einer ge-sellschaftlich verursachten Krisenlage befinden, die sie individuell meistern sollen. Angemessene Hilfestellung wird ihnen demnach versagt, das gesellschaftliche Problem wird in ein individuelles umgedeutet. Diese Arbeit geht der Frage nach, wie ein Schreibgruppenangebot Betroffenen helfen kann, damit umzugehen.

Zum Verständnis der individuellen Lage von Langzeitarbeitslosen wird zunächst das Phänomen Arbeitslosigkeit in seinen unterschiedlichen Dimensionen unter-sucht. Nachgezeichnet werden dabei die historische Entwicklung und die sozial- und individualpsychologische Situation. Das führt zu einer Zustandsbeschreibung jener Krise, in der sich Langzeitarbeitslose befinden. Über eine quantitative Er-hebung unter Betroffenen wird dies empirisch geprüft.

Auf Grundlage dieser Erkenntnisse wird ein Konzept entwickelt, das auf die Be-dürfnisse und die Fähigkeiten der Zielgruppe zugeschnitten ist. Das Stärken und das Wiederentdecken wirksamer Copingstrategien und des Selbstwertgefühls stehen dabei im Mittelpunkt. Letztlich geht es darum, einen emanzipatorischen Prozess zu fördern.

Für die Schreibpädagogik soll hiermit ein neues Arbeitsfeld erschlossen werden.

1. Einleitung
1.1. Problemaufriss zur Langzeitarbeitslosigkeit

Meine Sozialisation, eigene Segregationserfahrungen und eine daraus resultierende skeptische Grundhaltung gegenüber dem *Mainstream* gesellschaftlicher Botschaften und Lösungsvorstellungen, wie sie über den Hauptteil öffentlicher Medien verbreitet werden, lassen mich zu diesem Themenkomplex eine kritische Haltung einnehmen.

Aus soziologischer Sicht ist die Gruppe der Langzeitarbeitslosen besonders gefährdet, mit zunehmender Dauer ihrer Arbeitslosigkeit in einen Teufelskreis zu geraten (vgl. Negt (1), 2008, S. 241 ff.). Diejenigen, die eine für den Arbeitsmarkt verwertbare Ausbildung aufweisen können und vorher auch erfolgreich nutzen konnten, nun jedoch mit Arbeitslosigkeit konfrontiert werden, empfinden dies häufig zunächst als wenig besorgniserregend. Nicht wenige sehen dies sogar als temporäre Befreiung und Chance zum *Durchatmen* nach längerer körperlicher und geistiger Überanstrengung und nutzen es entsprechend.

Wenn sich dann aber individuell die Zeichen für eine Problemlage mehren; wenn zunehmend realisiert wird, dass aus einer kurzen, vermeintlich leicht zu überbrückenden Arbeitspause ein längerer oder gar endgültiger Ausschluss von der Arbeitswelt zu werden droht; wenn zunächst hoffnungsvoll an die einschlägigen Arbeitgeber gerichtete Bewerbungen immer wieder erfolglos verlaufen; wenn auch Zugeständnisse wie die Ausrichtung auf berufsfremde Tätigkeiten und/oder schlechtere Entlohnung nichts nützen; wenn nach dem Arbeitslosengeld I nur noch das Arbeitslosengeld II bleibt; wenn letztlich dadurch nicht einmal die Wahl zwischen prekärer Beschäftigung und weiterer Arbeitslosigkeit gelassen wird, weil die Arbeitsagentur mit ihren gesetzlichen Zwangsmitteln droht, durch die materielle Not verschärft wird; wenn die materielle Notlage das eigene Leben und das der Familienangehörigen beeinträchtigt; wenn neben die materielle Not die Erklärungsnot gegenüber der sozialen Umwelt tritt; wenn schließlich dieses ausweglose Bündel von Frustrationen in eine psychische Notlage mündet, dann ist der Erhalt des bisher erworbenen Selbstwertgefühls, das sich in dieser Arbeitsgesellschaft – bedingt durch eine entsprechende Sozialisation – bei den meisten Betroffenen immer noch über die Arbeit definiert, zunehmend gefährdet. Die Schuld daran suchen die Betroffenen dann oft bei sich selbst. Typische eigene Erklärungsmuster zu ihrem *Versagen* sind dann ungenügende Attraktivität für den Arbeitsmarkt aufgrund des Alters, der veralteten Berufskenntnisse und letztlich der langen Arbeitslosigkeit.

Ein Trauma wird langläufig definiert als ein plötzliches, nicht vorhergesehenes Unglück. Langzeitarbeitslose jedoch erleben dieses Unglück zeitlich verzögert. Sie realisieren es vermutlich oft erst dann, wenn ihre soziale Ausgrenzung mit allen negativen Auswirkungen vollständig ausgeformt ist – und Selbsttäuschungsmechanismen können diese Realisierung sogar noch hinauszögern. Wer in einer solchen Abwärtskarriere gefangen ist, weist potenzielle Arbeitgeber nicht nur über die Daten in seinem Lebenslauf darauf hin, sondern oft auch mit einem unsicheren, von Versagensängsten und einem gewachsenen Minderwertigkeitsempfinden bestimmten Auftreten in Bewerbungssituationen. In Verbindung mit dem Nachweis des Versagens über die Personaldaten ist ein solches Auftreten häufig Grund genug für Personalverantwortliche, von einer Einstellung abzusehen. So schließt sich der Teufelskreis. Langzeitarbeitslose befinden sich dann in einer Lebenskrise, die es zu bewältigen gilt und in der sie auf Hilfe von außen angewiesen sind – und dies von einer Gesellschaft, die sie solchen Mechanismen aussetzt und dadurch ihre Würde verletzt.

Langzeitarbeitslose sind einem doppelten psychosozialen Druck ausgesetzt: Hegemoniale gesellschaftliche Deutungsmuster wirken von außen ein, daraus entwickelte internalisierte Denk- und Handlungsmuster im Zusammenwirken mit einer manifestierten materiellen Notlage erzeugen synergetisch eine Lähmung der Handlungsfähigkeit. Angebote der Schreibgruppenpädagogik könnten dagegen eine Orientierungshilfe sein und die Möglichkeit zur Besinnung auf eigene Stärken darstellen. Hier bietet sich prinzipiell ein Ansatz, Lebenskrisen zu bearbeiten und Selbstheilungskräfte bei den Betroffenen zu wecken, mit denen sie Copingstrategien entwickeln, zunehmend Resilienz erwerben und ihr lädiertes Selbstwertgefühl stärken können. In einer geschützten Gruppensituation eigenen psychosozialen Druck zu mindern, indem man sich z. B. über Biografiearbeit eigener, teilweise verschütteter Fähigkeiten und Stärken rückerinnert, bietet eine Chance, erste Schritte zu gehen, sich von den gesellschaftlich auferlegten Zwängen zu emanzipieren. Wer über das Schreiben die eigene Lage reflektiert, kann neue Perspektiven einnehmen. Die gesellschaftlich vermittelte Botschaft, dass Betroffene an ihrer Lage selbst schuld seien, wäre so individuell relativierbar.

Wenn das Erleben von Langzeitarbeitslosigkeit somit – individuell unterschiedlich ausgeprägt – psychosozialen Druck bei den Betroffenen bewirkt, provoziert dies die Frage, wie solcher Druck durch äußere Unterstützung gemindert werden kann. Der weit überwiegende Teil gesellschaftlich organisierter Hilfeangebote für Langzeitarbeitslose verfolgt bisher vornehmlich zwei Zielrichtungen: Geboten werden dieser Zielgruppe einerseits Unterstützungsmaßnahmen zur Wiedererlangung einer Erwerbstätigkeit mit dem Ziel der Erhöhung ihrer Attraktivität für potenzielle Arbeitgeber und andererseits Hilfen zur Milderung ihrer aus der Arbeitslosigkeit resultierenden materiellen Notlagen. Psychosoziale Hilfen zur Linderung der aus dem Erleben von Langzeitarbeitslosigkeit erwachsenen seelischen Not sind hingegen nur marginal im Angebot. Sie werden signifikant unterhalb des Bedarfs vorgehalten, bei den Förderungsmöglichkeiten der Arbeitsagentur spielen sie keine Rolle (vgl. Bundesagentur für Arbeit: Broschüre Arbeitslosengeld II, Sozialgeld, http://www.arbeitsagentur.de/zentraler-Content/Veroeffent-lichungen/Merkblatt-Sammlung/SGB-II-Merkblatt-Alg-II.pdf, 30.10.2013).

Langzeitarbeitslosigkeit wurde seit Beginn der Dauerkrise 1975 wieder zu einem Massenschicksal. Versuche, dies staatlicherseits mittels euphemistisch interpretierter Statistiken zu verschleiern und kleinzureden, werden zunehmend auch für Betroffene erkennbar. Doch statt gesellschaftlicher Solidarität und dem Organisieren einer notwendigen Gegenwehr macht sich Fatalismus breit, und das St.-Florians-Prinzip greift auch hier: Man will verschont bleiben, arbeitslos sollen andere sein. Dies mag ein uneingestandener Grund sein, weshalb psychosoziale Hilfen für Langzeitarbeitslose quantitativ weit unterhalb der Notwendigkeitsschwelle angeboten werden. Faktisch wird ein Problem, das alle abhängig Beschäftigten berührt, von den derzeit noch nicht Betroffenen weitgehend ignoriert und tabuisiert.

1.2   Zielsetzung der Arbeit im gesellschaftlichen Kontext

Langzeitarbeitslose befinden sich in einer Zwangslage. Sie sehen sich einer Ausgrenzung ausgesetzt, die sich auf alle ihre Lebensbereiche negativ auswirkt. Wer arbeitslos wird und es längere Zeit bleibt, wird tendenziell zum Paria. Statt staatlicher Vorsorge gegen Massenarbeitslosigkeit zu organisieren, wird das Problem eher als unabweisbar dargestellt und als persönliches Risiko, dass jeder für sich zu tragen hat, der die Vorzüge dieser Gesellschaft genießt. (Noch-)Arbeitsplatzbesitzer unternehmen einiges, um die trügerische Sicherheit, in der sie sich wiegen, nicht zu verlieren. Konkurrenzkampf an den Arbeitsstätten, um jeden Preis, nicht selten durch Mobbing und oft durch einen unangemessen hohen Grad der Selbstausbeutung, macht aus Kollegen Konkurrenten. Eine fortschreitende Entsolidarisierung der Gesellschaft, wo Solidarität zu fördern wäre, ist so eine Konsequenz aus dieser Gemengelage.

Arbeitslose fühlen sich mit ihren Problemen allein gelassen und auf sich selbst zurückgeworfen. Nicht nur, dass sie beginnen, bei sich selbst die Schuld zu suchen und sie so in einen wie oben beschriebenen Teufelskreis geraten. Dazu gesellt sich die Unfähigkeit der Gesellschaft, wirksame Hilfestellung in dieser persönlichen Krise zu geben. Staatliche Hilfen der Jobcenter beschränken sich im Wesentlichen auf die Vermittlungstätigkeit, ergänzt durch die Förderung der auf dem Arbeitsmarkt verwertbaren Fähigkeiten (z. B. mittels Vergabe von Bildungsgutscheinen) über externe Dienstleistungsunternehmen. Solche Aktivitäten wären aus gesamtgesellschaftlicher Sicht letztlich als Nullsummenspiel zu bewerten; denn für jeden neu vermittelten Arbeitslosen wird irgendwo auf dem Arbeitsmarkt ein anderer „freigesetzt". Dies beweisen die seit vielen Jahren auf hohem Niveau stagnierenden Arbeitslosenzahlen, die obendrein in euphemistischer Weise aufbereitet und interpretiert werden (worauf später einzugehen ist).

Eine grundsätzliche Änderung könnte eine Kombination staatlich organisierter, aktiver Arbeitsbeschaffungspolitik mit entsprechenden Programmen herbeiführen, wie sie in keynesianischen Modellen entworfen werden – flankiert von flächendeckender Arbeitszeitverkürzung, durch die vorhandene Arbeit gleicher, gerechter verteilt werden könnte. In einzelnen Bereichen, in denen Betreuung, Pflege und Förderung von Menschen unterschiedlicher Altersstufen stattfinden – von der Kita über die Schule bis zur Altenpflege – besteht ein erheblicher Arbeitskräftebedarf. Vollbeschäftigung wäre so realisierbar. Was fehlt, ist der politische Wille zur Umsetzung. Solange hierzu kein Paradigmenwechsel erfolgt, wird das gesellschaftliche Grundproblem Massenarbeitslosigkeit weiterhin existieren.

So bleibt auch die psychosoziale Notlage derjenigen bestehen, die sich in die Langzeitarbeitslosigkeit gedrängt sehen und die sich damit abfinden sollen. Maßnahmen zur Linderung oder Aufhebung dieser Notlagen sind nicht in Sicht – abgesehen von den Härtefällen, jener Spitze des Eisbergs, die sich durch einen nicht zu leugnenden hohen Krankenstand äußern und bei denen Ärzte und Psychotherapeuten an den Symptomen arbeiten sollen, ohne das Grundproblem verändern zu können. Selbstmedikation, d. h. die Flucht in unterschiedlich ausgeprägte Suchtformen, dient oft der Unterdrückung solcher Symptome, ist jedoch ein untaugliches individuelles Mittel, um die Krisensituation zu überwinden.

Notwendig sind daher Maßnahmen für Betroffene auf unterschiedlichen Ebenen und mit unterschiedlichen Einwirkungsmöglichkeiten, um seelische Entlastung, neue Perspektiven und eine Stärkung der eigenen Kräfte zu erreichen – und um bei einer Einordnung der Lage in den gesellschaftlichen Kontext behilflich zu sein.

Solche speziellen Angebote werden jedoch nur unterhalb der Notwendigkeitsschwelle vorgehalten. Wo eine breit angelegte Palette von Angeboten nötig wäre, könnte sich Schreibpädagogik in diesem Kontext als ein geeignetes Medium erweisen. Der Gedanke, ein Konzept auf die Zielgruppe der Langzeitarbeitslosen auszurichten, bietet sich also an. Inzwischen gibt es zwar eine Vielzahl von Arbeiten über Bewältigungsstrategien durch Schreibpädagogik zu den wachsenden Problemen, die aus den Widersprüchen resultieren, welche die Arbeitswelt stetig produziert. Vornehmlich geht es dabei jedoch um psychische Belastungen durch Leistungsdruck und Mobbingsituationen. Eine spezielle Unterstützung der Menschen, die dauerhaft aus dem Arbeitsprozess herausgefallen sind und deren Hauptinteresse darauf gerichtet ist, dem materiellen, zwischenmenschlichen und gesellschaftlichen Druck zu entkommen, haben Schreibpädagogen bisher nicht in den Fokus genommen. Über die individuelle Hilfe hinaus gäbe es damit auch eine Chance, Langzeitarbeitslosen zu der Erkenntnis zu verhelfen, dass die Ursachen für ihr Schicksal zuerst in gesellschaftlichen Rahmenbedingungen und erst nachrangig im individuellen Versagen zu suchen sind. Betroffene könnten so in den Kreis derjenigen einbezogen werden, die über Notwendigkeiten zur gesellschaftlichen Fortentwicklung reflektieren. Letztlich wäre dies ein Beitrag zum Abbau gesellschaftlicher Widersprüche und damit gesellschaftlicher Spannungen. Betroffene, die sich einerseits eine solche Sichtweise zueigen machen und denen andererseits die Wiederaneignung verschütteter eigener Stärken gelingt, könnten mit einem höheren Selbstbewusstsein als bisher in künftigen Bewerbungsgesprächen besser bestehen.

1.3   Ausrichtung eines Schreibgruppenkonzeptes für Langzeitarbeitslose

Ziel dieser Arbeit ist es daher, mit einem Beitrag in die beschriebene Lücke zu stoßen. Produkt soll die Entwicklung eines Konzeptes für eine Schreibgruppenaktivität mit selbsttherapeutischer Ausrichtung sein. Dazu soll der folgenden zentralen Fragestellung nachgegangen werden:

Wie ist ein Schreibgruppenangebot mit Langzeitarbeitslosen zu gestalten, das an ihren Vorerfahrungen ansetzt und zum Ziel hat, die in dieser Zielgruppe gehäuft anzutreffenden psychosozialen Probleme mit selbsttherapeutisch ausgerichteten Methoden abzubauen, ihr Selbstwertgefühl zu stärken, ihre Copingstrategien zu fördern und bei den Teilnehmenden einen emanzipatorischen Prozess zu initiieren?

Durch die Begegnung mit sich selbst, mit der eigenen Geschichte, über das Erinnern früher erfolgreich angewandter Copingstrategien, soll zunächst die Erkenntnis gefördert werden, dass eigene, einstmals bewiesene Stärken vorhanden sind, die es zu reaktivieren gilt. Darauf aufbauend soll ein Prozess initiiert werden, durch den sukzessive am Selbstwertgefühl der Teilnehmenden gearbeitet wird, in dem das Kohärenzgefühl gestärkt wird und neue Möglichkeiten des Umgangs mit der Situation erprobt werden können. Letztlich soll dieser initiierte Prozess über die Dauer der Aktion hinaus zu einer individuellen Grundhaltung der Teilnehmenden führen, in der sich in verselbstständigender Weise neue Aktions- und Verhaltensmuster entwickeln können. Ein solcher Prozess ist sozusagen mit dem Anwerfen eines inneren Motors zu vergleichen, der sich in einem permanenten Lauf allmählich stabilisiert und den Teilnehmenden neue Handlungs- und Reaktionsmuster an die Hand gibt.

Sicherlich ist es in diesem Rahmen nicht leistbar, den Teilnehmenden neue Arbeitsmöglichkeiten anzubieten. Jedoch ist individuell für die Teilnehmenden eine Erhöhung der Selbstsicherheit anzustreben, mit der sie sich in einer neuen Qualität und Sicherheit im Auftreten in künftigen Bewerbungssituationen besser präsentieren können.

Letztlich geht es auch darum, politisch zu wirken – indem durch die Gruppenaktivität und den Austausch mit anderen Benachteiligten eine Einsicht in die gesellschaftlichen Mechanismen gefördert wird. So kann zunehmend ein Sinn darin erkannt werden, die eigenen Interessen wirksamer als bisher verfolgen zu sollen.

1.4   Zeitliche, räumliche und thematische Abgrenzungen

Arbeitslosigkeit ist in ihren heutigen unterschiedlichen Auswirkungen eine unausweichliche Begleiterscheinung des Industriekapitalismus. Dementsprechend hat eine Betrachtung der historischen Dimension bei der Industrialisierung in der ersten Hälfte des 19. Jahrhunderts anzusetzen. In dieser Zeit kam ein Großteil der Bevölkerung, die mit der damaligen Landflucht in industrielle Ballungsgebiete strömte, in jene Situation, in der sich grundlegend auch heute der Hauptteil der Bevölkerung befindet. Sie hatten – und haben immer noch – nichts zu verkaufen als ihre Arbeitskraft. Ihre Existenz war und (und ist weiterhin) davon abhängig.

Räumlich beschränkt sich diese Untersuchung auf Deutschland, durch Einbeziehung der Marienthal-Studie (vgl. Jahoda, Lazarsfeld und Zeisel 1975) teilweise auf frühere österreichische, mit deutschen Bedingungen durchaus vergleichbaren Verhältnissen. Die deutschsprachige Schweiz sowie das deutschsprachige Südtirol sind angesichts der Relationen (Ländergröße, Bevölkerungszahl) vernachlässigbar. Die *Marienthal-Studie* stammt aus den 1930er Jahren. Hierin wurde erstmals der Versuch unternommen, die Auswirkungen massiver Langzeitarbeitslosigkeit in der gesellschaftlichen und individuellen Dimension zu erfassen und systematisch zu beschreiben. Auf diese Studie beziehen sich im deutschsprachigen Raum auch heute noch zahlreiche wissenschaftliche Arbeiten zum Thema Arbeitslosigkeit.

Thematisch grenzt sich diese Arbeit in folgender Weise ab:

• Die Zielgruppe für das Konzept einer Schreibgruppenaktivität definiere ich wie folgt: Sie besteht aus Menschen beiderlei Geschlechts, unterschiedlichen Alters und unterschiedlicher Qualifikationen. Ihre Gemeinsamkeiten bestehen darin, länger arbeitssuchend und auf staatliche Unterstützung angewiesen zu sein sowie in der Tatsache, dass sie keine günstige Vermittlungsperspektive aufweisen. Maßgebend sollte hier nicht die offizielle Definition von Langzeitarbeitslosigkeit sein (zwölf oder mehr Monate arbeitssuchend), sondern eine Selbsteinschätzung der Betroffenen: Wer z. B. nach sechsmonatiger Arbeitslosigkeit in eine temporäre Beschäftigung gezwungen wird, die im Vergleich zu seiner früheren Tätigkeit wesentlich ungünstigere Rahmenbedingungen aufweist (und er dadurch zunächst aus der Statistik fällt), aber nach Ablauf eines kurzen Zeitvertrages wiederum als arbeitslos gilt, wird sich vermutlich in keiner besseren Lage sehen als jemand, der zwölf oder mehr Monate durchgängig arbeitssuchend ist.

• Ausgeklammert aus dieser Zielgruppe sind junge Langzeitarbeitslose, die direkt von der Schule in die Arbeitslosigkeit kamen und die deshalb den Verlust eines Arbeitsplatzes nicht erlebten oder solche, die unmittelbar nach erfolgter Ausbildung arbeitslos wurden. Für sie könnte aufgrund der abweichenden Bedingungen ein gesondertes Konzept für eine Schreibgruppe entwickelt werden, was im Rahmen dieser Arbeit nicht leistbar ist.

• Die Aufarbeitung des gesellschaftlichen und individuellen Problems der Langzeitarbeitslosigkeit kann in diesem Rahmen nicht so differenziert erfolgen, wie es bei einer genuinen soziologischen oder sozialpsychologischen Betrachtung erwartet werden könnte. Sie dient hier vornehmlich dem Ziel, jenes Bild zu skizzieren, das von der Gesellschaft als *Mainstream* vermittelt und von Betroffenen, idealtypisch gesehen, internalisiert wurde. Das Ergebnis dieser Aufarbeitung wird benötigt, um mit ihm das Hauptziel dieser Arbeit verfolgen zu können: ein Konzept zu entwickeln, für welches das innere Erleben und die Einstellungen der Teilnehmenden die Grundlage und den Ausgangspunkt bildet. Auch hier gilt, die Menschen dort abzuholen, wo sie stehen.

• Für das Konzept der Schreibgruppenpädagogik ist es nicht mein Ziel, eine möglichst breite Palette geeigneter Schreibaktivitäten zur Auswahl zu stellen. Vielmehr soll ein komplettes, in sich schlüssiges Konzept geboten werden, dessen einzelne Teile in einem sinnvollen Kontext zueinander stehen und aufeinander aufbauen. Prüfinstrument zur Auswahl einzelner Angebote sind dabei die Erkenntnisse und Erfordernisse, wie sie sich aus dem vorgeschalteten Forschungsprozess ergeben.

1.5   Persönliche Motivation

Neben der Notwendigkeit, eine fachliche Lücke zu füllen, gibt es für mich auch einen persönlichen Grund, dieses Thema zu bearbeiten. Durch eigene Erfahrungen mit längerer Arbeitslosigkeit – dies vor dem Hintergrund fehlender verwertbarer Bildungsabschlüsse und Berufskompetenzen – musste ich im Alter von 24 Jahren eine grundsätzliche Entscheidung zugunsten neuer schulischer und beruflicher Anstrengungen treffen. Dies hatte dann, dank wirksamer Hilfe von außen und wegen günstiger Rahmenbedingungen, wie sie heute kaum noch anzutreffen sind, eine recht positive berufliche Entwicklung zur Folge. Ich habe somit selbst erfahren, dass mit externer Hilfestellung die Aktivierung persönlicher Ressourcen möglich ist und dass über diesen Weg Copingstrategien entwickelt und erfolgreich verfolgt werden können.

Als politisch denkender Mensch halte ich es darüber hinaus für möglich und auch für notwendig, den gesellschaftlich benachteiligten Langzeitarbeitslosen Wege zu einer anderen Haltung bezüglich ihrer Benachteiligung aufzuzeigen. Dies wäre letztlich ein Beitrag, einen emanzipatorischen Prozess in ihnen auszulösen.

2. Arbeitslosigkeit als gesellschaftliches und individuelles Problem

Im Folgenden geht es weniger um eine bis ins Kleinste ausdifferenzierte Analyse der Ursachen von Langzeitarbeitslosigkeit, sondern eher um eine Bestandsaufnahme, um eine Zustandsbeschreibung der Lebenssituation der davon Betroffenen. Auf dieser Basis kann das bewährte sozialpädagogische Konzept, wonach Menschen dort abgeholt werden sollen, wo sie stehen, bei der Entwicklung einer Schreibgruppenaktivität Anwendung finden (ein Konzept, das in heutigen Zeiten mit verstärkter Eingriffsverwaltung aus der Mode zu kommen scheint). Ziel ist nicht die Indoktrinierung von Langzeitarbeitslosen, sondern ihre Aktivierung zur Gegenwehr über ein wachsendes Verständnis zur eigenen Lage. Dies hätte ein höheres gesellschaftsveränderndes Potenzial als sämtliche Analysen, die unüberprüfbar von der Zielgruppe akzeptiert oder verworfen werden sollen. Es ist eine Tatsache: Die Arroganz von Macht beginnt und äußert sich durch Anwendung von Herrschaftssprache, die Tatbestände euphemistisch verbrämt und gar nicht verstanden werden will.

Beim Nachzeichnen der Bedingungen von Langzeitarbeitslosigkeit steht daher das Erleben der Betroffenen im Fokus, die solche Bedingungen eben – fern aller theoretischen Überlegungen – durch ihre subjektive Brille betrachten. Unter Einbeziehung dieser subjektiven Deutungen soll das zu entwickelnde Schreibgruppenkonzept erfolgen.

2.1. Arbeitslosigkeit im Kapitalismus in ihrer gesellschaftlichen Dimension

Die Situation Arbeitsloser in der kapitalistischen Gesellschaft war nie ein statischer Zustand, sondern unter wechselnden gesellschaftspolitischen Rahmenbedingungen stets von einer dynamischen Entwicklung gekennzeichnet. Dies macht es erforderlich, zunächst diese Bedingungen in ihren jeweiligen Veränderungen nachzuzeichnen; denn neben den aktuellen Erfahrungen von Arbeitslosen spielt für alle abhängig Beschäftigten der historische Kontext, d. h. die gemeinsamen Erfahrungen, eine nicht zu unterschätzende Rolle. Es ist eine seit Generationen kollektive und über *Oral History* weitervermittelte Erfahrung: Nach erkämpften sozialstaatlichen Verbesserungen wurden damit verbundene Leistungen letztlich wieder abgebaut. Sie wurden als Steinbruch genutzt, um gefährdete Profitinteressen durch eine entsprechend ausgerichtete Politik abzusichern. In Bezug auf staatlich organisierte Unterstützungsleistungen in Krisenzeiten verdichtete sich so überliefertes Wissen seit Beginn der Industrialisierung zu einem kollektiven Gedächtnis, das den jeweils nachwachsenden Generationen vermittelt wurde und das die Grundlage bildet für Einstellungen, Sichtweisen und Blockaden. Es sind tief-sitzende, nur schwer zu revidierende vermeintliche Gewissheiten, die Beschäftigte und Arbeitslose gleichermaßen verinnerlicht haben und die ihr Handeln ent-scheidend zu behindern vermögen. Die Hilflosigkeit signalisierende Einstellung, *die da oben mach(t)en ja doch, was sie wollen*, deutet auf eine der Hauptquellen, aus der sich die Ohnmacht Langzeitarbeitsloser speist. Wenn auch nur ein Teil der Betroffenen die sich darin manifestierenden Mechanismen durchschaut, wäre das für sie ein unterstützenswerter Ansatzpunkt, diesem Teufelskreis zu entrinnen. Abhängig Beschäftigte sind auch heute nicht geschichtslos. In ihrem kollektiven Gedächtnis sind Ereignisse und historische Brüche gespeichert, die sie mit aktuellen Erfahrungen in Beziehung setzen. So wird Realität stetig mit dem bis-herigen Weltbild abgeglichen und auf Veränderung geprüft. Die historisch erlebte und überlieferte Entwicklung erhält so Referenzcharakter.

Bei der folgenden Betrachtung soll zunächst die Entwicklung sozialstaatlicher Leistungen für Arbeitslose skizziert werden. Zum besseren Verständnis wird die Gesamtentwicklung aller sozialstaatlichen Leistungen umrissen, in denen die Arbeitslosenversicherung heute als *Vierte Säule* gilt. Arbeitslosenversicherung als integraler Bestandteil solcher Leistungen wurde wesentlich später als Krankenver-sicherung und Rentenversicherung eingeführt. Eine genuine staatliche Arbeits-losenversicherung wurde erst 1927 eingerichtet (vgl. Metzler 2003, S. 71), während bis dahin bezogene Leistungen Fürsorgecharakter hatten. Seitdem hat sie einen stetigen Wandel erfahren, der vor dem Hintergrund der jeweiligen politischen Machtverhältnisse zu sehen ist.

2.1.1 Die Entwicklung sozialstaatlicher Politik, insbesondere unter dem Aspekt unterstützender staatlicher Maßnahmen für Arbeitslose

„Deutschland gilt als Mutterland des Sozialstaates. Da dieser nicht am Reißbrett konstruiert, sondern im Laufe eines Jahrhunderts gewachsen und das Ergebnis gesellschaftlicher Konflikte wie politischer und geistig-ideologischer Auseinander-setzungen ist, erschließen sich seine Institutionen nur aus ihrem je konkreten Ent-stehungszusammenhang heraus" (Butterwegge 2005, S. 37). Für die Entwicklung mit strukturellen Veränderungen, die sich in Perioden vollzog, waren jeweils die politischen Verhältnisse bestimmend, die je nach dem herrschenden System unter-schiedlichen Bedingungen unterlagen. Diese Entwicklung kann in vier Phasen ein-geteilt werden: in eine Konstruktionsphase von 1871-1914, in eine

Konsolidierungsphase, die von wesentlichen Rückschritten während der NS-Zeit (1933 - 1945) geprägt war, in eine Rekonstruktions- und Aufbauphase von 1949-1975 und schließlich in eine Umbau- bzw. Abbauphase von 1975 bis heute (vgl. ebd., S. 37).

Die Linderung von Armut in ihren individuellen Auswirkungen geschah bis zum 16. Jahrhundert vornehmlich aus christlichen Beweggründen. Ab dann begannen einzelne Städte mit ersten sozialpolitischen Maßnahmen. Dies hauptsächlich mit der Intention, das Bettlerproblem steuern zu können, indem Spitäler und Armenhäuser errichtet wurden. Diese ersten Ansätze von Sozialpolitik waren letztlich der Schlüssel, mit dem allmählich jener wachsende Anteil von Lohnarbeitern verfügbar wurde, der eine umfassende Industrialisierung erst ermöglichte. In diesen Institutionen wurde eine Arbeitseinstellung gefördert und erzwungen, wie sie von einer arbeitsteiligen Gesellschaft unter bürgerlichen Bedingungen fortan benötigt wurde. Repression, z. B. über ein strenges Reglement in Armenhäusern, Zucht- und Arbeitshäusern, war hierzu das wirksame Mittel. Ökonomisch bewirkte dies einerseits eine Entlastung der Armenkassen, andererseits bot sich ordnungspolitisch so ein Instrument, die notwendige soziale Disziplin zu erreichen bei jenen, die als Lohnarbeiter benötigt wurden. Über die auf solche Weise verinnerlichten Werte und Normen wurden sie erst für die neuen Arbeitsbedingungen funktionstüchtig und verwertbar (vgl. ebd., S. 37).

Vor Einrichtung staatlicher Sozialversicherungen und bis in die Zeiten des Kaiserreichs hinein betrieben Arbeiter eigene Kassen als kollektive Selbsthilfeeinrichtungen nach dem Vorbild der Handwerkszünfte. Durch die bürgerlichen Revolutionen wurde der modernen Industrieproduktion der Boden bereitet und ihr zum Durchbruch verholfen. Der wirtschaftliche Liberalismus gelangte so mit staatlicher Unterstützung zur Blüte. Das entstehende Industriesystem schuf einerseits das Fundament für ein sozialstaatliches Engagement, durch seinen Rigorismus im Umgang mit den arbeitenden Menschen aber auch die Notwendigkeit, staatlich zu intervenieren und entstandene Not zu lindern.

Die Sozialgesetzgebung Bismarcks ist vor diesem Hintergrund als sozialpolitisch logisch anzusehen. Allerdings ging es ihm bei der Einführung auch darum, den Einfluss vorhandener Selbsthilfeorganisationen (vornehmlich politische Parteien und Gewerkschaften) zu verringern. Bismarck als Gründer des Sozialstaates bezeichnen zu wollen hieße jedoch, einen wesentlichen Aspekt zu ignorieren: Tatsächlich wurde durch die von ihm initiierten Maßnahmen die Armenpolitik von der Arbeiterpolitik getrennt. Arbeiter waren nun potenziell leistungsberechtigt, während Arbeitslose der Armenpflege anheimfielen. Dies bewirkte faktisch eine Spaltung zwischen Arbeitsbesitzern und Arbeitslosen und war politisch gewollt.

Durch die Auswirkungen des 1. Weltkriegs erhielt der Sozialstaatsgedanke einen neuen Stellenwert. Das Hauptproblem stellten die zurückkehrenden Soldaten dar, die sich in der Arbeitslosigkeit wiederfanden. Als Konsequenz daraus wurde im November 1918 eine Verordnung über Erwerbslosenfürsorge erlassen. Dies stellte für Betroffene eine Verbesserung dar. Eine Anspruchsberechtigung auf Grundlage einer Arbeitslosenversicherung wurde jedoch erst neun Jahre später geschaffen. Die im Vergleich zum Kaiserreich fortschrittliche Weimarer Republik erhielt in ihrer neuen Verfassung noch kein Sozialstaatsbekenntnis, aber immerhin Schutzrechte für Arbeitende und sozial Benachteiligte. Erst ab 1927 wurde eine Arbeitslosenunterstützung für zunächst 26 Wochen, später für 52 Wochen gezahlt – auf Grundlage einer scharfen Bedürfnisprüfung, die nicht nur direkt Betroffene, sondern auch die mit zu unterhaltenden Personen betraf. Nach Auslaufen der Anspruchsfrist wurden die Betroffenen aus der Erwerbslosenfürsorge ausgesteuert. Sie konnten stattdessen Wohlfahrtsfürsorge beantragen, wegen der scharfen Prüfungskriterien erhielten jedoch nur 50% bis maximal 80% von ihnen weitere Leistungen (vgl. ebd., S. 49). Dies erklärt sich dadurch, dass die für die Leistungen zuständigen Kommunen ihre Etats schützen wollten und rigoros alle Möglichkeiten nutzten, Leistungen nicht zahlen zu müssen. Für viele Betroffene war daher die Armenpflege jenseits der staatlich vorgehaltenen Leistungen der letzte Ausweg. Dazu gab es für die Betroffenen im Rahmen der *produktiven Erwerbslosenfürsorge* eine Zwangsverpflichtung zu öffentlichen Notstandsarbeiten. Im Oktober 1923 wurde die Pflichtarbeit eingeführt und die weitere Unterstützungsleistung von dieser Arbeitsleistung abhängig gemacht, die bis zu 24 Stunden pro Woche dauern konnte. Die Kommunen setzten nun vorzugsweise Zwangsverpflichtete ein, um weitere Lohnkosten sparen zu können. Erst mit dem 1927 verabschiedeten *Gesetz über Arbeitsvermittlung und Arbeitslosenversicherung* (AVAVG) wurde die Arbeitslosenversicherung zur *Vierten Säule* des Sozialversicherungssystems (vgl. Metzler 2003, S. 71). Die Repression gegenüber Leistungsempfängern wurde damit jedoch nicht beseitigt. Die Arbeitgeberseite forderte vor dem Hintergrund ihrer paritätischen finanziellen Beteiligung stetig Kürzungen der Lohnersatzleistungen. Für Betroffene spielte die Aussteuerung aus der Arbeitslosenversicherung nach Ablauf der Anwartschaft eine wesentliche Rolle – sie bedeutete weniger Geld und einen höheren Statusverlust.

Als nach einer Periode relativer Stabilisierung auf dem Arbeitsmarkt die Krisen und damit die Klassenauseinandersetzungen wieder zunahmen, begann eine heftige Diskussion über *wachsende Soziallasten*. Die Arbeitgeberseite, vornehmlich die Industrie, wollte das neue Gesetz abschaffen und das Versicherungsprinzip wieder durch das Fürsorgeprinzip ersetzen. Man strebte damit an, sich der paritätischen Finanzierung zu entziehen und so die Gewinne zu steigern. In der Weltwirtschaftskrise 1929-1933 zerbrach dann endgültig der Konsens zwischen Arbeitgeberverbänden und Gewerkschaften. Als die SPD aus der Regierungsbeteiligung gedrängt worden war und das Deutsche Reich bis zur Machtübernahme der Nationalsozialisten mit Präsidialkabinetten und Notverordnungen regiert wurde, beschnitt man die sozialen Teilhaberechte zunehmend. Die Austeritätspolitik und das Beschwören der *Selbstheilungskräfte des Marktes* bewirkten, dass sich der Sozialstaat als gesellschaftliche Errungenschaft zurückzog. Die jeweilige Politik der Reichskanzler Brüning und v. Papen führte dazu, dass faktisch der Staat für die folgende NS-Diktatur *sturmreif geschossen* wurde. Kanzler v. Papen wollte den Wohlfahrtsstaat erklärtermaßen abschaffen, weil er die künftige Prosperität gefährdet sah. 1932 waren schließlich 50% aller erwerbstätigen Arbeiter und Angestellten unter der Rubrik *Wohlfahrtsarbeitslose* einzuordnen.

Die Zeit zwischen 1933 und 1945 muss auch hinsichtlich sozialstaatlicher Aspekte als geschichtlicher Sonderfall eingeordnet werden. Die bereits im Namen der Partei NSDAP enthaltene Botschaft, es handelte sich bei der politischen Zielrichtung um einen speziellen deutschen Sozialismus, entpuppte sich spätestens mit der Machtergreifung als Lüge. Es ging tatsächlich darum, die Machtverhältnisse auf Dauer zugunsten der Kapitalseite zu entscheiden und die Arbeiterbewegung zu entmachten. Soziale Errungenschaften wurden nun den Weltmachtbestrebungen untergeordnet. Dies war mit einem Paradigmenwechsel verbunden: Angestrebt wurde nicht eine soziale Sicherung des Einzelnen, sondern seine funktionierende Leistungsfähigkeit für die Zwecke des Regimes (vgl. ebd., S. 59 ff.). Der unsoziale Charakter wurde auch dadurch deutlich, dass die nicht für den Produktionsprozess einsetzbaren Personen entweder von Transferleistungen ausgeschlossen oder gar ausgemerzt wurden. Die Deutung vom *autoritären Wohlfahrtsstaat* während der NS-Zeit ist somit als falsch, verharmlosend und zynisch zurückzuweisen. Im Blick standen nicht die Bedürfnisse der Individuen, sondern die Funktionsfähigkeit des bürgerlichen Staates und die Garantie der Gewinnaussichten für das Kapital. Obwohl bestehende Ansätze der sozialen Errungenschaften formal fortgeführt wurden, wie z. B. die beitragsfinanzierte Altersversorgung, wurde die Beschränkung und Beseitigung sozialstaatlicher Grundsätze vehement betrieben. Aus dem Sozialstaat wurde ein in alle Belange sich einmischender Staat – im NS-Staat hatte man für originäre sozialstaatliche Ideen nur Verachtung übrig.

Mit dem Ende des 2. Weltkriegs setzte sich allgemein die Erkenntnis durch, dass es einen nicht zu übersehenden Zusammenhang zwischen Wirtschaftskrisen und Massenarbeitslosigkeit gab und die soziale Not die faschistische Machtübernahme erst ermöglicht hatte. Diese Erkenntnis, die durch den Krieg ausgelösten technisch-wissenschaftlichen Fortschritte sowie die ideologische Konkurrenz durch den neu entstandenen Sozialismus sowjetischer Prägung in den osteuropäischen Satellitenstaaten lösten in den westlichen Industrieländern eine Neuausrichtung aus. Der Kapitalismus sah sich dahin gedrängt, einer künftigen freien Marktwirtschaft Planung und Regulierung zu verordnen. Westdeutschland profitierte so von der auf dieser Grundlage entstehenden Kapitalismusvariante und erfand dafür die Bezeichnung *Soziale Marktwirtschaft*.

Die fünf Phasen der Wirtschaftsentwicklung von der Gründung der Bundesrepublik Deutschland im Jahr 1949 bis heute lassen sich wie folgt einordnen: Nach einer Restaurationsphase 1949-1953 kam es zu einer längeren Ausbauphase von 1953 bis 1975. Die Zeit von 1975 bis 1990 kann als Konsolidierungsphase bezeichnet werden. Vor dem Hintergrund der Wiedervereinigung kam es zu einer späten Expansionsphase von 1990 bis 1995. Seit 1995 bis heute verharrt Deutschland in einer andauernden Krisensituation (vgl. ebd., S. 63).

Parallel dazu gestaltete sich die Entwicklung des Sozialstaats in vier Phasen: An den Aufbau und die Normalisierung in der Zeit von 1949 bis 1966 schloss sich eine Zeit der Weiterentwicklung und Modernisierung an, die von 1966 bis 1975 dauerte. Mit Beginn der Krise 1975 kam der Sozialstaat in eine Bedrängnis, der er sich bis 1995 noch erwehren und zumindest teilweise seine Substanz sichern konnte. In dieser Zeit wurde zwischen Kapital, Gewerkschaften und Sozialverbänden um Besitzstände gerungen. Ab 1995 setzte sich bis heute der Rückbau sozialstaatlicher Leistungen permanent fort, nicht zuletzt, weil die Interessenvertretungen der Arbeitenden in ihren Einflussmöglichkeiten zunehmend schwächer wurden.

Die entscheidenden Weichenstellungen in der Zeit von 1945-1949 wurden von den westlichen Siegermächten vorgenommen (zu den Unterschieden in der Entwicklung von BRD und DDR in der Zeit bis 1990 wird weiter unten einzugehen sein). Die Bruchstelle in beiden Entwicklungssträngen von einem prosperierenden zu einem krisenhaften Verlauf findet sich Mitte der 1970er Jahre – ausgelöst durch die weltweite Ölkrise, die weitere Krisen nach sich zog. Ab nun geriet der Sozialstaat in die Defensive und wurde sukzessive demontiert. Eindeutige Parallelen in der Zeit von 1975 bis heute zu der Entwicklungskurve in Zeiten der Weimarer Republik sind hier nicht zu übersehen: Transferleistungen, die entweder von den Kommunen oder von staatlichen Arbeitsämtern (später Arbeitsagenturen und Jobcentern) zu zahlen waren, unterlagen zunehmend scharfen, willkürlichen Prüfungskriterien, um öffentliche Haushalte zu schonen. Damals wie heute sind Zwangsverpflichtungen von Arbeitslosen zu Niedrigstlöhnen möglich, unter Androhung von Zahlungskürzungen oder gar Zahlungsverweigerungen. Kommunen setzen auch heute faktisch Zwangsverpflichtete ein, um Lohnkosten zu sparen. Die Arbeitgeberseite verfolgt heute wie damals erfolgreich die Strategie, sich der paritätischen Finanzierung der Sozialleistungen zu entziehen. Hier wird deutlich, dass die Entwicklung in der Zeit der Weimarer Republik zahlreiche Analogien zu den Situationen aufweist, wie sie sich später in der Bundesrepublik Deutschland wiederholten. Nach Verbesserungen der Lage Arbeitsloser kam es jeweils vor dem Hintergrund einer politisch motivierten Sanierung öffentlicher Haushalte dazu, dass Arbeitslose und die Systeme zu ihrer Unterstützung zur Verfügungsmasse einer Politik wurden, die man im Dienste der Kapitalseite durchsetzte. Verteilungskämpfe wurden in beiden Fällen durch staatliche Eingriffe zugunsten der Arbeitgeberseite entschieden, sodass sich die Lage der Betroffenen zunehmend verschlechterte. Den *Sozialstaat* in seiner jeweiligen Ausformung nutzten die Machthaber mit einer kapitalunterstützenden Politik in beiden Fällen als *Steinbruch*.

Die Bundesrepublik Deutschland versteht sich nach Art. 20,1 GG als demokratischer und sozialer Rechtsstaat. Das Sozialstaatsprinzip gilt als unumkehrbar, Angriffe auf den darauf beruhenden Sozialstaat wären eigentlich als Angriffe auf die Verfassung zu werten und als solche zu bekämpfen. Lafontaine weist angesichts des systematischen Beiseiteschiebens des Art. 20,4 GG in heutigen Krisenzeiten auf die theoretischen Abwehrmöglichkeiten gegen diesen Sozialabbau hin: „Den Neoliberalen müsste es eigentlich in den Ohren klingeln, wenn sie das Grundgesetz lesen. Nach diesem sind alle Deutschen zum Widerstand aufgerufen, wenn der von der Verfassung garantierte Sozialstaat abgeschafft werden soll." (Lafontaine 2005, S. 260). Von einer solchen Wehrhaftigkeit ist diese Gesellschaft allerdings weit entfernt.

Das sogenannte *Wirtschaftswunder* mit seinen besonderen Bedingungen – notwendiger Aufbau der zerstörten Infrastruktur, externe Wirtschaftshilfe über den Marshallplan und Gewerkschaften, die sich als *Sozialpartner* verstanden und entsprechend moderat agierten – brachte nach den ersten Aufbaujahren den Zustand der Vollbeschäftigung, der in einen einsetzenden Arbeitskräftemangel mündete.

Dies erforderte schließlich in den frühen 1960er Jahren, Arbeitskräfte aus süd-europäischen Ländern anzuwerben. Wachstum und Wirtschaftsblüte erweiterten die Spielräume. Dennoch konnten Gewerkschaften soziale Verbesserungen nur über massiven Druck durchsetzen. In dieser Zeit wurden marginale Ver-besserungen in der Kranken- und Rentenversicherung erreicht. Die bürgerlichen Regierungen kündigten zwar umfassende soziale Reformen an, die jedoch später auf Novellierungen der Alters- und Invalidenversicherung beschränkt blieben. Der *Vater des Wirtschaftswunders*, Bundeswirtschaftsminister Ehrhard, lehnte einen Ausbau der Sozialleistungen als „Flucht vor der Eigenverantwortung" (Butterwegge, ebd., S. 68) ab. 1957 legte die SPD einen Sozialplan vor, der sich an englische Vorstellungen anlehnte und der den Umbau und Ausbau des Sozial-staates vorsah. Zumindest mit ihren Absichtserklärungen standen bürgerliche Parteien dem in nichts nach – dies vor dem Hintergrund, gegen den Konkurrenten DDR in sozialer Hinsicht bestehen zu müssen.

In der ersten Wirtschaftskrise 1966, die zur Bildung der *Großen Koalition* von CDU und SPD führte, gelang es mit keynesianischen Methoden, einen Rückschnitt sozialer Leistungen vorerst zu verhindern. In dieser Zeit wurde sogar die Lohnfort-zahlung für sechs Wochen im Krankheitsfall auf den Arbeiterbereich ausgedehnt, die so eine Gleichstellung mit dem Angestelltenbereich erfuhren. Von 1969 bis 1975 gelang es der *Sozialliberalen Koalition*, in sozialstaatlicher Hinsicht einen bisher beispiellosen Höhepunkt zu erreichen. Dem Arbeitsamt kam die Aufgabe zu, eine aktive Arbeitsmarktpolitik umzusetzen. Neben der Arbeitsvermittlung und dem Auszahlen von Arbeitslosengeld war für das Amt nun die Förderung beruf-licher Qualifizierung ein wesentliches Betätigungsfeld.

In der Folgezeit wurden zahlreiche Reformen auf den Weg gebracht. Verpflichtet fühlte man sich zur Humanisierung des Arbeitslebens und zur Schaffung von Chancengleichheit, Selbstbestimmung und sozialer Gerechtigkeit (vgl. ebd., S. 70 ff.). Zu diesem Zweck wurden mehrere Gesetze entweder neu geschaffen oder in ihrer Qualität verbessert. Hierzu gehörten das Kündigungsschutzgesetz, das Berufsbildungsförderungsgesetz, die Novelle des Betriebsverfassungsgesetzes sowie eine Rentenreform, durch die künftig Menschen ab 63 Jahren ohne Ab-schläge in den Ruhestand gehen konnten.

„Die historische Zäsur gegen Mitte der 1970er Jahre wirkte als politischer Strukturbruch und rechtfertigt es, die Zeit davor und danach separat voneinander zu behandeln" (ebd., S. 37). Die Ölkrise mit ihrer drastischen Erhöhung der Rohstoff-preise wirkte als Katalysator für eine nachfolgende wirtschaftliche Dauerkrise, durch die in der Bundesrepublik Deutschland nach zwanzigjähriger Vollbeschäftigung wieder Massenarbeitslosigkeit Einzug hielt. Seitdem wurden sozialstaatliche Leistungen gekürzt, Anspruchsvoraussetzungen erhöht sowie schrittweise der Kontrolldruck auf Anspruchsberechtigte verstärkt. Verteilungsspielräume wurden enger, und die Politik schwenkte auf einen vergleichbaren Kurs ein, wie er schon in Zeiten der Weimarer Republik zu Widersprüchen geführt hatte und der letztlich die Machtergreifung der Nationalsozialisten ermöglicht hatte – durch rigorose Verteilung von unten nach oben.

1975 überstieg erstmals die Arbeitslosigkeit die Millionengrenze. Eine Zeit der Massenarbeitslosigkeit begann, die bis heute nicht überwunden werden konnte. Ein Paradigmenwechsel in den Arbeitsbeziehungen war – wie in anderen Industriestaaten – die Folge. Die *Konzertierte Aktion*, ein aus Gewerkschaften und Arbeitgeberverbänden gebildetes Forum, wurde nach einer Klage der Arbeitgeberverbände gegen ein Gesetz zur paritätischen Mitbestimmung in den Betrieben aufgekündigt. Beide Seiten warfen sich von nun an gegenseitig den Willen zur Provokation vor. Das Tischtuch galt als zerschnitten, die Zeiten der Sozialpartnerschaft als beendet. Gegen Ende der 1970er Jahre wurde eine neo-konservative, wirtschaftsliberale Politik durch Thatcher in Großbritannien und Reagan in den USA durchgesetzt. Statt der bisherigen Nachfragepolitik schaltete man nun auf eine wirtschaftsfreundliche Angebotspolitik um. In der Bundesrepublik Deutschland wurde mit dem Bruch der *Sozialliberalen Koalition* nach diesem Muster ebenfalls eine *Wende* vollzogen. Die neue Koalition aus CDU und Liberalen (welche sich an neoliberalen Konzepten orientierte) begann mit einer Politik, durch die Haushaltskonsolidierungen und Kürzungen der Sozialleistungen den Vorrang erhielten vor der Ankurbelung der Konjunktur mit keynesianischen Konzepten. Seitdem wurde der Sozialstaat sukzessive über Gesetze, Gesetzesbestimmungen und Verwaltungsvorschriften zurückgestutzt. Die Leistungen aus der Zeit des sozialliberalen Höhepunktes im Jahr 1975 sind heute nur noch rudimentär existent. Die Standardrisiken Krankheit, Invalidität, Alter und Arbeitslosigkeit werden noch abgefedert, aber der Sozialstaatscharakter im damaligen Sinne ging verloren. Stattdessen wurde zynisch auf *Eigenverantwortung* gesetzt, auf *Hilfe zur Selbsthilfe*. Man wollte *fordern und fördern*, wie Bundeskanzler Schröder anlässlich der Einführung der Hartz-IV-Gesetzgebung erläuterte. *Krise* ist heute zur Schlüsselkategorie geworden, mit der erklärt wird, weshalb der Sozialstaat nicht mehr bezahlbar sein soll. Aus dem Blick gerät so die dahinter liegende Frage, nämlich die nach den realen Ursachen: Was ist die Krise des Sozialstaats? Ist es eine Krise des Wachstums, des Übergangs oder des Zerfalls (ebd., S. 73)?

Einen weiteren besonderen Einschnitt in das Sozialsystem erlebte Deutschland im Zuge der Wiedervereinigung 1990. Der von der Entwicklung in der BRD sich wesentlich unterscheidende Weg des Sozialsystems der DDR fand hier abrupt sein Ende. Direkt nach dem Krieg waren die alliierten Mächte unterschiedliche Wege gegangen. Während die drei Westmächte veranlasst hatten, dass an die historischen Vorläufer des deutschen Sozialversicherungssystems angeknüpft wurde (Beitrags-finanzierung wie im Kaiserreich, Trennung von Arbeiter- und Angestellten-versicherungen), hatte man in der DDR eine Einheitsversicherung geschaffen, in der die Rentenversicherung und die Krankenversicherung ohne Unterscheidung zwischen Arbeiter- und Angestelltenstatus zusammengefasst waren. Das Beamten-tum war abgeschafft worden. Der Sozialverband *Volkssolidarität* hatte eine zentrale Stellung beim Wiederaufbau erhalten. Arbeitslosigkeit war vom Ausgang der 1950er Jahre bis 1990 in der DDR kein Thema, es herrschte nach offizieller Lesart Vollbeschäftigung. Die 1947 gegründete Arbeitslosenversicherung in Ost-deutschland wurde 1977 konsequenterweise wegen ihrer faktischen Bedeutungs-losigkeit abgeschafft, bedürftige Arbeitslose erhielten (wie in der Weimarer Republik bis 1927) Leistungen aus der Armenfürsorge. Der *Freie Deutsche Ge-werkschaftsbund* (FDGB) war in diesem System die Agentur für anfallende Fragen zu Arbeitsbeziehungen (vgl. Metzler 2003, S. 140 ff.).

Nach der Vereinigung 1990 brach der Arbeitsmarkt auf dem Gebiet der ehemaligen DDR ein. Ein Großteil der Betriebe erwies sich angesichts veralteter Produktions-bedingungen als nicht wettbewerbsfähig gegenüber den westdeutschen Betrieben. Dazu gesellte sich eine rasant ansteigende Nachfrage nach westdeutschen Produkten sowie die Strategie von Westfirmen, ostdeutsche Betriebe nur zu dem Zweck zu übernehmen, um Konkurrenten auszuschalten. 1992 waren daher in Ost-deutschland die Stellen um ein Drittel reduziert, was einen erheblichen Anstieg der Arbeitslosenzahlen mit sich brachte. Die aus dem Westen neu importierten Lösungsansätze wie das Arbeitsförderungsgesetz und Arbeitsbeschaffungsmaß-nahmen (390.000 im Jahr 1993) waren nicht hinreichend geeignet, hier wesentliche Abhilfe zu schaffen. Die Menschen in den neuen Ländern fanden sich in einer Situation wieder, auf die sie nicht vorbereitet waren und in der sie sich nur schwer zurechtfinden konnten angesichts der veränderten Systembedingungen. Während in der DDR die Vereinbarkeit von Familie und Beruf sichergestellt worden war, wurde nun auch im Osten das sozialpolitische Leitbild der *Hausfrauenehe* propagiert. Die Frauen waren durch die Erwartungen des Arbeitsmarkts weit stärker von Arbeitslosigkeit betroffen als die Männer. Hinzu kam, dass Frauen spezifische Rentenansprüche aus DDR-Zeiten gestrichen worden waren (ebd., S. 198 ff.).

Während die Westdeutschen seit nunmehr 40 Jahren mit Problemen der Massenarbeitslosigkeit umzugehen haben und sich mit der Zeit eine Gewöhnung einstellte und die damit einhergehenden Probleme sich allmählich verschärften, während nachwachsende Generationen keinen Vergleich mehr anstellen konnten, weil sie bessere Zeiten nicht erlebt hatten, traf es die Ostdeutschen 15 Jahre später unvorbereitet und mit voller Wucht. Seit der Wiedervereinigung ist die Arbeitslosenquote im Osten durchschnittlich höher als im Westen. Durch die Zerschlagung und das Abwandern von Industrien gibt es heute im Osten weite Landstriche, in denen zweistellige Arbeitslosenquoten festzustellen sind. Die Entwicklung der Arbeitslosenquote in Deutschland macht dies deutlich.[1]

Ein wesentlicher Aspekt ist hier noch zu beachten: Seit Beginn der Massenarbeitslosigkeit ab 1975 wird kritisiert, dass die staatlichen Bemühungen auffällig zugenommen haben, das Problem zu bagatellisieren. Das Arbeitsamt und später die Bundesagentur für Arbeit hatten sich seitdem stetig des Vorwurfs zu erwehren, Statistiken in euphemistischer Absicht zu präsentieren. Danach besteht die Tendenz, Arbeitslose mit unterschiedlichen Begründungen in der öffentlichen Statistik nicht zu berücksichtigen. Hierzu gehören Menschen in versteckter Arbeitslosigkeit (stille Reserve in Maßnahmen), verdeckt Arbeitslose (in Stellenpools „geparkte", vom Arbeitsmarkt nicht nachgefragte Personen) und registrierte Arbeitslose, die nicht arbeitsuchend sind. Die Zahl dieser Personen wird auf ca. 1 Million geschätzt, sodass bei offiziell 3 Millionen Arbeitslosen real von 4 Millionen Arbeitslosen im Jahr 2013 auszugehen ist (vgl. Katrin Werner, http://www.katrinwerner.de/fileadmin/Gemeinsamer_Ordner/alz.pdf, 9/2013). Dies ist statistisch belegt.[2]

Mit der Einführung der sogenannten Hartz-Gesetze schritt Deutschland in der Rückentwicklung des Sozialstaats in vorher nicht für möglich gehaltener Weise fort. Was selbst die bürgerliche Regierung unter Kanzler Kohl vorher nicht gewagt hatte, wurde nun durch die rot-grüne Koalition des Kanzlers Schröder durchgesetzt.

Die zukunftsweisend als *Agenda 2010* angekündigten Gesetze zur Reform des Arbeitsmarktes, ein Bündel aus einschneidenden Einzelmaßnahmen, wurden von

---

[1] Siehe Anhang, Schaubild 1
[2] Siehe Anhang, Schaubild 2

einer Kommission vorbereitet, die sich hauptsächlich aus Vertretern des Kapitals sowie wenigen Vertretern aus Kommunalpolitik, Gewerkschaften und Wissenschaft zusammensetzte. Den Vorsitz hatte ein Vorstandsmitglied der Volkswagen AG, Peter Hartz, inne. Das Übergewicht des Kapitals in dieser Runde führte dann auch zu Ergebnissen, die weitgehend den hegemonialen Forderungen und Erwartungen entsprachen. Diese Kommission erarbeitete Vorschläge, die von 2003-2005 schrittweise in Gesetze gegossen und eingeführt wurden. Die vier Gesetzespakete gingen als *Hartz I* bis *Hartz IV* in den allgemeinen Sprachgebrauch ein.

Hartz I und *Hartz II*, eingeführt im Januar 2003, brachten Umstrukturierungen in den Förderungsformen und den Sozialleistungen der Bundesanstalt für Arbeit mit sich, außerdem wurden Förderungen für die nicht in Vollzeit Beschäftigten neu definiert und geregelt. Im Zuge dieser Neustrukturierung des Arbeitsmarktes wurden Beschäftigungsformen durchgesetzt, die fortan einerseits Millionen abhängig Beschäftigter prekarisierte, andererseits die internationale Wettbewerbsfähigkeit Deutschlands wesentlich förderte – allerdings auf Kosten des dadurch entstehenden Prekariats. Der Arbeitsmarkt wurde zum wesentlichen Treiber dieser Entwicklung. Im Januar 2004 (*Hartz III*) wurde die Bundesanstalt für Arbeit in eine Bundesagentur für Arbeit überführt, was den Servicecharakter der Einrichtung unterstreichen sollte. Der am schwersten wiegende Eingriff erfolgte im Januar 2005 mit der Einführung von *Hartz IV*. Dadurch wurden die *Arbeitslosenhilfe* und die *Sozialhilfe* zum *Arbeitslosengeld II* zusammengefasst. Nach Ablauf der Arbeitslosengeldzahlungen (ab 2006 maximal zwölf Monate, für über 55 jährige maximal 18 Monate) erhielten alle bedürftigen Arbeitssuchenden diese Hilfeform, die zum Teil unter dem Niveau der früheren Sozialhilfe lag. Obwohl ursprünglich ein höherer Betrag vom Kommissionsvorsitzenden vorgeschlagen worden war, erhielten Leistungsempfänger ab 2005 erheblich weniger als durch die früheren Transferleistungen. Die Regelsätze für Familien mit Kindern wurden ebenfalls empfindlich beschnitten (vgl. http://de.wikipedia.org/wiki/Hartz-Konzept, 12.09.2013). Vorgegebenes Ziel der Gesetzgebung war es, die Arbeitslosenzahl um bis zu 2 Millionen zu senken. Tatsächlich sank die Zahl der Langzeitarbeitslosen in den folgenden zwei Jahren um 700.000 Personen, um dann auf einem hohen Sockel zu stagnieren, der nicht abzutragen war (vgl. Bundesagentur für Arbeit: Strukturen der Arbeitslosigkeit, Datenstand April 2012, Online-pdf-Dokument: http://statistik.arbeitsagentur.de/Statischer-Content/Arbeitsmarktberichte/Berichte-Broschueren/Arbeitsmarkt/Generische-Publikationen/Strukturen-der-Arbeitslosigkeit-2012-05.pdf, 9/2013). Für Arbeitssuchende war mit der Einführung von *Hartz IV* faktisch die Freizügigkeit aufgehoben; denn sie hatten von nun an bei Aufforderung innerhalb von 24 Stunden bei den Jobcentern oder Arbeitsagenturen zu erscheinen. Über ein Sanktionssystem, mit dem Geldleistungen bei Verstößen gegen Anordnungen oder Nichtannahme von Vermittlungsangeboten gekürzt werden können und dessen Handhabung von Arbeitsloseninitiativen als reine Willkür bezeichnet wird, werden alle Empfänger solcher Transferleistungen faktisch unter den Generalverdacht des „Sozialschmarotzertums" gestellt. Insgesamt sind die mit der „Agenda 2010" verbundenen Veränderungen auch deshalb für Betroffene so einschneidend, weil sie „mit erweiterten Befugnissen der Arbeitsverwaltungen verbunden sind, das Privatleben der Leistungsbezieherinnen und -bezieher zu kontrollieren und in deren Wohn- und Vermögensverhältnisse einzugreifen" (Dörrie 2013, S. 3, Internetquelle).

Nach einem historischen Höhepunkt im Jahr 2005 (11,7 %) ging aufgrund der Gesetzesänderungen die offizielle Arbeitslosenquote auf 7,1 % zurück. Der Anteil der Langzeitarbeitslosen beträgt heute jedoch weiterhin mehr als ein Drittel, was bei den „bereinigten" Zahlen ca. 1 Million Menschen beträfe.[3] Seit Einführung von *Hartz IV* sind 1,13 Millionen dauerhaft auf das ALG II angewiesen. 35,4% von ihnen sind zwölf oder mehr Monate arbeitslos, die durchschnittliche Dauer beträgt derzeit 64,9 Wochen.[4] Zieht man Aufstocker, Alleinerziehende und ältere Arbeitslose davon ab, bleibt ein *Bodensatz* von ca. 400.000 Langzeitarbeitslosen, der seit Einführung von Hartz IV nicht mehr in ein Arbeitsverhältnis gebracht werden kann (vgl. Öchsner 2012, Süddeutsche Zeitung).

Vor diesem Hintergrund wage ich folgende These: Es existiert eine signifikant große Zielgruppe, die prinzipiell für ein Angebot nach dem hier zu erstellenden Konzept anzusprechen wäre. Diese Menschen bringen die historisch gewachsene Erfahrung mit, dass zu allen Krisenzeiten, in deren Kontext Verteilungskämpfe stattfanden, diese Kämpfe stets zulasten jener Menschen ausgingen, die nichts als ihre Arbeitskraft anzubieten hatten und die dafür keinen Käufer fanden. Die daraus erwachsenden Einstellungen wie Fatalismus und Resignation verhindern die Fähigkeit zur Gegenwehr, erzeugen Ohnmachtsgefühle bei Arbeitslosen und Angst bei den von Arbeitslosigkeit Bedrohten. Die vermeintliche Gewissheit, die sich in der Einschätzung *„Die machen ja doch, was sie wollen"* ausdrückt, zementiert solche Verhältnisse und höhlt letztlich ein demokratisches System aus. Jeder ge-

---

[3] Siehe Anhang, Schaubild 3
[4] Siehe Anhang, Schaubild 4

eignete Ansatz, der zum Abbau solcher Verhältnisse tendenziell beiträgt, kann somit als im Kern demokratiefördernd und emanzipatorisch angesehen werden.

2.1.2 Die soziologisch-philosophische Dimension

Arbeitslosigkeit ist nach Marx im kapitalistischen System eine notwendige Begleiterscheinung. Danach ist das Wachstum des variablen Arbeitskapitals (der Arbeitskräfte) stets mit starken Fluktuationen und vorübergehender *Produktion* von Übervölkerung verbunden. Aufgrund des Zwangs für das Kapital, stets den maximalen Mehrwert zu erzielen, wird keine zusätzliche Arbeitskraft eingekauft, wenn die vorhandenen Kräfte für die Produktion ausreichend sind. Durch das Überangebot der Ware Arbeitskraft wird Lohnsenkung bewirkt. Bei ungleicher Verteilung der vorhandenen Arbeit und der Trennung in produzierende und nicht produzierende Arbeitskraftanbieter bildet sich so eine *Industrielle Reservearmee*. Sie stellt das disponible Angebot von Arbeitskraft dar, auf das die Kapitalisten bei Bedarf zurückgreifen können, und das ansonsten Lohndrückerfunktion – durch die ständige Präsenz eines Überangebots auf dem Arbeitsmarkt – innehat. Eine stetige Übervölkerung von Arbeitssuchenden ist somit notwendig, um kapitalistische Akkumulation zu gewährleisten. (Vgl. Marx 1979, S. 659 ff.).

Marx fasst seine Erkenntnisse dazu wie folgt zusammen: „Je größer der gesellschaftliche Reichtum, das funktionierende Kapital, Umfang und Energie seines Wachstums, also auch die absolute Größe des Proletariats und die Produktivkraft seiner Arbeit, desto größer die industrielle Reservearmee. Die disponible Arbeitskraft wird durch dieselben Ursachen entwickelt wie die Expansivkraft des Kapitals. Die verhältnismäßige Größe der industriellen Reservearmee wächst also mit den Potenzen des Reichtums. Je größer aber diese Reservearmee im Verhältnis zur aktiven Arbeiterarmee, desto massenhafter die konsolidierte Übervölkerung, deren Elend im umgekehrten Verhältnis zu ihrer Arbeitsqual steht. Je größer endlich die Lazarusschichte (sic!) der Arbeiterklasse und die industrielle Reservearmee, desto größer der offizielle Pauperismus. Dies ist das absolute, allgemeine Gesetz der kapitalistischen Akkumulation" (ebd., S. 673 f.).

Neben diesen Mechanismen bewirkte und beschleunigte seit den 1960er Jahren das *Freisetzen* von Arbeitskräften durch modernere Arbeitsorganisationsmethoden eine Ausweitung der Arbeitslosenzahlen. Bis dahin war, abgesehen von Bereichen der Kleinindustrie, des Handels und des Handwerks, eine stark arbeitsteilige Produktion (Taylorisierung) bestimmend. Mit der dritten industriellen Revolution, der Anwendung digitalisierter Datensteuerung in der Produktion und in der Kommunikation, änderte sich dies grundlegend. Neue Möglichkeiten der Steuerung in Produktion und Handel erhöhten die Arbeitseffektivität und setzten so Arbeitskräfte frei, was den oben beschriebenen Mechanismus beschleunigte. Zusammen mit der Ölkrise, die als Katalysator wirkte, führte dies zu einer Massenarbeitslosigkeit, die heute von vielen als Normalzustand empfunden wird – insbesondere von Jüngeren, die andere Zeiten nicht mehr bewusst erleben konnten.

Es erfolgte eine Umentwicklung des Arbeitsmarktes – von einem in Zeiten der Prosperität übersichtlichen, durch Vollzeitarbeitsplätze und Vollbeschäftigung bestimmten zu einem durch Arbeitslosigkeit und prekäre Beschäftigung gekennzeichneten. Teilzeitarbeit, Minibeschäftigung, Leiharbeit, Scheinselbstständigkeit, Werkvertragsarbeit und zur Verarmung führende Unterbezahlung wurde Massenschicksal. Neben die Angst vor Arbeitslosigkeit gesellte sich zunehmend die Angst, auch bei vorhandenem Arbeitsplatz nicht mehr von dem Verdienst leben zu können. Die Ware Arbeitskraft erfuhr gemäß der Marxschen Erkenntnis eine erhebliche Entwertung. Es entstand ein ausufernder Niedriglohnsektor: Im Jahr 2011 arbeiteten 23,9% aller abhängig Beschäftigten für einen Niedriglohn von unter 9,14 € (bundesweite Niedriglohnschwelle) (vgl. Kalina und Weinkopf 2013, IAQ-Report, S. 3). Dazu entstand eine Schattenwirtschaft (Schwarzarbeit), die sich durch eine neue europapolitische Situation und damit zugelassene ausländische Konkurrenz noch verschärfte. Die Erpressbarkeit des einzelnen Arbeitssuchenden erhöhte sich zunehmend, bei der in Gang gesetzten Abwärtsspirale ist derzeit kein Ende in Sicht. Bei näherer Betrachtung erweist sich die *Aktivierung* Langzeitarbeitsloser durch staatliche Maßnahmen als Nullsummenspiel. Denn für jeden nach langer Wartezeit mühsam Vermittelten wird an einer anderen Stelle des Arbeitsmarktes eine andere Person entlassen – darauf verweisen die o.g. Statistiken. Da scheint es nur konsequent zu sein, neu arbeitslos Gewordene vorgezogen zu vermitteln. Sie sind leichter vermittelbar, weil einerseits ihre Kompetenzen noch nicht so veraltet sind und weil die durch Langzeitarbeitslosigkeit bedingte psychische Deformation bei ihnen noch nicht wirken konnte. „Die, die am meisten Unterstützung benötigen, um wieder in die Arbeitswelt integriert zu werden, erhalten am wenigsten davon" (Pothmer 2013, S. 2, HAZ), stellt daher die Arbeitsmarktexpertin der Grünen Bundestagsfraktion, Brigitte Pothmer, fest. Demnach konnten nur 12% in 2012 auf dem ersten Arbeitsmarkt untergebracht werden, 64% gingen in die „Nichterwerbstätigkeit" und wurden auf Dauer ausgesteuert (vgl. ebd.).

Eine Rückentwicklung und Stagnation der Gesamtarbeitslosenzahl mit den beschriebenen Auswirkungen vollzieht sich jedoch nicht von selbst. Der gegenwärtige Zustand wird vom Kapital als erwünschter Normalzustand angesehen, die Zeit des Wirtschaftswunders wird trotz erheblich höherer Renditen als geschichtlicher Sonderfall gewertet. Mit dem Beginn der Krise Mitte der 1970er Jahre setzte auch der Ruf nach neoliberalen Wirtschaftskonzepten ein, dem mit einer entsprechenden Politik gefolgt wurde, die schon vor der Bildung der christlich-liberalen Koalition 1982 einsetzte. Keynesianische Konzepte, mit denen eine Abfederung der Massenarbeitslosigkeit bei gleichzeitiger Verbesserung von Infrastruktur und sozialer Daseinsvorsorge möglich gewesen wäre, wurden nun negiert. Die *unsichtbare Hand des Marktes* wurde stattdessen beschworen, die alles zum Besseren wenden würde. Appelliert wurde an die Verantwortung des Einzelnen. Die von Schlagworten verbrämte neoliberale Ideologie wurde von den herrschenden Medien übernommen, propagiert und bis heute unverändert fortgeführt – was Kritiker veranlasst, von einer faktischen Gehirnwäsche für das Volk zu sprechen.

Nach diesem Paradigmenwechsel kam es zu einer breiten Privatisierungswelle, die vor allem auf die bisher staatlich organisierte öffentliche Daseinsvorsorge zielte. Verkehrssysteme und Telekommunikation, Kranken- und Altenpflege, Erziehung, Versorgungs- und Versicherungssysteme waren davon betroffen. Hier wurden Stellen abgebaut mit dem Versprechen, diese Leistungen für die Allgemeinheit effektiver und preiswerter zu erbringen – tatsächlich wurden die Leistungen im Vergleich zu früher einerseits schlechter und andererseits auch teurer, um den erwarteten Profit zu sichern. Es fand eine Umverteilung von unten nach oben statt, die auch vor der Zukunftssicherung nicht haltmachte: Renten- und Krankenversicherungen wurden über gesetzliche Regelungen zum Teil der Privatwirtschaft überlassen, in der Regel zum Nachteil der Versicherten. Aus dem Verfolgen neoliberaler Konzepte durch die politisch Verantwortlichen in den letzten 40 Jahren ergibt sich nun eine gesellschaftliche Lage, die neben der Massenarbeitslosigkeit eine weitere Hypothek für die Zukunft in sich birgt, medial jedoch nur in ihren Einzelsymptomen und nicht ihrem Gesamtzusammenhang dargestellt wird. Die soziale Infrastruktur ist aufgrund des vorherrschenden Profitstrebens in weiten Teilen desolat, notwendige Leistungen für die soziale Daseinsvorsorge sind abgebaut, es droht in der Folge massenhafte Altersarmut. Was fehlt, ist ein gesellschaftliches Projekt, um den gesellschaftlichen Bedarf und das Arbeitskraftüberangebot in Deckung zu bringen und so die Massenarbeitslosigkeit zu beenden. Dies wäre allerdings mit einem neuerlichen Paradigmenwechsel verbunden. Es wäre – zumindest im Rahmen systemerhaltender Strategien – die Abwendung von neoliberalen hin zu keynesianischen Konzepten.

Ein hoher Arbeitslosensockel ist indes zur gesellschaftlichen Gewohnheit geworden, zum Normalzustand. Sie bietet kein Aufregerpotenzial mehr – selbst in den Hochzeiten der Wahlkämpfe, in denen politische Parteien polarisierend um Stimmen werben, steht sie nicht mehr im Mittelpunkt der Diskussion. Eine faktische Koalition von CDU, FDP, SPD und Grünen vermeidet dies, und eine Mischung aus Frustration und Angst bringt Arbeitslose und abhängig Beschäftigte dazu, ebenfalls darauf zu verzichten, politische Initiativen zur Verbesserung der Lage einzufordern. Die gesellschaftliche Situation, in die Langzeitarbeitslose geraten, kann als Atomisierung verstanden werden. So müssen sie feststellen, auf sich selbst angewiesen und einer allmächtigen Bürokratie ausgeliefert zu sein. Eine wirksame Lobby haben sie nicht. Abgesehen von lokal ausgerichteten Arbeitsloseninitiativen, deren einzige gemeinsame Klammer wenig einflussreiche Dachverbände sind, treten Institutionen mit höherem Einfluss, wie z. B. Gewerkschaften, kaum für sie ein. Durch den wachsenden Bedeutungsverlust der Gewerkschaften aufgrund eines signifikanten Mitgliederschwunds und angesichts ihrer Weigerung, das Arbeitslosenheer als ureigene Klientel zu begreifen und sich für deren Belange einzusetzen, ist außer lokalen Arbeitsloseninitiativen, die sich wie ein Flickenteppich übers Land verteilen, sowie einigen Sozialverbänden keine Institution in Sicht, die politisch wirksam die Interessen der Langzeitarbeitslosen vertritt. Diese werden so mit *ihrem* Problem, das eigentlich ein gesamtgesellschaftliches ist und das allmählich die gesellschaftlichen Fundamente untergräbt, allein gelassen.

Einen Hinweis auf die Ausweitung der Gefahr der Selektion des Arbeitsmarktes und des damit verbundenen sozialen Abstiegs auf jene Bevölkerungsschichten, die sich bisher davor geschützt wähnten, geben Boltanski und Chiapello. Die Verbesserung der Aufstiegsmöglichkeiten einschließlich des Lebensstils für untere Schichten war aus ihrer Sicht Resultat eines Kompromisses in Zeiten des Booms, welcher höhere Schulabschlüsse und Karrieremöglichkeiten ermöglichte. Bei Rücknahme aufgrund enger werdender Verteilungsspielräume wurde dies von vermeintlich in sicherer Existenz lebenden Bürgern mit Bedauern hingenommen. „Erst als im Laufe der 90er Jahre die Bourgeoisie selbst betroffen wurde, wurde dieser Anstieg als besorgniserregend empfunden" (Boltanski und Chiapello 2003, S. 29). Heute ist weder eine *gute* Familienherkunft noch eine qualifizierte Ausbildung weiterhin die Garantie dafür, ein Leben ohne Bedrohung durch Arbeitslosigkeit zu führen. Ein bürgerlicher Lebensstil mit seinen Vorzügen, früher angestrebt von Angehörigen unterer Schichten, schwindet daher in seiner Bedeutung als Vorbild und als anzustrebendes Ziel. Wenn schon Bessergestellten ein sicheres Leben zunehmend versagt wird, kann man sich die Mühe sparen, dafür Entsagungen auf sich zu nehmen. Neben der massiven Schwellenerhöhung im Bildungsbereich ist dies ein weiterer Faktor für den Umstand, dass junge Menschen das Bildungssystem nicht hinreichend für sich nutzen.

Zu beachten ist in diesem Kontext auch die Funktion des Bildungssystems als Zuteilungsagentur für Lebenschancen. Allokation von Bildung über rigorose Selektionsmechanismen stellt faktisch sicher, dass der Arbeitsmarkt nicht über seine Aufnahmekapazitäten hinaus mit gut ausgebildeten jungen Arbeitskräften überschwemmt wird. Stattdessen wird über diesen Weg ein Heer junger Arbeitsloser produziert, die aufgrund ihres Mangels an auf dem Arbeitsmarkt verwertbaren Kenntnissen über den langen Weg schulischer Segregation das Selbstbild erworben haben, wegen der *selbst verschuldeten* Situation keine Ansprüche stellen zu können. Man stelle sich vor, das Bildungssystem würde alle nach ihren Möglichkeiten und Fähigkeiten bestmöglich ausbilden (was in Zeiten der Vollbeschäftigung noch angestrebt wurde). Die Folge wäre vermutlich eine selbstbewusste Jugend, die ihre berechtigten Ansprüche geltend machen würde. In zahlreichen Staaten, in denen Jugendrevolten vor einem solchen Hintergrund stattfanden oder gar Revolutionen dadurch gespeist wurden, konnte eine solche Entwicklung beobachtet werden. Die Strategie, Betroffene ruhigzustellen, wird so nachvollziehbar.

2.1.3 Die sozialpsychologische Dimension

Die neoliberale Hegemonie brachte Sichtweisen hervor, die heute das gesellschaftliche Denken beherrschen und in deren Dienst sich faktisch gleichgeschaltete Medien gestellt haben. Diese Sichtweisen sind zu vermeintlichen Gewissheiten geworden, die nicht infrage zu stellen sind und deren Unabänderlichkeit für einen Großteil der politisch Verantwortlichen feststeht. Die entsprechenden Schlagworte haben sich tief in das Denken vieler Menschen gefressen – auch bei denjenigen, die Opfer dieser Denkweise wurden, indem sie ins gesellschaftliche Abseits gestellt wurden: *„Wer arbeiten will, findet auch Arbeit"* und *„Jeder ist seines Glückes Schmied"* sowie *„Persönliche Mobilität und Flexibilität sind unabdingbar"* sind typische Schlagworte dazu. Subtext solcher Botschaften ist, dass ein Großteil der betroffenen Arbeitslosen die Schuld bei sich selbst suchen soll – und dies vielfach auch tut.

Unterstützt wird solche Gedankenakrobatik durch eine systematisch betriebene euphemistische Darstellung der Lage von Arbeitslosen. Die Bundesagentur für Arbeit z. B. rechnet ca. 1/4 der tatsächlich Arbeitslosen aus ihrer Statistik heraus, indem sie Kranke, Ältere über 58 Jahre, in Weiterbildung oder Eingliederungsmaßnahmen Befindliche, Ein-Euro-Jobber sowie andere Personen aus der offiziellen Statistik herausfallen lässt (vgl. „Die Linke" zur Statistik BAA, Monatsberichte. Quelle: http://www.die-linke.de/politik/posi tionen/arbeitsmarktundmindestlohn/tatsaechlichearbeitslosigkeit/, 9/2013). Dies soll neben dem Vergleichen der Arbeitslosenzahlen mit denen anderer Länder und Erfolgsmeldungen über eigene Exportzahlen suggerieren, dass Deutschland trotz aller aus der *Globalisierung* resultierenden ökonomischen Schwierigkeiten auf dem richtigen Weg sei, der deswegen auch ungehindert fortgesetzt werden müsse. Arbeitslosigkeit wird demzufolge weiterhin als temporäres, konjunkturelles Problem dargestellt – nicht als ein dauerhaft strukturelles Problem. Damit verbunden sind die Verheißung und der Appell, in absehbarer Zeit kämen bessere Zeiten, einstweilen müsse man darauf warten und sich für neue Tätigkeiten fit halten. Das erinnert an einen Esel, den man mit einer vor seiner Nase baumelnden Rübe auf Trab halten will. Die zu früheren Zeiten angewendeten keynesianischen Konzepte, die sich seinerzeit als funktionierend erwiesen, werden als *sozialistische Experimente* verteufelt. EU-Partnerländer wie z. B. Griechenland, die mit einer sozial ausgerichteten Politik an der hegemonialen neoliberalen Europapolitik scheiterten, werden negativ (faul, eigensüchtig, asozial) dargestellt. Dies liefert dann die Begründung für eine verordnete Austeritätspolitik, die weite Teile eines Volkes verelenden lässt (nach einem Jahr Arbeitslosigkeit entfällt in Griechenland die Krankenversicherung vollständig). Das angeblich zur Sanierung des griechischen Staatshaushalts transferierte Geld der EU wird stattdessen tatsächlich für die Sanierung der Banken verwendet, die zum Entstehen der griechischen Situation beigetragen haben. Hier wird auf Kosten eines Volkes ein Exempel statuiert mit der Warnfunktion, keine *überzogenen* Ansprüche an den Sozialstaat stellen zu sollen. Der Tenor der Darstellung griechischer Verhältnisse in den Medien ist denn auch, dass die Griechen ihren Staat mit überzogenem Anspruchsdenken zugrunde gerichtet haben.

Eine solche ideologische Dauerberieselung mit neoliberalen Bewertungen, die der Sicherstellung zur Fortführung dieser Politik dient, kann nicht ohne Folgen bleiben.

Sie setzt sich in den Köpfen der Menschen fest – in den Köpfen derer, die bereits arbeitslos sind und in den Köpfen derer, die von Angst getrieben sind, es zu werden. Dies erzeugt nicht nur die Bereitschaft, Arbeit zu eigentlich unakzeptablen Bedingungen anzunehmen oder zu behalten, sondern schwächt auch den Widerstand, sich gegen solche Bedingungen aufzulehnen.

Jahoda, Lazarsfeld und Zeisel verfassten bereits 1933 eine Studie, die vor dem Hintergrund der damals herrschenden Massenarbeitslosigkeit in dem österreichischen Ort Marienthal zu den Wirkungen anhaltender Arbeitslosigkeit erstellt wurde. Sie kamen zu dem Ergebnis, dass Arbeitslosigkeit nicht – wie bis dahin meist erwartet worden war – zur aktiven Gegenwehr, sondern vielmehr zu Passivität und letztlich zu Resignation führt, und dass mit wachsender Arbeitslosigkeit auch die körperliche Widerstandskraft unterhöhlt wird. In der Studie konnten vier Haltungstypen von Arbeitslosen ausdifferenziert werden: die innerlich Ungebrochenen, die Resignierten, die Verzweifelten und die Verwahrlosten/Apathischen, welche durch ihr energieloses, tatenloses Zusehen auffielen (vgl. Jahoda, Lazarsfeld und Zeisel 1975, S. 97). Demnach kannte lediglich der erste Typus noch Pläne und Hoffnungen für die Zukunft, was als entscheidende Voraussetzung gewertet wurde, eine humane Gestaltungsfähigkeit nicht zu verlieren: die Antizipation möglicher Entwicklungen.

Mehrere spätere Studien zur Arbeitslosigkeit haben die Haupterkenntnis der Marienthal-Studie bestätigt. Nämlich in welcher Weise sich lang anhaltende Arbeitslosigkeit auf die Widerstandskraft auswirkt: Spätfolgen können letztlich Lethargie und Fatalismus und die daraus resultierende Unfähigkeit sein, einerseits dem Selektionsprozess auf dem Arbeitsmarkt weiterhin zu trotzen und andererseits die Steuerungsfähigkeit für die Lebensbereiche außerhalb der Arbeitswelt zu behalten.

2.1.4 Die individualpsychologische Dimension

Die Verheißungen des früheren funktionierenden Sozialstaats brachten es mit sich, dass der beschriebene Paradigmenwechsel mit einhergehender wachsender Armut und sozialer Ungerechtigkeit als eklatanter Widerspruch wahrgenommen wurde. Vor diesem Hintergrund macht Lepenies eine neue Leitidee aus, die auf die gesellschaftliche Moral entlastend wirkt und die er wie folgt formuliert: „Wer jetzt noch an den Rändern der Gesellschaft lebt und ihren Verhaltensstandards nicht entspricht, hat offenkundig selber schuld. Unterprivilegierung ist in der selbstgerechten Gesellschaft nicht das Ergebnis und das sichtbare Zeichen von Unterdrückung und Ungerechtigkeiten, sondern Konsequenz eines Misserfolgs, der auf eigener Entscheidung, auf Unfähigkeit, Apathie oder Interessenlosigkeit beruht. Die kollektive Ausschließung bestimmter Schichten und Gruppen wird ersetzt durch die Ausschließung von Individuen. Dadurch sinkt zugleich – auch wenn ihre Zahl außerordentlich hoch sein kann – die Organisationschance der Ausgeschlossenen" (Lepenies 1994, in Montada u.a. 1994, S. 25 f.). Hierin sieht er die herbe Erfahrung, die Arbeitslose zu verarbeiten haben. Ihre Not ist also nicht lediglich finanzieller Natur: „Verschärfend kommt hinzu, dass es sich bei der Arbeitslosigkeit keineswegs um eine soziale Beeinträchtigung handelt, die sich mit Geldleistungen, oder nur mit Geldleistungen alleine, kompensieren ließe. Auch Arbeitslose, die mit 70 % ihres einstigen Gehalts mehr als nur ihren Lebensunterhalt bestreiten können, leiden am Gefühl, nicht mehr gebraucht zu werden und beklagen den Verlust ihrer sozialen Identität" (ebd., S. 28).

Kieselbach erhellt, in welcher Weise die soziale Konstruktion der Massenarbeitslosigkeit von Betroffenen psychisch verarbeitet wird. Für ihn ermöglicht „Bagatellisierung von Arbeitslosigkeit" (Kieselbach 1994, in: Montada u.a. 1994, S. 236), das Ausmaß gesellschaftlicher Spaltung zu verbergen und das Problem zu verharmlosen, in dem Einzelprobleme euphemistisch zugestanden, Zusammenhänge aber geleugnet werden. Wesentliches Instrument dabei ist für ihn die individuelle Schuldzuweisung und die daraus resultierende Notwendigkeit für Betroffene, sich ständig so darzustellen, dass sie nicht selbst schuldig an ihrer Situation seien. Unwilligkeit, nicht hinreichende Qualifikation, zu hohe Ansprüche, bewusster Missbrauch des Sozialsystems – dies seien mehr oder minder offene Vorwürfe, gegen die Arbeitslose sich rechtfertigen müssten (vgl. ebd.). Die Sichtweisen, eine bestimmte Höhe der Arbeitslosigkeit sei unumgänglicher Tatbestand heutiger Verhältnisse, das Wetter sei für das Hochschnellen der Arbeitslosenzahlen verantwortlich oder ähnliche Aussagen könnten das individuelle Engagement der Betroffenen lähmen. Die „naturalisierende Betrachtungsweise" (ebd., S. 237), nach der eine bestimmte Höhe der Arbeitslosenrate unumgänglich sei, mindere den Handlungsdruck auf die Politik.

Kieselbach benennt gesellschaftliche Delegitimation von Arbeitslosen als einen Ansatz, der es ermöglicht, die Gruppe der Langzeitarbeitslosen negativ darzustellen. So könnten sie sozial entwertet, eine Identifikation mit ihnen erschwert werden. Eine soziale Isolierung und der Ausschluss von normativen Rechten sei ebenso die Folge wie die faktische Anerkennung negativer Maßnahmen und Verhaltensweisen gegen sie (ebd. S. 237). Die Einschätzung der Auswirkungen einer solchen Strategie fasst er in acht Thesen zusammen. Demnach verschleiere Bagatellisierung das wirkliche Ausmaß, mit denen sich gesellschaftliche Spaltungsprozesse gegenwärtig darstellten. Eine Individualisierung verschärfe die Kluft zwischen Beschäftigten und Arbeitslosen, verstärke die soziale Stigmatisierung der Arbeitslosen und erleichtere Beschäftigten, ihre Illusion der Kontrolle des eigenen Arbeitslosigkeitsrisikos durch Wohlverhalten aufrechtzuerhalten. Die Gruppe der Arbeitslosen selbst werde in Kleingruppen aufgespalten, wodurch Massenarbeitslosigkeit nicht als gesellschaftliches Problem, sondern lediglich als spezifische Problemstellung einzelner Gruppen erscheine. Aus den Opfern der Krise würden Täter gemacht, was Betroffenen eine wesentliche Grundlage nehme, gemeinsam politisch für eine Verbesserung der eigenen Lage zu kämpfen. Ansprüche der Arbeitslosen an die Gesellschaft verlören so ihre Legitimation, die Betroffenen würden so konfliktunfähig gemacht. Letztlich nehme die Darstellung der Unabwendbarkeit von Massenarbeitslosigkeit die Perspektive für eine dagegen gerichtete politische Strategie (vgl. ebd., S. 237 f.).

Zur Frage der Stressauslöser in kritischen Lebenssituationen weist Kieselbach darauf hin, dass eine Diskrepanz zwischen Zielen und Realität vor dem Hintergrund nicht ausreichender Ressourcen hierbei ein wesentlicher Faktor sei, dass aber durch ein adaptives Verhalten schädliche, Stress auslösende Faktoren erträglicher würden und dass Menschen sich auch extremen Situationen anpassen könnten, nur um zu überleben (vgl. ebd., S. 239). Er unterscheidet zwischen resignativer Anpassung, welche eine leichte Verbesserung des psychischen Wohlbefindens bewirke und die durch eine Zielreduzierung befördert werden könne, und konstruktiver Anpassung, in der Arbeitslose durch ihre Aktivität kaum eine Einschränkung des psychosozialen Wohlbefindens erlebten (vgl. ebd., S. 240). Bei Arbeitslosen variierten die Reaktionen auf ihre Zwangssituation. „Bei den Folgen von Arbeitslosigkeit handelt es sich zweifellos nicht um einen Reaktionsautomatismus, der bei jedem Arbeitslosen gleichförmig eintritt. Die differenzierte Arbeitslosenforschung hat nachgewiesen, daß die Reaktion auf das kritische Lebensereignis Arbeitslosigkeit variieren kann zwischen relativ belastungsfreien Formen (...) und katastrophalen selbstzerstörerischen Zuspitzungen, welche sich als Endpunkt einer Summation alltäglicher Probleme herausgebildet haben" (ebd., S. 241). Demnach spielen individuelle, soziale und demografische Faktoren bei der individuellen Bewältigung eine wichtige Rolle, z. B. durch die Arbeits- und Berufsorientierung, durch Bewältigungsverhalten in Krisen und durch verfügbare angemessene Unterstützung. Äußere Faktoren seien außerdem herrschende Werte und Normen der Gesellschaft und die Arbeitslosenrate. Die finanzielle Situation der Betroffenen sei ebenso ein wichtiger Faktor wie die Phase der Arbeitslosigkeit, in der sich Betroffene befänden. Die Stressreaktionen könnten hierbei unterschiedlich stark ausfallen, je nach Typus (vgl. ebd., S. 242). Dennoch könne festgestellt werden, dass meist immaterielle und materielle Verluste im Zusammenwirken mit zunehmender Perspektivlosigkeit zu psychischen und körperlichen Beeinträchtigungen führten. Kieselbach weist darauf hin, dass bei Arbeitslosen Selbsttötungsversuche zwanzigmal so häufig festgestellt worden seien wie bei vergleichbaren Gruppen von Beschäftigten (vgl. ebd.). Hierauf ist weiter unten noch einzugehen. Bei der Gruppe verheirateter Männer mit Kindern wurden demnach besonders schädigende Auswirkungen festgestellt. Vor dem Hintergrund hoher familiärer Anforderungen, einer ernsthaften Arbeitsorientierung, einer als beschämend empfundenen Abhängigkeit von staatlichen Leistungen sowie wachsender finanzieller Probleme sei diese Gruppe auch noch besonderen Risiken ausgesetzt, z. B. durch eine oft geringe soziale Unterstützung, erlebte Einsamkeit und einen relativ schlechten physischen oder psychischen Gesundheitszustand schon beim Eintreten der Arbeitslosigkeit (vgl. ebd., S. 243).

Eine weitere Gefahr der Beeinträchtigung stelle für Arbeitslose ein gesundheitsriskantes Verhalten dar. Physische Inaktivität, sozialer Rückzug, falsche Schlaf- und Essgewohnheiten sowie Alkohol- und Medikamentenmissbrauch seien dabei wesentliche Indikatoren. Solche Abhängigkeiten stellten sich als multifaktorieller Prozess dar, in dem neben biologischen auch psychische, soziale und gesellschaftliche Faktoren zusammenwirkten. Erkrankungen vor diesem Hintergrund entwickelten sich in einem multikausalen und interaktiven Prozess (vgl. ebd.).

Negt weist darauf hin, dass sich die Gesellschaft angesichts heutiger Möglichkeiten der Produktion und der daraus resultierenden Massenarbeitslosigkeit den skandalösen Luxus erlaube, die „aus dem produktiven Arbeitszusammenhang Ausgegliederten auf Dauer vom System gesellschaftlich anerkannter Arbeit fernzuhalten" (Negt (1) 2008; S. 241). Dies lege „nahe, aus Symptomen auf eine dahinter stehende Strategie zu schließen. Nicht die Wiederherstellung der Arbeitsfähigkeit ist das Ziel solcher Behandlung, sondern allenfalls die Bewahrung einer minimalen Lebensfähigkeit" (ebd.).

Neben der Erhöhung der Lebensrisiken für Betroffene bewirke dies auch einen Bruch in der Wahrnehmung der Realität. Negt spricht hier von einer Spaltung in zwei Realitäten, die sich in der Psyche Arbeitsloser vollziehe: „Die von Arbeitslosigkeit betroffenen Menschen fallen gleichsam auf eine andere Realitätsebene, selbst wenn Sicherungssysteme diesen Fall für eine bestimmte Zeit mildern. Arbeitslose sprechen vielfach davon, dass ihnen der Boden unter den Füßen schwindet oder schwankend wird; sie erfahren einen Realitätsentzug, ja einen Realitätsverlust. Es ist der Abstieg in eine andere Welt, die ganz eigene Realitätsdefinitionen hat ..." (ebd., S. 241 f.). Die noch in der ersten Realität Lebenden sehen demnach die Gesellschaftsstrukturen positiv. Ihre Situation schreiben Sie den eigenen Leistungen zu, demzufolge sind Arbeitslose selbst schuld an ihrer Lage. Gegen Probleme Benachteiligter schotten sie sich ab. In der zweiten Realität, in die Dauerarbeitslose geworfen werden und in der sie sich mit anderen Empfängern staatlicher Transferleistungen wiederfinden, verbleiben Gegenwehr und das Streiten um Teilhaberechte. Das Schwinden der Entschlusskraft und des Selbstwertgefühls bewirken dies. Hauptmerkmal dieser Gruppe ist, dass „die Menschen, die hier ihre Erfahrungen machen, aus dem gesellschaftlich anerkannten System der Arbeit herausgefallen sind und darunter leiden, daß die gewonnene Zeit ihre Ernstcharakter verloren hat. Die Trennung von der ersten Realität ist in der Regel gegen ihren Willen geschehen" (ebd., S. 244).

Aus Sicht der Sozialpsychologin Morgenroth spielt durch Selbstblockierungen erzeugte Angst bei diesem Prozess des Absturzes Betroffener in Armut und Elend eine wesentliche Rolle. Der Realitätsentzug durch Arbeitslosigkeit erzeuge eine traumatisch erlebte Hilflosigkeit. Da Aggressionshandlungen gegen die Verursacher aus realer Angst unterblieben, bilde sich ein neurotischer Angstzustand heraus. „Die Verstärkung der Angst, die ihre Unangemessenheit ausmacht, gründet in der Permanenz des Zustandes, im subjektiven Erleben der fast völligen Hilflosigkeit gegenüber dieser durchaus realen Gefahr. Es entsteht ein Kreislauf: reale Gefahr – Angstsignal – Unmöglichkeit der Schutzhandlung aufgrund von Hilflosigkeit – Fortdauern des Angstsignals und seine Verstärkung durch Aufrechterhaltung der Realgefahr. So kommt es gleichsam zu einer Neurotisierung des Alltagserlebens der Arbeitslosen, mit der ähnliche Symptombildungen verbunden sein können wie bei klassischen Neurosen. (…) Solange nicht Chancen bestehen oder geschaffen werden, Aktivitäten der Betroffenen im Interesse ihres Schutzes zuzulassen, wird sich die Reproduktion des Angstzirkels fortsetzen, mit all seinen möglichen – auch pathologischen Konsequenzen" (Morgenroth 1990, S. 30 f.).

Angst ist jedoch schon längst vor einer manifestierten Arbeitslosigkeit im Spiel. Die Angst Beschäftigter vor dem sozialen Abstieg treibt auch diese Gruppe in das Risikoverhalten. In einer Meldung vom 20.08.2013 berichtet Spiegel-online, dass psychische Krankheiten inzwischen der dritthäufigste Grund für Fehlzeiten im Job seien. Demnach ignoriert jeder Dritte aus Angst vor Nachteilen im Job seine seelische Erkrankung (vgl. http://www.spiegel.de/wirtschaft/soziales/depression-und-burnout-arbeitnehmer-verheimlich en-krankheit-a-917605.html, 12.12.2013).

Schließlich ist noch anzumerken, dass neben den von Arbeitslosigkeit direkt Betroffenen auch andere Gruppen von der Massenarbeitslosigkeit negativ beeinflusst werden. Zu nennen sind hier die (noch) Beschäftigten, die angesichts des Bedrohungssyndroms durch Arbeitslosigkeit ebenfalls gesundheitlichen Risiken ausgesetzt sind. Des Weiteren haben Lebenspartner und Kinder von Arbeitslosen sowohl materiell als auch psychisch darunter zu leiden. Dieser Leidensdruck der Angehörigen, den Arbeitslose vor dem Hintergrund ihrer eigenen Krisensituation realisieren müssen, kann den eigenen Leidensdruck zusätzlich verstärken.

Sicherlich können ein günstiges soziales Umfeld und soziale Beziehungen, die in möglichen Belastungssituationen Schutz bieten, die negativen psychosozialen Probleme abfedern. Dennoch ist davon auszugehen, dass mit erlebter Langzeitarbeitslosigkeit bei einem Großteil der Betroffenen Symptome auftreten, die sich zu dem oben beschriebenen Syndrom verdichten.

2.2 Die Lage von Langzeitarbeitslosen im historisch-gesellschaftlichen Kontext und vor dem Hintergrund ihrer sozial- und individualpsychologischen Situation

Arbeitslose leben in der Gefahr, zwischen gesellschaftlichen Erwartungen, internalisierten gesellschaftlichen Normsetzungen und eigenem Überlebenswillen zerrissen zu werden. Wegen der Gemeinsamkeit ihrer prekären Lage sind sie in diesem Kontext als heterogene Gesamtgruppe zu betrachten. Eine Segmentierung und Differenzierung nach Teilgruppen, die eine noch über das Stigma der Langzeitarbeitslosigkeit hinausgehende Stigmatisierung erfahren – Ältere, Ausländer, Frauen, Behinderte etc. – wird hier nicht gesondert aufgegriffen. Einerseits wäre dies im gegebenen Rahmen nicht leistbar, andererseits ist die Hauptintention, den Fokus auf die gemeinsamen Mängellagen und die daraus resultierenden Bedürfnisse zu richten.

Arbeitslose reduzieren ihren Optimismus nicht nur in antizipatorischer Hinsicht. Sie sind allgemein pessimistischer, weil Arbeitslosigkeit dies in ihnen verursacht (vgl. Frese 1994, in: Montada 1994, S. 204). Das massive Bündel zunehmender Frustrationen im Laufe der Arbeitslosigkeit und das mit der Arbeitslosendauer wachsende Erkennen der ungünstigen Zukunftsaussichten führen dazu. Bei der

Frage, ob ein künftiger Arbeitsplatz erlangt werden kann und wie er gegebenenfalls aussehen könnte, gibt es keine Dichotomie – entweder arbeitslos zu bleiben oder eine neue, zufriedenstellende Arbeit zu finden. Eine dritte Variante hat mittlerweile eine höhere Wahrscheinlichkeit: Immer häufiger ist der Einstieg bzw. das staatlich sanktionierte Aufzwingen einer neuen Tätigkeit mit erheblichen Nachteilen verbunden. Dies betrifft vornehmlich prekäre Beschäftigungen in der Form von Leiharbeit oder Zeitarbeit, Teilzeitarbeit oder Werkvertragsarbeit, allesamt oft Tätigkeiten im Niedriglohnbereich. Die Aufnahme von Vollzeitarbeit ist immer öfter mit dem Zwang verbunden, dennoch staatliche Transferleistungen (Aufstocker) in Anspruch nehmen zu müssen.

Eigene und historisch tradierte Erfahrungen zeigen Langzeitarbeitslosen, dass staatliche Hilfe in einem wesentlichen Qualitätsmerkmal zum Abbaubereich wurde. Sie erleben einen *aktivierenden Sozialstaat*, der nur noch verhaltensorientiert interveniert. Sozialer Arbeit kommt darin die Aufgabe zu, bei individuellem Fehlverhalten zugunsten des Gemeinwohls zu intervenieren. Es geht um Verhaltenskorrektur, nicht mehr um Hilfe zur Selbsthilfe. Die persönliche Lebensführung wird so nach politischen Interessenlagen gesteuert (nicht von ungefähr hat in der Sozialarbeit das Wort *Steuerungsinstrument* eine bemerkenswerte Konjunktur) (vgl. Wohlfahrt 2003, http://www.efh-bochum.de/homepages/wohlfahrt/#4). Emanzipatorische Zielsetzungen wie „diskursive Lösungsstrategien, partnerschaftliche Zusammenarbeit, Akzeptanz oder engagierte und parteiische Interessenvertretung" (Störch 2005, S. 211) sind in diesem *aktivierenden Sozialstaat* obsolet. Das mit der Langzeitarbeitslosigkeit ausgelöste Syndrom kann daher mit zunehmender Dauer in der vollständigen gesellschaftlichen Ausgrenzung münden. Davon berührt sind neben dem Betroffenen auch Angehörige und vornehmlich Kinder. Das Deprivationssyndrom wirkt so generationenübergreifend, erzeugt tendenziell dauerhafte Armut und verhindert eine emanzipatorische Entwicklung der Betroffenen.

Eigene, mühsam erworbene und vorher auf dem Arbeitsmarkt verwertete Kenntnisse werden durch Langzeitarbeitslosigkeit entwertet. Angebotene Qualifizierungsmaßnahmen sind oft ungeeignet, dieses Manko abzubauen, und Betroffene kritisieren daher deren Alibicharakter. Vermutetes Hauptinteresse ist es demnach nicht, die Herstellung einer neuen Verwertbarkeit von Kenntnissen und Fähigkeiten zu erreichen, sondern eine Grundlage für beschönigende Statistiken zu schaffen. Langzeitarbeitslose fühlen sich durch solch unseriöse Angebote zu Unrecht auf Dauer abgeschoben.

Angesichts dieser Erfahrungen und der damit verbundenen Botschaft, Betroffene seien nicht genügend attraktiv für den Arbeitsmarkt, schwindet zunehmend das Selbstwertgefühl. Die durch Sozialisation verinnerlichte Überzeugung, der Mensch definiere sich über das, was er tue, lässt sich nicht einfach abstreifen oder umkehren. Nur wenigen gelingt es, über solchen Dingen zu stehen.

Langzeitarbeitslosigkeit bewirkt psychische Notlagen. Das Erkennen der Sinnlosigkeit eigener Bemühungen, dieser Situation zu entkommen oder ihr zumindest zu trotzen, zerstört allmählich den Eigensinn und lässt Gegenwehr verebben. In der Folge gleiten Betroffene unmerklich in innere Zustände ab, die nach WHO-Definition (vgl. http://www.portalgesund.de/was_ist_gesundheit.php) Krankheitswert besitzen. Dies äußert sich durch psychische und körperliche Symptome, die sich durch Gesundheit abträgliche Verhaltensweisen wie Suchtmittelmissbrauch, unstrukturierte Lebensrhythmen, Vernachlässigung körperlicher Bedürfnisse und das Meiden sozialer Kontakte noch verstärken. Neben der Erkrankung physischer Organe spielen psychische Erkrankungen wie Depressionen eine signifikante Rolle (vgl. http://www.spaces-brandenburg.de/downloads/psychische-Folgen-Arbeitslosigkeit.pdf, 12.12.2013). Lochthowe weist in diesem Kontext mit seiner Darstellung der Suizid-Risikogruppen auf u.a. auf die Arbeitslosen hin: „Die Gruppe XV (Gruppen mit heterogener Bildungsstruktur, die nicht im Berufsleben stehen) muss ebenfalls als Hochrisikogruppe gesehen werden. Für die Untergruppe „a" (Arbeitslose) ist diese Einordnung der Suizidhäufigkeit gesichert" (vgl. Lochthowe 2008, S. 84 f., Quelle: http://opus.bibliothek.uni-wuerzburg.de/volltexte/2010/4605/pdf/Dissertation_Th.Lochthowe.pdf, 12.12.2013). Laut Universitätsklinik Hamburg Eppendorf ist ein Einblick zur Häufigkeit von Suizidversuchen bei Langzeitarbeitslosen nicht möglich, denn aus datenschutzrechtlichen Gründen werden Suizidversuche nicht mehr erfasst (vgl. http://www.uke.de/extern/tzs/daten/ germany/Deutschland.html, 12.12.2013). Kieselbach weist in diesem Kontext darauf hin, dass in vergleichbaren Berufsgruppen bei Arbeitslosen eine zwanzigfach höhere Suizidversuchsrate als bei Beschäftigten festgestellt wurde (vgl. Kieselbach, ebd., S. 242).

Nach einer Studie des *Instituts für Arbeitsmarkt- und Berufsforschung (IAB) und der Universität Halle-Wittenberg* wurde für 2006 festgestellt, „dass 21,8 Prozent der berufstätigen Versicherten eine psychiatrische Diagnose gestellt bekommen hatten. Bezieher von Arbeitslosengeld II – also Hartz IV – waren hingegen zu 36,7 Prozent betroffen" (vgl. Spiegel-Online, http://www.spiegel.de/wirtschaft/soziales/studie-jeder-dritte-hartz-iv-empfaenger-ist-psychisch-krank-a-931033.html, 30.10.2013). Und jüngste Zahlen zeigen eine steigende Tendenz: „Daten der AOK deuten zudem darauf hin, dass das Problem immer brisanter wird: Lag der Anteil versicherter Hartz-IV-Empfänger mit psychischen Problemen im Jahr 2007 noch bei 32,6 Prozent, stieg er bis zum Jahr 2011 auf 40,2 Prozent" (ebd.).

Verstärkt werden Notlagen durch das Erleben des Leidens der Familien-angehörigen, vornehmlich von Lebenspartnern und Kindern. Auch hier spielen neben der materiellen Not seelische Notlagen eine wesentliche Rolle. Wer erleben muss, dass sein eigenes soziales Ansehen durch seine Langzeitarbeitslosigkeit schwindet, kann nachfühlen, was in seinen Angehörigen vorgeht – z. B. bei Kindern, deren Bedürfnisse ständig frustriert werden und die aufgrund ihrer sozialen Situation häufig Erniedrigung erfahren. Wenn dieses erlebte Leid anderer noch dem eigenen Konto als *persönliches Versagen* zugeschrieben wird, man sich also selbst die Schuld daran gibt, ist dies eine doppelte Belastung. Bei dem Be-troffenen wächst angesichts dieser Gemengelage allmählich die Unfähigkeit, sich in angemessener Weise dagegen zu wehren und auf früher benutzte, bewährte Copingstrategien zurückzugreifen. Arbeitslose erleben, wie ihre Kinder durch soziale Selektion in der Schule ihrer Lebenschancen beraubt werden. Arbeitslosig-keit der Eltern ist durch ihre Auswirkungen, die auch in der Schule zum Tragen kommen, ein Auslöser, der das Risiko negativer schulischer Selektion tendenziell erhöht. Vornehmlich betrifft dies Kinder von Eltern mit einem geringeren Bildungsgrad. Ungeachtet der Frage einer Entwertung des für den Arbeitsmarkt erworbenen Wissens sind höher Gebildete mit größerer Wahrscheinlichkeit imstande, erworbenes gesellschaftliches Wissen und eine verbliebene soziale Durchsetzungsfähigkeit für die Bildungsinteressen ihrer Kinder einzusetzen und negative Auswirkungen der Langzeitarbeitslosigkeit auf die Familie zu kompensieren. Nach Bourdieus Konzept vom *Kulturellen Kapital*, hier verbunden mit dem Hinweis auf das inkorporierte Wissen der Eltern, bietet bessere Bildung einen gewissen Schutz. Für viele Arbeitslose wird ihr Schicksal der Chancen-losigkeit dennoch auf ihre Kinder übertragen. Dies ist für bereits segregierte Lang-zeitarbeitslose eine zusätzliche psychische Belastung (vgl. Bourdieu 1992, S. 52 ff.).

Negt fasst das Syndrom, von dem Langzeitarbeitslose bedroht sind, sowohl ent-schieden parteiisch als auch polemisch wie folgt zusammen: „Die menschlichen Probleme der Massenarbeitslosigkeit reichen tief, sie berühren die Lebensschick-sale des Einzelnen. Wir wissen aus Untersuchungen, dass jedenfalls im europäischen Zusammenhang persönliche Identität, gesellschaftliche Anerkennung und Würde des einzelnen Menschen nach wie vor wesentlich durch Arbeit definiert sind. Ich möchte das in aller Schärfe betonen: Arbeitslosigkeit ist ein Gewaltakt, ein Anschlag auf die körperliche und seelisch-geistige Integrität, auf die Unversehrtheit der davon betroffenen Menschen. Sie bedeutet Raub und Enteignung jener Fähigkeiten und Eigenschaften, die innerhalb der Familie, der Schule und der Lehre in einem mühsamen und aufwendigen Bildungsprozess erworben wurden und die, von gesellschaftlichen Betätigungsmöglichkeiten abgeschnitten, in Gefahr sind zu verrotten. Das kann schwere Persönlichkeitsstörungen hervorrufen" (Negt (2) 2010, S. 165 f.).

Zusammenfassend kann davon ausgegangen werden, dass die über staatliche Maßnahmen gesteuerte und politisch zu verantwortende gesellschaftliche Ausgrenzung der Langzeitarbeitslosen faktisch eine erhebliche soziale Differenzierung in der Gesellschaft bewirkt. Das Ziel ist es offenkundig, diese Gruppe dauerhaft von berechtigten Ansprüchen zur gesellschaftlichen Teilhabe durch Arbeit fernzuhalten von einem Arbeitsmarkt, der sie nicht versorgen kann. Unmut und offene Auflehnung gegen diese Zumutungen werden durch Arbeitslosenpolitik und Arbeitsverwaltung kanalisiert und der Öffentlichkeit in euphemistischer Weise dargeboten. Gesellschaftlich verwertbare, wertvolle Kenntnisse und Fähigkeiten liegen so brach und werden durch ihren Nichtgebrauch allmählich entwertet. Die Forderung zur Einrichtung eines *Zweiten Arbeitsmarktes*, über den einerseits der sukzessive Rückbau von Leistungen *Sozialer Daseinsvorsorge* aufgefangen werden könnte und andererseits brachliegende Fähigkeiten und Kenntnisse von Arbeitslosen zu nutzen wären (*Win-win-Situation*) wird von den an der heutigen Lage Verantwortlichen vehement abgelehnt. Eine wirksame Lobby, die sich für ihre Belange wirkungsvoll einsetzen könnte, ist für Langzeitarbeitslose nicht in Sicht. So ist derzeit kein Paradigmenwechsel erkennbar. Die Lage von Langzeitarbeitslosen scheint nur über den Weg der organisierten Selbsthilfe veränderbar zu sein, die nur in bescheidenen Ansätzen (nicht sehr einflussreichen Selbsthilfegruppen) vorhanden ist. Unter diesen Aspekten ist für die Betroffenen die Entwicklung eines individuellen Willens und eines kollektiven Bewusstseins zur Notwendigkeit einer Veränderung unerlässlich.

An dieser Stelle sei in Erinnerung gerufen: Es ist das Hauptanliegen dieser Arbeit, Hilfestellung durch psychosoziale Unterstützung, in diesem Sinne über ein selbsttherapeutisch ausgerichtetes Angebot zu biografischem und kreativem Schreiben, zu entwickeln. Es geht dabei darum, im emanzipatorischen Sinn Hilfe zur Selbsthilfe zu bieten.

3. Zum individuellen Erleben und Verarbeiten von Stress
3.1 Stress als Antrieb, als Risiko und als Hemmnis im Umgang mit Herausforderungen

Subjektives Erleben von Stress ist als Prozess zu verstehen, der in zwei Bewertungsvorgängen abläuft, die sich wechselseitig bedingen. Mit einer ersten Einschätzung bewertet das Individuum die Bedeutung für sein Wohlbefinden. Die jeweilige Situation kann dann als belastend, irrelevant oder positiv bewertet werden. Die Einschätzung einer Belastung liegt vor, wenn innere und äußere Ressourcen gefordert sind. Zeitgleich erfolgt durch eine weitere Einschätzung eine handlungsbezogene Bewertung. Abgeprüft wird damit, ob und ggf. wie zu reagieren ist (vgl. Eppel 2007, S. 17 f.). Solche Reaktionen laufen häufig unbewusst ab, während sich emotionale Reaktionen wie Angst, Unwohlsein, Ärger, Wut einstellen sowie körperliche Reaktionen wie Zittern oder Herzklopfen.

Individuen können objektiv vergleichbare Situationen unterschiedlich erleben, weil diese durch den beschriebenen Stress individuell verarbeitet und bewertet werden. Geprüft wird dabei, ob der Auslöser relevant ist, ob man über wirksame Handlungsmuster dagegen verfügt und ob er herausfordernd, vernachlässigbar oder positiv ist. Jedes Individuum hat seine eigene Reaktion für den erlebten Stress. Durch individuelle Bewertung kann so die Wertigkeit eines Stresserlebnisses völlig anders eingestuft werden als in der Bewertung durch eine andere Person (ebd., S. 19).

Eppel unterscheidet drei Ebenen von Stressreaktionen: die körperliche, die kognitiv-emotionale und die behaviorale Ebene. Bei körperlichen Stressreaktionen laufen physiologische Veränderungen ab, der Körper stellt sich auf Flucht oder Kampf ein. Auf der kognitiv-emotionalen Ebene laufen intrapsychisch Gedanken und Gefühle ab. Diese können sich durch innere Unruhe, Nervosität und einem Gefühl des Gehetztseins äußern. Andere Reaktionen sind Unzufriedenheit und Ärger, Versagensangst oder die Angst vor der Blamage, das Gefühl der Hilflosigkeit, Selbstvorwürfe und Grübelei sowie eine Leere im Kopf, die sich bis zur Denkblockade steigern kann.

Auf der behavioralen Ebene sind äußerlich bemerkbare Reaktionen im Spiel: So belastete Personen können durch ein hastiges Verhalten auffallen, durch Betäubungsverhalten sowie Suchtmittelmissbrauch (Alkohol, Tabak, Medikamente), ferner durch ein unkoordiniertes Verhalten und durch einen konfliktreichen Umgang mit anderen (ebd., S. 20).

Nach Eppel können Stressoren in Situationstypen eingeteilt werden. Unterschieden werden so physische und physikalische Stressoren, Stressoren im sozialen Austausch sowie Entwicklungsaufgaben und Übergänge in Lebensphasen. Zur ersten Kategorie zählen Stressoren, die sich gegen die grundliegenden körperlichen Bedürfnisse richten (Schmerz und Verletzungen, Nahrungs- und Bewegungsentzug sowie schädliche Einflüsse, die in akuter oder chronischer Form belasten). In die zweite Kategorie eingeordnet werden Stressoren, die zentrale seelische Bedürfnisse verletzen, z. B. die Bedürfnisse nach Sicherheit, Kontakt, Anerkennung und Selbstverwirklichung. Zur dritten Kategorie zählen Transitionen, also Stressoren in Gestalt von Übergangssituationen, wie sie von jedem Individuum im Laufe des Lebens zu bewältigen sind (Lernen ab dem Kleinkindalter, Prüfungen in Schule und Beruf, Eintritt ins Rentenalter etc.) (ebd., S. 23).

Obwohl alle Individuen solchen Stressoren ausgesetzt sind und man sie deshalb unter Lebensrisiken subsumieren könnte, die gewöhnlich individuell zufriedenstellend gelöst werden, gibt es dennoch Umstände, die fundamentalen menschlichen Bedürfnissen widersprechen und die auf Dauer schädigend wirken. Hierzu ist grundlegend zu fragen, ob sich das Individuum mit scheinbar ausweglosen Situationen abfinden muss; ob es sich fügen und anpassen und seine Copingstrategien so ausrichten sollte, dass es Scheinlösungen wählt, die das Problem lediglich ausblenden, anstatt es zu bewältigen. Solche Scheinlösungen können jedoch die belastenden Lebensbedingungen nicht verändern, sondern das Individuum kann sich damit lediglich aus dem Fokus nehmen und vage hoffen, bei Nichtbeachtung seiner Person weitere Verletzungen nicht erleben zu müssen.

3.2 Salutogenese, Kohärenzgefühl und Widerstandsressourcen nach Antonovsky

Ausgehend von der Erkenntnis, dass Langzeitarbeitslosigkeit Auslöser und/oder Beschleuniger von stressbedingten Erkrankungen sein kann, ist zu fragen, welche Strategien des Gegensteuerns geeignet sein könnten, und nach welchen grundlegenden Konzepten und Zielen eine Schreibgruppenaktivität ausgerichtet sein sollte, um mit ihrem Angebot einen Beitrag dazu zu leisten, Selbstheilungskräfte gegen seelische, soziale und letztlich körperliche Beeinträchtigungen zu wecken.

Aaron Antonovsky bietet mit seinen Konzepten der Salutogenese und des Kohärenzgefühls hier eine Zugangsmöglichkeit. Die Salutogenese gründet sich auf ein grundlegend anderes Verständnis von Krankheit und Gesundheit (vgl.

Antonovsky 1997, S. 14 ff.). Während gesundheits- oder krankheitsorientierte Denkansätze zwangsläufig zur Dichotomie führen, erkannte Antonovsky, dass wir alle sterblich sind, aber in einem gewissen Ausmaß bis zum Tod auch gesund. Demnach sind beide Zustände nicht als dichotomisch zu verstehen; sie schließen sich nicht gegenseitig aus. Vielmehr geht es um ein Gesundheits-Krankheits-Kontinuum, wobei der aktuelle Zustand einer Person irgendwo zwischen diesen Polen verortet werden kann. Niemand ist also vollständig gesund oder krank. Der salutogenetische Ansatz kann Gesundung nicht gewährleisten, aber ein tieferes Verständnis fördern, um sich dem gesunden Pol annähern zu können. Antonovsky stellt dazu folgende Frage: „Warum befinden sich Menschen auf der positiven Seite des Gesundheits-Krankheits-Kontinuums oder warum bewegen sie sich auf den Pol zu, unabhängig von ihrer aktuellen Position" (ebd., S. 15)? Die komplementäre Beziehung zwischen Pathogenese und Salutogenese beschreibt Antonovsky wie folgt:

„1.   Sie führt uns dazu, die dichotome Klassifizierung von Menschen als gesund oder krank zu verwerfen, und diese stattdessen auf einem multidimensionalen Gesundheits-Krankheits-Kontinuum zu lokalisieren.

2. Sie verhindert, dass wir der Gefahr unterliegen, uns ausschließlich auf die Ätiologie (die Ursache, der Verfasser) einer bestimmten Krankheit zu konzentrieren statt immer nach der gesamten Geschichte eines Menschen zu suchen – einschließlich seiner oder ihrer Krankheit.

3. Anstatt zu fragen: "Was löste aus (oder „wird auslösen", wenn man präventiv orientiert ist), daß eine Person Opfer einer gegebenen Krankheit wurde?", das heißt, anstelle uns auf Stressoren zu konzentrieren, werden wir eindringlich zu Fragen gemahnt: „welche Faktoren sind daran beteiligt, daß man seine Position auf dem Kontinuum zumindest beibehalten oder aber auf den gesunden Pol hin bewegen kann?". Das heißt, wir stellen Copingressourcen ins Zentrum unserer Aufmerksamkeit.

4. Stressoren werden nicht als etwas Unanständiges angesehen, das fortwährend reduziert werden muß, sondern als allgegenwärtig. Darüber hinaus werden die Konsequenzen von Stressoren nicht notwendigerweise als pathologisch angenommen, sondern als möglicherweise sehr wohl gesund – abhängig vom Charakter des Stressors und der erfolgreichen Auflösung der Anspannung.

5. Im Gegensatz zu der Suche nach Lösungen nach Art der Wunderwaffe müssen wir nach allen Quellen der negativen Entropie (Wendung/Ordnung des Chaos, der

Verfasser) suchen, die aktive Adaptation des Organismus an seine Umgebung erleichtern können.

6. Letztlich führt uns die salutogenetische Orientierung über die in pathogenetischen Untersuchungen erworbenen Daten dadurch hinaus, dass sie immer die in solch einer Untersuchung ermittelten abweichenden Fälle ins Auge fasst" (ebd., S. 29 f.).

Mit dem letzten Punkt hebt Antonovsky auf jene Sonderfälle ab, bei denen zu registrieren ist, dass Menschen ungeachtet einer hohen Stressbelastung und wider gewohnte Erwartung gesund bleiben. In einem Beispiel dazu weist er auf ehemalige KZ-Häftlinge hin, denen trotz schrecklichster Erlebnisse „eine gute psychische Gesundheit zuerkannt wurde" (ebd., S. 15). Vor dem Hintergrund dieser Frage entwickelt er sein darauf aufbauendes Konzept des Kohärenzgefühls (sense of coherence = SOC). Danach können sich die auf uns einwirkenden Stressoren entweder schädlich oder positiv auswirken – je nachdem, wie wir in der Lage sind, solche Stressoren zu verarbeiten. Stressoren kommt die Funktion zu, den Körper zu mobilisieren. Letztlich ist die Reaktion entscheidend, zu der wir fähig sind. Positiver Stress bewirkt, dass wir eine Bedrohung als solche erkennen, sie ernst nehmen und zu adäquaten Gegenreaktionen fähig sind. Negativer Stress bewirkt, dass eine Abwehrreaktion in Anbetracht einer momentanen Unfähigkeit zur Reaktion unterbleibt. Nach dem Konzept der Salutogenese sind wir also gezwungen, unsere Energie zur Abwehr einer Gefahr einzusetzen. Entscheidend ist also die Frage, ob wir die Fähigkeit dazu besitzen. Solche angemessenen und zielgerichteten Bewältigungsstrategien (adaptives Coping) können, auch wenn wir ehemals darüber verfügten, über längere Zeiträume behindert oder allmählich verschüttet werden, wenn sie sich als untauglich erweisen. Langzeitarbeitslose, die aufgrund ihrer besonderen Situation und nachhaltigen Frustration eine Unfähigkeit bei sich wahrnehmen, angemessene Strategien zur Stressbewältigung anzuwenden, können ein früher erfolgreiches Problemlösungsrepertoire verlieren, wenn keine ihrer derzeit verfügbaren Strategien greifen und sie sich einwirkenden Stressoren schutz- und hilflos ausgeliefert sehen. Eine Lösungsmöglichkeit in dieser scheinbar aussichtslosen Lage wäre also, an frühere gelungene Copingstrategien anzuknüpfen und so die Rückerinnerung an die eigene frühere Wehrhaftigkeit zu fördern. Es ginge dabei darum, eigene Ressourcen wiederentdecken zu lassen und sie einer neuen Nutzung zuzuführen.

Drei zentrale Begriffe werden von Antonovsky bei der Erläuterung seines Konzeptes des Kohärenzgefühls eingeführt: *Verstehbarkeit, Handhabbarkeit* und

Bedeutsamkeit. Verstehbarkeit verweist auf das Maß, mit dem interne und externe Stimuli entweder als geordnet, klar, strukturiert und sinnhaft wahrgenommen werden oder aber als unstrukturiert, willkürlich, zufällig, chaotisch und unerklärlich (vgl. ebd., S. 34). „Die Person mit einem hohen Ausmaß an Verstehbarkeit geht davon aus, daß Stimuli, denen sie in Zukunft begegnet, vorhersagbar sein werden oder daß sie zumindest, sollten sie tatsächlich überraschend auftreten, eingeordnet und erklärt werden können. Es ist wichtig darauf hinzuweisen, daß hier nichts über die Erwünschtheit von Stimuli impliziert ist. Tod, Krieg und Versagen können eintreten, aber solch eine Person kann sie sich erklären" (ebd., S. 34).

Handhabbarkeit wird definiert als „das Ausmaß, in dem man wahrnimmt, dass man geeignete Ressourcen zur Verfügung hat, um den Anforderungen zu begegnen, die von den Stimuli, mit denen man konfrontiert wird, ausgehen. „Zur Verfügung" stehen Ressourcen, die man selbst unter Kontrolle hat oder solche, die von legitimierten Anderen kontrolliert werden – vom Ehepartner, von Freunden, Kollegen, Gott, der Geschichte, vom Parteiführer oder einem Arzt – von jemandem, auf den man zählen kann, jemandem, dem man vertraut. Wer ein hohes Ausmaß an Handhabbarkeit erlebt, wird sich nicht durch Ereignisse in die Opferrolle gedrängt oder vom Leben ungerecht behandelt fühlen. Bedauerliche Dinge geschehen nun einmal im Leben, aber wenn sie dann auftreten, wird man mit ihnen umgehen können und nicht endlos trauern" (ebd., S. 35).

Entscheidendes Kriterium ist für Antonovsky die *Bedeutsamkeit,* die Betroffene den einwirkenden Stressoren zumessen. Wer Ereignisse nicht als Unglück, sondern als Herausforderung begreift; wer Probleme und Aufgaben für Wert erachtet, Energien auf sie zu richten und in sie zu investieren, kann ihnen mit Würde begegnen und ist so eher in der Lage, sie angemessen zu bewältigen (vgl. ebd., S. 35). Wenn sich ein Individuum um seine Belange kümmern kann, dann eröffnen sich für es Chancen, Herausforderungen zu verstehen, eigene Ressourcen zu bündeln und eine sinnvolle Bewältigung der Stresssituation zu erreichen. Wenn es nicht an die Verfügbarkeit eigener Ressourcen glaubt oder die Struktur der Herausforderung nicht erkennen kann, sinkt die Bedeutsamkeit, und die Copingbemühungen werden allmählich schwächer.

Der Erfolg des individuellen Problemlöseverhaltens ist also abhängig davon, wie die einzelnen Komponenten des Kohärenzgefühls miteinander wirken. Wer existenziellen Herausforderungen nicht genügend Bedeutung beimisst, schwächt die Wirksamkeit seines Kohärenzgefühls. Wer glaubt, für jede Herausforderung eine Lösung zu haben, verfügt über ein sehr rigides Kohärenzgefühl, das als nicht authentisch eingeschätzt werden muss. Abzugrenzen davon ist ein Kohärenzgefühl, das bei Individuen anzutreffen ist, die einerseits in ein rigides, übergeordnetes Glaubenssystem eingebunden sind, andererseits aber in einer individuellen Autonomie leben; sie werden von Regeln geleitet, denen sie sich verpflichtet fühlen und die ihre Ressourcen mobilisieren (vgl. ebd., S. 42).

Antonovsky weist auf das Zusammenwirken der übergeordneten, psychosozialen, generalisierten Widerstandsressourcen und Widerstandsdefizite hin. „Hinsichtlich aller Aspekte – Reichtum, Ichstärke, kulturelle Stabilität und so weiter – kann eine Person auf einem Kontinuum platziert werden. Je höher man sich auf dem Kontinuum befindet, desto wahrscheinlicher wird man solche Lebenserfahrungen machen, die einem starken SOC förderlich sind; je weiter unten man sich befindet, desto höher ist die Wahrscheinlichkeit, dass die Lebenserfahrungen, die man macht, einem schwachen SOC dienen. Zusammengefasst kann ein Stressor somit als ein Merkmal definiert werden, das Entropie in das System bringt, das heißt eine Lebenserfahrung, die durch Inkonsistenz, Unter- oder Überforderung und fehlende Teilhabe an Entscheidungsprozessen charakterisiert ist" (ebd., S. 44).

Stressoren werden von Antonovsky unterschiedlich klassifiziert: Er unterscheidet zwischen chronischen Stressoren, wichtigen Lebensereignissen und akuten täglichen Widrigkeiten, welche sich qualitativ unterscheiden. Während die beiden Letzteren nicht zu vermeiden sind, handelt es sich bei chronischen Stressoren um unbewältigte, generalisierte Lebensereignisse. Ihnen kommt eine Schlüsselfunktion in der Beschreibung des Lebens einer Person zu. Sie sind gekennzeichnet durch Frustrationen: Mangel, anhaltender Verlust, dauerhafte Depression. Die zentrale Frage lautet für Antonovsky: „Inwieweit trägt es zu Lebenserfahrungen bei, die für das eine oder andere Ende der drei Kontinua, die zu einem starken bzw. schwachen SOC beitragen, charakteristisch sind? Wenn es zu Ersterem tendiert, ist das Phänomen ein GRR (Widerstandsressource, der Verfasser), im anderen Fall ein GRD (Widerstandsdefizit, der Verfasser). In jedem Fall aber sind chronische Ressourcen bzw. chronische Stressoren, die in der Lebenssituation der Person verankert sind, generalisiert und langlebig. Sie sind die primären Determinanten des SOC-Niveaus" (ebd., S. 44).

3.3 Selbstwertgefühl

Ein positives Selbstwertgefühl kann allgemein als Copingreserve und im Sinne Antonovskys als salutogenetischer Faktor verstanden werden. Vor diesem Hintergrund ist zu fragen, was das Selbstwertgefühl ausmacht und welche Funktion es in der Psyche von Menschen ausfüllt.

Individuen haben das fundamentale Bedürfnis, sich gut zu fühlen, mit sich selbst zufrieden zu sein. Dies wird aus Sicht der *Differenziellen Psychologie* nach Schütz (Schütz 2003, S. 4 f.) intrapersonell erfasst und gesteuert von einer deskriptiven Komponente, dem Selbstkonzept, und einer evaluativen Komponente, dem Selbstwertgefühl. Dem Selbstwertgefühl wird der zentrale Aspekt des *Selbst* zugeschrieben. Es hat starken Einfluss auf die Prozesse der Selbstregulation von Individuen. Es ist letztlich die Relation zwischen Anspruch und Wirklichkeit, zwischen den realisierten Erfolgen und den Erwartungen an die eigene Person. Ein solch subjektives Empfinden ist naturgemäß Verzerrungstendenzen unterworfen, die dem Schutz des Selbstwertgefühls dienen. So wird sich eine Person mit einem hohen Selbstwertgefühl tendenziell höhere Ziele setzen als eine Person mit niedrigem Selbstwertgefühl. Personen mit hohem Selbstwertgefühl achten eher darauf, positiv hervortreten zu können, während Personen mit niedrigerem Selbstwertgefühl eher darauf bedacht sind, nicht unangenehm aufzufallen (vgl. ebd., S. 5).

In diesem Kontext stellt sich die Frage, worauf sich das Selbstwertgefühl gründet und welchen Bedrohungen es ausgesetzt sein kann. Einerseits kann das Selbstwertgefühl „als Produkt bestimmter selbstreferenzieller Prozesse, andererseits als Determinante von Erleben und Verhalten konzeptualisiert werden" (ebd.). Dies bedingt eine *Selbstwertdynamik*, eine Veränderung des Selbstwertgefühls durch äußere Faktoren. Eine zweite Komponente ist die *Selbstwertregulation*, die verhaltensregulierend wirkt mit dem Ziel, das Selbstwertgefühl zu schützen oder zu erhöhen (vgl. ebd., S. 6). Einschätzungen über die eigenen Fähigkeiten werden intrapersonell differenziert vorgenommen: Die soziale, emotionale, intellektuelle und physische Leistungsfähigkeit wird dabei jeweils unterschiedlich bewertet und fließt in eine globale Selbsteinschätzung ein, die die jeweilige Person als charakteristisch für sich empfindet. Das Selbstwertgefühl ist keine statische Emotion, sondern durch intrapersonelle Verarbeitung besonderer Ereignisse stetiger Veränderung unterworfen; es kann trotz möglicher kurzfristiger Schwankungen im Erwachsenenalter dennoch als relativ stabil angenommen werden. Dauerhaft instabiles Selbstwertgefühl indes kann als Indikator für eine defensive, depressive Grundstimmung angesehen werden. Personen mit instabilem Selbstwertgefühl reagieren stärker auf positive und negative Ereignisse als Personen mit stabilem Selbstwertgefühl – im Übrigen auch allgemein aggressiver (vgl. ebd., S. 7). Sie sind stärker durch andere beeinflussbar und in stärkerem Maße Vorurteilen unterworfen. Negative Beurteilungen werden von ihnen überwiegend einerseits bei anderen Personen, andererseits aber auch bei sich selbst vorgenommen.

Aus welchen Quellen schöpfen Menschen ihr Selbstwertgefühl, und woraus speist es sich? Im Zusammenwirken von Selbstwahrnehmungen, sozialen Vergleichen und wahrgenommenen Fremdbewertungen entsteht im Individuum ein Bild vom „Verhältnis von Erfolgen einer Person in Relation zu ihren Ansprüchen" (ebd., S. 58). Selbstwahrnehmung, soziale Rückmeldung und soziale Vergleiche sind Informationsquellen für die Selbstbewertung. Hingewiesen wird in diesem Kontext auf den *Froschteich-Effekt*, wonach Personen, die innerhalb einer Gruppe mit mittlerem Niveau Leistungen erbringen, sich besser beurteilen als Personen mit gleichem Leistungsniveau innerhalb einer leistungsstarken Gruppe. Für die subjektive Selbstwahrnehmung wirken sich außerdem an sich selbst wahrgenommene positive oder negative Attribute stärker aus als fehlende, nicht wahrgenommene Eigenschaften. Schütz bringt dies wie folgt auf den Punkt: „Die Tatsache, positive Eigenschaften zu besitzen, stützt das Selbstwertgefühl mehr als die Tatsache, von negativen Eigenheiten frei zu sein" (ebd., S. 59).

Zwei Formen von Selbstkonzepten werden von Schütz unterschieden – eine unabhängige und eine interdependente Form. Unterschieden werden kann außerdem zwischen kulturbedingten und geschlechtsbedingten Formen. Kulturbedingt bezieht sich einerseits auf räumlich unterschiedliche Ausprägungen (z. B. zwischen europäischen und asiatischen Kulturen), andererseits aber auch auf unterschiedliche soziale Lagen (z. B. zwischen unteren und mittleren Milieus) innerhalb einer übergeordneten Kultur, welche Subkulturen tendenziell fördern. Für Männer in westlichen Industrienationen gilt ein unabhängiges Selbstkonzept als typisch. Das typisch westliche weibliche Selbstkonzept ist wesentlich auf soziale Fähigkeiten ausgerichtet, das entsprechende männliche auf individuelle Fähigkeiten. Personen mit niedrigem Selbstwertgefühl sind sich ihrer Leistungsfähigkeit weniger sicher, weshalb individuelle Leistung für Sie als Quelle der Selbsteinschätzung weniger herangezogen wird. Sie lassen sich stärker durch soziale Rückmeldung beeinflussen und sind auch stärker darauf angewiesen als Menschen mit gut entwickeltem Selbstwertgefühl.

Der Frage, welche Ereignisse das Selbstwertgefühl bedrohen, wurde in mehreren Studien nachgegangen. Erkannt wurde dabei besonders die Wirkung von belastenden familiären Konflikten, die materielle Abhängigkeit von Hilfen, Misshandlungserlebnisse, chronische Krankheit und der Verlust des Arbeitsplatzes. Personen mit niedrigem Selbstwertgefühl erleben empfangene Kritik als sehr viel belastender als Personen mit einem höher entwickelten Selbstwertgefühl (vgl. ebd., S. 71 f.). Kritik wird bei Ersteren nicht als sachlich erlebt, sondern als mit Emotion verbundene Abwertung.

Hingewiesen wird auch auf den Zusammenhang von Selbstwertgefühl und Selbst-darstellung, welche als Orientierung an einem externen Publikum verstanden werden kann. Auch kann die Art und Weise, andere zu beurteilen, der internen Selbstdarstellung dienen. Je nach Entwicklung des Selbstwertgefühls kann unter-schiedlich reagiert werden. Ein hohes Selbstwertgefühl ist verbunden „mit der Be-tonung von Kompetenz und dem Bestreben zu beeindrucken. Niedriges Selbst-wertgefühl dagegen ist assoziiert mit sozialen bzw. altruistischen Verhaltensweisen und Bemühungen, Sympathien zu gewinnen" (ebd., S. 86). Personen mit hohem Selbstgefühl sind demnach eher überzeugt, von anderem geschätzt zu werden, und riskieren es eher, durch Kritik aufzufallen. Personen mit niedrigem Selbstwert-gefühl sind dagegen eher um Akzeptanz bemüht und verhalten sich daher eher verbindlich und freundlich (vgl. ebd., S. 86).

Es sind die beschriebenen Verhaltensweisen, die Personen mit einem niedrigen Selbstwertgefühl tendenziell auf jener Verliererseite verharren lassen, auf der sie sich schon vorher aufgrund ungünstiger Lebensumstände befanden. Für das Projekt einer Schreibgruppe mit Langzeitarbeitslosen, deren Selbstwertgefühl durch lang anhaltende, sich selbst verstärkende negative Erlebnisse gelitten hat, stellt sich daher folgende Frage: Wie kann den Betroffenen einerseits ein geschützter Raum geboten werden, in dem sie angemessene Kritik solidarisch äußern können, und wie kann andererseits durch die Vermittlung positiver Erlebnisse ihr an-geschlagenes Selbstwertgefühl gestärkt werden, um so eine wichtige Copingressource verfügbar zu machen?

3.4   Individuen im Spannungsbogen von Resilienz und Vulnerabilität

Nach dem *Transaktionalen Stress-Bewältigungs-Modell* (vgl. Eppel 2007, S. 11 ff.) wird der Begriff *Resilienz* allgemein für eine Widerstandsfähigkeit verwendet, wie sie Individuen ausweisen, die trotz äußerst schwieriger externer Bedingungen in der Lage sind, ihre damit zusammenhängenden Probleme zu meistern. Hingewiesen sei hier auf das von Antonovsky angeführte Beispiel von KZ-Häftlingen (s.o.), die trotz ihrer besonderen Bedrängung ihre psychische Stabilität bewahren konnten. Die ursprüngliche und gebräuchlichste Verwendung fand der Begriff bei Kindern, die in ungünstigen Verhältnissen aufwuchsen und dennoch eine positive Entwicklung nehmen konnten. Diese Begriffsverwendung wurde später erweitert. *Resilienz* im hier diskutierten Kontext bezieht auch Erwachsene ein, die besonderen Belastungen angemessen begegnen und dadurch ihre psychische Gesundheit erhalten können; Sie steht also für eine Bewältigungsfähigkeit gegenüber besonderen Anforderungen, die psychische Schädigungen verursachen könnten. *Resilienz* erweist sich nur unter belastenden Bedingungen; deshalb können nur unter Belastung stehende Individuen als resilient bezeichnet werden. Als wesentlich beeinflussende Faktoren gelten neben den familiären und kulturellen Bedingungen die Lernbedingungen sowie die Entwicklung einer emotionalen Intelligenz, die sich in der Fähigkeit zur Kontrolle von Gefühlen und Handlungen sowie in einer angemessenen Problemlösungsorientierung manifestiert. Mitglieder von Gruppen, die einen stärkeren Zusammenhalt entwickeln mussten (zum Beispiel aufgrund äußerer Bedrängung), weisen oft eine entwickelte *Resilienz* auf.

Im Kontext der Frage, ob und unter welchen Voraussetzungen hinreichende *Resilienz* aufgebracht werden kann, ist auch der Gegenbegriff zu nennen. Wenn *Resilienz* die Fähigkeit von Individuen beschreibt, Angriffen auf ihre Psyche zu widerstehen, ist das Gegenteil davon eine Disposition für Angreifbarkeit und Verletzlichkeit, die als *Vulnerabilität* bezeichnet wird. *Resilienz* und *Vulnerabilität* sind als zwei Pole zu verstehen, als zwei Extreme, zwischen denen die jeweilige Fähigkeit der Reaktion auf Herausforderungen von Individuen verortet werden kann. *Resilienz* steht in diesem Modell für Gesundheit im umfassenden Sinn – körperlich und seelisch – die trotz belastender Lebensumstände bewahrt werden kann. *Vulnerabel* sind demnach Individuen, denen bereits bei geringer Belastung eine konstruktive Anpassung an die Herausforderungen misslingt und die dadurch in ihrem Wohlbefinden und in ihrer Gesundheit aus der Bahn geworfen werden (vgl. Eppel, S. 118 f.). Zu beachten ist in diesem Zusammenhang, dass nicht alle Bereiche der Persönlichkeit in gleicher Weise von Belastungen betroffen sein müssen. Während sich bei einigen Individuen *Vulnerabilität* manifestiert, können andere stabil bleiben. Personen mit ausgeprägter *Vulnerabilität* sind besonders gefährdet, psychische Erkrankungen zu entwickeln.

Das Konzept der *Resilienz* kann als ein salutogenetischer Ansatz begriffen werden, der den Fokus auf eine Ressourcenorientierung richtet und Schutzfaktoren fördert. Ausgehend von der Erkenntnis, dass resiliente Personen über Schutzfaktoren unterschiedlicher Ausrichtung und Ausprägung verfügen, können zur Resilienzstärkung soziale, personale und umweltbedingte Ressourcen herangezogen werden. Ziel ist dabei insgesamt das Vermeiden und Verringern von Risikofaktoren, die Behandlung von Defiziten und eben eine Stärkung vorhandener Ressourcen. „Bestimmte Risikofaktoren bedeuten also nicht Schicksal für einen Menschen, sie können durch heilsame und unterstützende Erfahrungen modifiziert werden" (ebd., S. 133). Unabdingbare Voraussetzung ist dabei die Haltung, eine Person als Gestalterin ihrer Entwicklung ernst zu nehmen. Es gilt: Nicht externes Einwirken über pädagogische Aktion, sondern das Herbeiführen endogener Prozesse ist der Schlüssel, um die Selbstheilungskräfte der Person zu wecken.

Resilienzstärkung bedeutet demnach, jene Grundlagen zu schaffen, zu festigen und zu optimieren, die es der Person ermöglichen oder sie motivieren, angemessenen Widerstand gegen externe Bedrohungen aufzubringen. Dies gilt prinzipiell für alle Lebensphasen. Schutzfaktoren, über die diese Personen von sich aus verfügen und die sie nutzen, werden als *endogene Resilienz* bezeichnet; von außen einwirkende gezielte Förderung hingegen als *exogene Resilienz*. Auf der individuellen Ebene kann eine direkte Kompetenzförderung bei der Person ansetzen; und diese Förderung kann in jeder Lebensphase erfolgen, denn: „Resilienz ist kein konstantes Persönlichkeitsmerkmal, sondern das Ergebnis eines immer wieder neuen dynamischen Bilanzierungsprozesses der Person zu einem bestimmten Zeitpunkt ihrer Biografie" (ebd., S. 139).

3.5 Möglichkeiten zur Stärkung der Widerstandskräfte und zur Förderung der seelischen Gesundheit von Langzeitarbeitslosen

Die Erkenntnisse der Stressforschung zielgerichtet zur Förderung von *Resilienz* und seelischer Gesundheit von Langzeitarbeitslosen anzuwenden, hieße vornehmlich, deren Fähigkeiten und deren Bereitschaft zu fördern, die Ursachen ihrer Lage zu erkennen und Gegenstrategien verfügbar zu machen. Dies über den Weg, ihnen Hilfestellung dabei zu geben, ihre Lage und ihre Handlungsoptionen angemessen einschätzen zu können, sodass sie ihre Copingstrategien allmählich auf ein künftiges aktives Handeln zur Verbesserung ihrer individuellen und kollektiven Situation ausrichten. Dies wäre ein wesentliches pädagogisches Ziel bei der Planung von Schreibgruppenaktivitäten für diese Zielgruppe.

Bei der Suche nach geeigneten Ansätzen zur Erreichung dieses Ziels weist Antonovsky mit seinem Konzept des Kohärenzgefühls eine sinnvolle Richtung. Sein Gedanke, Menschen in Bedrängnis zwischen den Polen Krankheit und

Gesundheit zu einer positiven Entwicklung zu verhelfen, erscheint lohnend. Er gibt damit wertvolle Hinweise, wie entsprechende Schreibgruppenkonzepte ausgerichtet sein könnten. Unter Beachtung der von ihm geprägten zentralen Begriffe der *Verstehbarkeit*, *Handhabbarkeit* und *Bedeutsamkeit* kann die Ausrichtung eines pädagogischen Konzeptes erfolgen, indem angestrebte Effekte auf der Grundlage des Verstehens von der Entwicklung eines Kohärenzgefühls als Hauptziel gesetzt werden. Erfolgreich wäre ein solcher Weg durch das individuelle Erinnern und das Zusammentragen solcher Erinnerungsleistungen in der Gruppe, wodurch einerseits ein kollektives Verständnis von der Vergleichbarkeit von Schicksalen, andererseits ein Erkennen individueller Stärken erreicht werden kann. Das Selbstwertgefühl (als salutogenetischer Faktor) würde so gestärkt. Die individuelle Erinnerung an gelungene Problembewältigungen könnte eine Dynamik auslösen, aus der sich allmählich eine Stabilisierung des Selbstwertgefühls und eine höhere Widerstandsfähigkeit gegenüber den vorher als unüberwindlich eingeschätzten Problemstellungen entwickelt.

In der Gruppe könnten Personen mit einem niedriger entwickelten Selbstwertgefühl von positiven sozialen Rückmeldungen profitieren, die sie nach dem Vorlesen ihrer Texte empfangen. Die Gruppensituation könnte sich so als sozialer Schutzraum erweisen, in dem Teilnehmende einerseits zunehmend angstfrei ihre Erlebnisse reflektieren und äußern könnten und in dem sie andererseits zu solidarischer Kritik befähigt würden. Auch wäre hier das Phänomen nutzbar, dass Mitglieder einer Gruppe, die kollektiv eine äußere Bedrängung erfahren, einen stärkeren Zusammenhalt entwickeln. So könnten sich in der Gruppensituation *Resilienz* fördernde Synergieeffekte einstellen. Grundlegend wäre die Erkenntnis zu fördern, dass bestimmte Risikofaktoren nicht schicksalhaft hinzunehmen sind, sondern durch heilsame und unterstützende Erfahrungen modifiziert werden könnten. Der Fokus wäre deshalb einerseits auf vorhandene und verfügbare Ressourcen zu richten und andererseits auf *vergessene* Ressourcen, die durch Texterstellung wieder ins Bewusstsein gehoben werden könnten.

Für Langzeitarbeitslose wäre die Förderung von *Resilienz* eine zentrale Chance, um einen Beitrag gegen das allmähliche Absinken in die Verelendung zu leisten – trotz der anhaltenden Drucksituationen, denen Langzeitarbeitslose ausgesetzt sein können. Die Stärkung solcher Fähigkeit in einer Gruppe könnte so letztlich helfen, die psychische und physische Gesundheit der Betroffenen zu erhalten.

4.   Empirische Forschung

Zu klären ist die Frage, ob und ggf. mit welchen Intentionen und Präferenzen Menschen aus der Gruppe der Langzeitarbeitslosen für Schreibgruppenaktivitäten zu gewinnen sind. Ihr allgemeines Interesse an psychosozialen Angeboten und an Angeboten zum biografischen und kreativen Schreiben ist auszuloten, um es bei der konzeptionellen Planung berücksichtigen zu können. Neben dem bisherigen Nachzeichnen der Situation Langzeitarbeitsloser, speziell der aus der besonderen Lage erwachsenden gesellschaftlichen und individuellen Probleme, soll dies als weitere Grundlage für die Konzeptentwicklung erarbeitet werden. Dazu soll beleuchtet werden, welche Erfahrungen, Erkenntnisse und Wünsche seitens der Adressaten im Kontext mit Langzeitarbeitslosigkeit bestehen und welche Bereitschaft sie mitbringen, ihre spezielle Problematik im Rahmen eines Schreibgruppenangebotes zu bearbeiten.

4.1   Design, Datenerhebung und Datenaufbereitung

Mit der Befragung sollten folgende Dimensionen erhellt werden:

- Wie stellt sich die persönliche Situation der Befragten im Kontext mit Langzeitarbeitslosigkeit dar?
- Erkennt und artikuliert die Zielgruppe die eigenen, aus der Langzeitarbeitslosigkeit resultierenden Mängellagen?
- Hat die Zielgruppe den Wunsch und die Bereitschaft, diese individuellen psychosozialen Mängellagen im Rahmen eines entsprechenden Angebotes zu bearbeiten?

Für die Erfassung wurde ein anonymisierter Fragebogen [5] zur Generierung qualitativer Daten entwickelt, der ausgerichtet nach den genannten drei Dimensionen insgesamt 27 Einzelfragen enthält. Der Fragebogen wurde mit Pretests gegen Fehler abgesichert, indem er probehalber von drei Personen mit einem entsprechenden Arbeitslosenhintergrund jeweils beantwortet und unter Berücksichtigung der dabei gewonnenen Erkenntnisse modifiziert wurde.

Als Grundlage zur Entwicklung des Fragebogens wurden folgende Hypothesen formuliert:

---

[5] Fragebogen s. Anhang

1. Langzeitarbeitslose erkennen und artikulieren die aus der Langzeitarbeitslosigkeit erwachsenden Mängellagen.

2. Die Bereitschaft zur Bearbeitung psychosozialer Mängellagen nimmt mit der Verschärfung der persönlichen Situation im Kontext von Langzeitarbeitslosigkeit zu.

Einleitend wurden persönliche Daten erfragt, um einerseits Aufschluss über die derzeitigen Lebensumstände (Istzustand) zu erhalten und um dies andererseits in Beziehung setzen zu können mit persönlichen Einschätzungen und Haltungen. Aus folgenden Erwägungen wurden jedoch Fragen nach dem Grad des Schulabschlusses und der Art des Berufsabschlusses nicht gestellt: Wenn auch vorausgesetzt werden kann, dass niedrig Qualifizierte in der Gruppe der Langzeitarbeitslosen in höherem Maße vertreten sind, trifft Langzeitarbeitslosigkeit dennoch auch Personen mit Abitur und Hochschulabschluss. Langzeitarbeitslose sind unter diesem Aspekt als eine heterogene Gruppe zu betrachten, in der Menschen mit höheren und niedrigeren Schul- und Berufsabschlüssen ein vergleichbares Schicksal erleiden. Dies kann als empirisch belegt vorausgesetzt werden. Deshalb wurde der Fokus auf Solidarität, auf die gemeinsame prekäre Lage von Langzeitarbeitslosen mit höherem und niedrigerem Bildungs- und Ausbildungsstand gerichtet – Auslöser für Blockaden Einzelner und Spaltungstendenzen innerhalb dieser Gruppe durch eine Betonung möglicher Bildungsunterschiede sollten so vermieden werden. Schließlich erleben gerade Menschen mit höherem Bildungsgrad und höheren Berufsabschlüssen, die auf dem Arbeitsmarkt nicht mehr gefragt sind, eine größere Fallhöhe und einen subjektiv wahrgenommenen höheren Verlust als niedriger Qualifizierte. Für die Bereitschaft zur Teilnahme an Schreibgruppenaktivitäten ist aber letztlich der Grad der Motivation maßgebend, über das Schreiben nach Linderung seelischer Notlagen zu streben. Diese grundsätzliche Bereitschaft kann bei höher Gebildeten und Schreibgeübten ebenso vorhanden sein wie bei weniger geübten Menschen – oder sie kann im umgekehrten Fall bei Personen aus beiden Teilgruppen fehlen. Es wäre daher sowohl bei der Befragung als auch bei späteren Schreibgruppenangeboten störend, frühere Qualifikationen herauszustellen.

In Kooperation mit Institutionen, die Angebote für Langzeitarbeitslose vorhalten, gelang es, insgesamt 54 Personen für die Beantwortung der Fragen zu erreichen und zu gewinnen. Alle Befragten wurden im Auftrag des Jobcenters Hannover über Institutionen betreut, die entweder Kurse zur Verbesserung der Vermittlungsfähigkeit durchführten oder aber im Rahmen von Arbeitsgelegenheiten (1-€-Jobs)

Tätigkeiten für Langzeitarbeitslose vorhielten. Träger dieser Institutionen waren das *Bildungswerk der niedersächsischen Wirtschaft*, die *Landeshauptstadt Hannover* über den *Stützpunkt Beschäftigungsförderung* sowie die *Tafel Mittelfeld*, betrieben vom *Roten Kreuz*. Die Personen wurden in einer Gruppensituation vor dem Ausfüllen des Fragebogens über die Intention der Befragung informiert. Auf den Zweck, die Ergebnisse in ein Schreibgruppenkonzept für die Zielgruppe der Langzeitarbeitslosen einfließen zu lassen und dieses Konzept danach auch umzusetzen, wurde besonders hingewiesen. Mit diesem Wissen fanden sich dennoch 54 Personen zur Teilnahme an der Fragebogenaktion bereit. Es kann also zumindest von einer prinzipiellen Bereitschaft zur Förderung des Projekts ausgegangen werden.

Offen blieb, ob der gewählte Zugang zur beschriebenen Personengruppe repräsentativ war. Zur Praxis der Zuweisung von Langzeitarbeitslosen in Fördermaßnahmen und Arbeitsgelegenheiten war keine Systematik auszumachen, entsprechende Statistiken waren nicht verfügbar. Mittlere Jahrgänge waren unter den Befragten überproportional vertreten. Über die Ursachen kann nur spekuliert werden: Die beschriebene Situation könnte darauf zurückzuführen sein, dass Jobcenter verstärkt diese Alterskohorten fördern und bei älteren – und damit schwerer vermittelbaren – Personen eher davon absehen. Folgt man hingegen der These, solche Maßnahmen hätten – jenseits realer Vermittlungschancen – eher die Funktionen der Verschleierung und der euphemistischen Darstellung von Statistiken zur Arbeitslosigkeit, müssten ältere Jahrgänge eigentlich häufiger vertreten sein.

Auf Grundlage des Fragebogens wurde eine Codierliste erstellt, in der für die jeweiligen Antwortvorgaben auch Werte für fehlende Angaben und Mehrfachnennungen enthalten waren. So sollte Fehlinterpretationen bei der Gewichtung vorgebeugt werden. Die Datenerfassung und Erstellung der Urliste erfolgte über das Programm *Excel*. Alle Datensätze wurden mit Paginiernummer und den 27 Variablen zeilenweise in einer Tabelle erfasst. Diese Tabelle wurde in das Programm *PASW Statistics 18 (SPSS)* importiert und dort als Grundlage für die Erstellung univariabler und bivariabler Daten verwendet. Für den Zweck der Datendiskussion und zur Interpretation der Ergebnisse wurden die 27 Variablen in Häufigkeitstabellen dargestellt, darüber hinaus wurden aus diesem Fundus 13 Kreuztabellen erzeugt, mit denen vermuteten Zusammenhängen nachgespürt werden sollte.

4.2 Datendiskussion

Zur inhaltlichen Auswertung der quantitativen Erhebung wurden sowohl die daraus nutzbaren univariaten als auch bivariaten Daten herangezogen.

4.2.1 Univariate Verteilungen

Zu den 27 Fragen wurden Häufigkeitstabellen[6] mit den jeweiligen Modalwerten erstellt.

In einem ersten Block (Fragen 1-12) wurden die persönlichen Merkmale und Lebensumstände erfragt. Hierzu gehörten Fragen zu Alter, Geschlecht und Familienstand, zu im Haushalt oder außerhalb des eigenen Haushalts lebenden Kindern, zur Wohn- und Einkommenssituation, zum Freizeitverhalten und zur Arbeitslosensituation.

Die größte Altersgruppe (37 %) stellten Befragte zwischen 31 und 40 Jahren. Es folgte die zwischen 21 und 30 Jahren (27,8 %) und die zwischen 41 und 50 Jahren (22,2 %). Befragte über 50 Jahre waren mit 9,3 %, die unter 20 Jahre mit 3,7 % vertreten. 61,1 % der Befragten waren männlich, 38,9 % weiblich. Beim Familienstand stellten die Ledigen (55,6 %) den Hauptanteil, gefolgt von den Verheirateten (22,2 %) und den Geschiedenen (18,5 %). Eine Person (1,9 %) war verwitwet. Bei der Frage zu im Haushalt lebenden Kindern gaben 41 Personen (75,9%) an, dass kein Kind mit im Haushalt lebe. 13,0 % gaben an, dass ein Kind mit im Haushalt lebe, 9,3 % erklärten, es seien zwei Kinder, und nur bei einer Person (1,9 %) lebten drei Kindern mit im Haushalt. Mehr als drei Kinder lebte bei keiner der Befragten mit im eigenen Haushalt. Die Frage zu nicht im eigenen Haushalt lebenden Kindern verneinten 68,5 %. 11,1 % gaben dazu ein Kind an, 13 % zwei Kinder, 3,7 % drei Kinder. Zur Wohnsituation ergab sich, dass der überwiegende Teil der Befragten (55,6 %) in einem Singlehaushalt lebten. 29,6 % gaben dazu an, mit der Familie in einer eigenen Wohnung zu leben. 7,4 % lebten in einer Wohngemeinschaft, 3,7 % bei Eltern oder Verwandten. Die Frage, ob sie mit ihrem Einkommen auskämen, beantworteten fast die Hälfte (46,3 %) mit „es reicht gerade, wenn ich mich einschränke". 20,4 % erklärten, es reiche nicht und sie seien verschuldet. Ebenfalls 20,4 % hielten ihr Einkommen für auskömmlich. Sechs Personen (11,1 %) wollten dazu keine Angaben machen.

---

[6] Häufigkeitstabellen s. Anhang

66

Zu Ihren bevorzugten Freizeitorten gab die größte Gruppe (40,7 %) an, gern in der Natur zu sein. 27,8 % waren demnach gern zuhause, 18,5 % gern außer Haus. Vier Personen (7,4 %) hielten dies für unwichtig. Zum bevorzugten Freizeitverhalten erklärten 37 %, mehrere Hobbys zu betreiben. 13,0 % trieben regelmäßig Sport, ebenfalls 13 % lasen gern. 9,3 % gaben an, keine nennenswerten Freizeitinteressen zu verfolgen. Für immerhin zwei Personen (3,7 %) war das Schreiben die liebste Freizeitbeschäftigung.

Die Länge der bisherigen regelmäßigen Tätigkeiten vor der erlebten Arbeitslosigkeit wurde nach Clustern differenziert abgefragt. Die größte Gruppe bildeten zwölf Personen (22,2 %), sie gaben dazu an, zwischen zwei und fünf Jahren gearbeitet zu haben. Bei 20,4 % waren es 11-20 Jahre, bei 16,7 % 6-10 Jahre. 7,4 % hatten zwischen 21 und 30 Jahren gearbeitet, 5,6 % sogar mehr als 31 Jahre. 7,4 % gaben an, vor der Arbeitslosigkeit selbstständig gewesen zu sein. 13,0 % der Befragten waren vor der Arbeitslosigkeit weniger als ein Jahr regelmäßig in Arbeit. Die Gruppe der Personen, die zwei Jahre und länger arbeitssuchend waren, stellte bei den Befragten die Mehrheit. 31,5 % waren zwischen vier und neun Jahren arbeitssuchend, 13,0 % zwischen zwei und fünf Jahren, 9,3 % sogar mehr als zehn Jahre. Ein bis zwei Jahre arbeitssuchend waren 22,2 %, ebenfalls 22,2 % waren weniger als ein Jahr arbeitssuchend. Die überwiegende Mehrheit der Befragten hatte bereits Maßnahmen der Jobcenter zur Erhöhung ihrer Vermittlungschancen wahrgenommen. 22,2 % gaben an, einmal in einer solchen Maßnahme gewesen zu sein; 14,8 % waren es bereits zweimal, 11,1 % dreimal, 16,7 % sogar mehr als dreimal. Lediglich knapp ein Drittel (31,5 %) war bisher in keiner solcher Maßnahmen.

In einem zweiten Block (Fragen 13-23) wurde die persönliche Einschätzung der Befragten zu ihrer psychosozialen Lage erfasst. Hierzu gehörten das Sprechen über die Situation der Arbeitslosigkeit im persönlichen Umfeld (Familie, Bekannte) und in der Öffentlichkeit. Des weiteren wurden hier Einschätzungen zu Erwartungen des persönlichen Umfelds und der Gesellschaft erfragt sowie die Einschätzung darüber, wo die Gründe für die Arbeitslosigkeit liegen könnten. In diesem Zusammenhang wurde auch die Frage nach einem persönlichen Versagen gestellt. Eine weitere Frage bezog sich auf die Eigenbeobachtung zu möglichen problematischen Verhaltensänderungen. Schließlich wurde das Interesse an der Wahrnehmung von Angeboten zur psychosozialen Unterstützung abgefragt.

In den Familien wird demnach überwiegend offen mit Arbeitslosigkeit umgegangen. 59,3 % der Befragten gaben an, mit ihren Verwandten einen offenen Umgang im Zusammenhang mit ihrer Arbeitslosigkeit zu pflegen. 20,4 % erklärten, hiermit eher zurückhaltend umzugehen. Lediglich eine Person (1,9 %) verschwieg aus Scham dieses Thema. Sechs Personen (11,1 %) konnten dazu keine Angaben machen. Außerhalb der eigenen Familie, im Umgang mit Bekannten, ist die Offenheit demnach noch stärker ausgeprägt. 63,0 % gaben einen offenen Umgang damit an, 11,1 % einen eher zurückhaltenden Umgang. Bei sechs Personen spielt allerdings Scham in diesem Zusammenhang eine Rolle. Vier Personen (7,4 %) gaben an Arbeitslosigkeit aus Scham eher zu verschweigen. Eine Person (1,9 %) vermied aus Scham Kontakte, eine andere Person (1,9 %) täuschte aus Scham eine Tätigkeit vor. Auch hier konnten 11,1 % keine Angaben dazu machen. Die Tendenzen dieser Aussagen bestätigten sich weitgehend bei der Frage, wie in der Öffentlichkeit außerhalb des privaten Umfelds mit der eigenen Arbeitslosigkeit umgegangen werde. 53,9 % gaben dazu einen offenen Umgang an, 18,5 % einen zurückhaltenden Umgang. Bei acht Personen spielte Scham eine wesentliche Rolle: Sechs von ihnen (11,1 %) verschwiegen aus Scham ihre Arbeitslosigkeit. Eine Person (1,9 %) täuschte aus Scham eine Tätigkeit vor, eine weitere Personen (1,9 %) vermied entsprechende Kontakte.

Zur Frage, was das persönliche Umfeld (Familie und Bekannte) erwarte, äußerten sich die Befragten wie folgt: Ein Drittel (33,3 %) gaben „Arbeit nach meinen Fähigkeiten finden" an, 24,1 % „so lange suchen, bis angemessene Arbeit gefunden" sei. Dies weist auf ein wahrgenommenes Verständnis des Umfelds hin. Ein geringeres Verständnis des Umfelds gegenüber den eigenen Bedürfnissen erkannten ca. ein Drittel der Personen: 11,1 % erklärten, das Umfeld erwarte nichts von ihnen, 9,3 % erklärten, dass sie Arbeit auch unterhalb ihrer Fähigkeiten finden sollten, 7,4 %, dass sie sich um jede Arbeit bis zu ihrer Rente bemühen müssten. Bei der Beantwortung der Frage, was die Gesellschaft von Arbeitslosen erwartet, wird ein Leidensdruck deutlich. Hier waren es noch 20,4 %, die mit „Arbeit nach meinen Fähigkeiten finden" antworteten, und 7,4 % waren es noch mit der Antwort „so lange suchen, bis angemessene Arbeit gefunden" sei. Überwiegend wurde jedoch ein repressiver Umgang der Öffentlichkeit mit der eigenen Arbeitslosigkeit gesehen: 22,2 % glaubten, auch Arbeit unterhalb der eigenen Fähigkeiten finden zu sollen, 16,7 %, dass sie sich um jede Arbeit bemühen sollten, wenn dies auch aussichtslos sei, 5,6 % sahen sich genötigt, sich um jede Arbeit bis zur Rente zu bemühen. Fünf Personen (9,3 %) glaubten, dass die Gesellschaft diesbezüglich nichts von ihnen erwarte.

Zur Einschätzung befragt, woran die längere eigene Arbeitslosigkeit liege, gaben die Betroffenen breit gefächerte, nicht eindeutig interpretierbare Antworten. Etwa ein Drittel sah dies in der eigenen Person begründet. 20,4 % gaben an, zu alt zu sein, 11,1 % sagten, ihre Kenntnissen seien veraltet. Ca. 40 % sahen die gesellschaftliche Situation als Ursache. 14,8 % erklärten, Vollbeschäftigung sei eine Ausnahmesituation, 13,0 % führten die konjunkturelle Krise an, 11,1 % erklärten, Massenarbeitslosigkeit sei im kapitalistischen System normal. Ebenfalls 20,4 % gaben an, nicht zu wissen, woran es liege. Ein undifferenziertes Bild ergibt sich auch bei der Frage, ob der dauerhaften Arbeitslosigkeit ein persönliches Versagen zugrunde liege. Knapp die Hälfte (48,1 %) beantworteten sie mit „teils ja, teils nein". 29,6 % antworteten mit einem entschiedenen „nein, bestimmt nicht", 9,3 % antworteten mit „eher weniger". Lediglich 5,6 % bestätigten dies mit „ja, überwiegend", 3,7 % mit „ja, vollständig".

Die Frage, ob Alternativen zur Erwerbsarbeit erwogen worden seien, verneinten mehr als 2/3 der Befragten. 55,6 % gaben an, weiterhin eine Stelle suchen zu wollen, 14,8 % hatten bisher nicht an eine solche Alternative gedacht. 16,7 % konnten dazu nicht sagen, und nur 7,4 % hielten Selbstständigkeit für eine mögliche Alternative.

Problematische Verhaltensänderungen in Zusammenhang mit Arbeitslosigkeit erkannten lediglich ein Drittel der Befragten bei sich. Davon räumten 5,6 % einen höheren Alkoholgenuss ein, 9,3 % einen höheren Medikamentengebrauch. 9,3 % erlebten sich in bestimmten Situationen aggressiver, weitere 9,3 % warfen sich selbst Versagen vor. Ein Drittel (33,3 %) der Befragten sah bei sich überhaupt keine Verhaltensänderung, 11,1 % nur geringfügige, nicht störende Verhaltensänderungen. 18,5 % konnten dazu nichts aussagen.

Bei der Frage nach dem Interesse von Angeboten zur Verbesserung der psychosozialen Situation zeigten sich knapp zwei Drittel der Befragten aufgeschlossen. 37 % würden so etwas wahrnehmen (Einschränkung: „kommt auf das Angebot an"), 13 % würden dies zumindest erwägen, 11,1 % würden dies uneingeschränkt gern wahrnehmen. 31,5 % lehnten dies ab („nein, das ist nichts für mich"), 5,6 % erklärten, solche Angebote eher zu meiden.

Im dritten Block (Fragen 24-27) wurde speziell schließlich die Bereitschaft zur Teilnahme an einem Schreibgruppenangebot mit der beschriebenen Zielsetzung beleuchtet.

Angebote zum biografischen und kreativen Schreiben waren 61,1 % der Befragten bisher nicht bekannt, 24,1 % hatten davon schon gehört. Lediglich eine Person (1,9 %) hatte an solchen Angeboten teilgenommen, zwei Befragte (3,7 %) konnten sich nicht erinnern. Über ein Drittel der Befragten konnte sich die Teilnahme an einem solchen Angebot vorstellen (29,6 % „ja, wenn die Bedingungen zusagen"; (5,6 % „ja, Teilnahme gern"). Allerdings erklärten 42,6 % entschieden, dies sei nichts für sie. Ein Fünftel der Befragten oder 20,4 % blieb in der Frage unentschieden. Eigene Erfahrungen im biografischen und kreativen Schreiben waren allerdings nur gering ausgeprägt. 31,5 % erklärten, es seit dem Schulbesuch nicht mehr versucht zu haben, 27,8 % schrieben demnach sehr selten. Lediglich 16,7 % schrieben oft und regelmäßig, 11,1 % öfter, aber unregelmäßig. Weitere 11,1 % gaben an, zu besonderen Anlässen zu schreiben. Bei der Frage nach der Form biografischen und kreativen Schreibens gaben 38,9 % ein unbestimmtes „Sonstiges" an. Die am häufigsten praktizierten Formen sind Briefeschreiben (16,7 %); Kurzgeschichten (9,3 %), Gedichte (7,4 %), Romane (5,6 %), Tagebuch (3,7 %) und Geschichten zu eigenen Erinnerungen (1,9 %).

4.2.2 Bivariate Daten

Orientiert an den oben formulierten Dimensionen wurde versucht, Zusammen-hängen nachzuspüren. Dies geschah durch das Verknüpfen ausgewählter Einzel-fragen mittels Kreuztabellen.[7] Die Kreuztabellen 1 – 6 dienten der Erhellung der ersten Dimension (Langzeitarbeitslose erkennen und artikulieren die aus der Lang-zeitarbeitslosigkeit erwachsenden Mängellagen).

In der Kreuztabelle 1 (F11*F21) wurde deutlich, dass in der Gruppe derjenigen, die zwischen vier und neun Jahre arbeitssuchend waren, das Bewusstsein zur Ver-haltensänderung im Zusammenhang mit Arbeitslosigkeit besonders ausgeprägt war. Zwar wurden hier Verhaltensänderungen in starkem Maße negiert, jedoch gleich häufig – verteilt auf unterschiedliche Problembereiche – eingeräumt. In der Kreuztabelle 2 (F11*F19) zum Zusammenhang zwischen der Länge der Arbeits-losigkeit und einem möglichen persönlichen Versagen fand sich diese Unent-schiedenheit bei denjenigen, die zwischen vier und neun Jahren arbeitslos waren, ebenfalls wieder. In der Kreuztabelle 3 (F11*F18) wurde deutlich, dass ge-sellschaftliche und konjunkturelle Gegebenheiten als Hauptursache für die eigene Arbeitslosigkeit gesehen werden (21 Fälle), gefolgt von persönlichen Ursachen-erklärungen (17 Fälle). Dennoch konnte dazu bemerkenswert oft (elf Fälle) keine

---

[7] Kreuztabellen s. Anhang

Erklärung gegeben werden – besonders häufig von denjenigen, die zwischen vier und neun Jahren arbeitslos waren.

In der Kreuztabelle 4 (F11*F17) konnte folgender Zusammenhang aufgedeckt werden: Während Personen mit bisher kurzer Arbeitslosigkeit noch zu 20 % glaubten, die Gesellschaft habe die moderate Erwartung, dass sie Arbeit nach ihren Fähigkeiten fänden, änderte sich diese Ansicht mit zunehmender Dauer der Arbeitslosigkeit. 60 % der Befragten sahen hier die gesellschaftliche Erwartung, sich auch unterhalb dieser Fähigkeiten vermitteln zu lassen und notfalls um jede Arbeit bemüht zu sein. Auch hier stellten denjenigen, die zwischen vier und neun Jahren arbeitslos waren, die stärkste Gruppe.

Die Kreuztabelle 5 (F2*F13) diente der Frage, in welcher Weise das Geschlecht Auswirkungen auf den Umgang mit Arbeitslosigkeit im Verwandtenkreis haben könnte. Ein signifikanter Unterschied zwischen den Geschlechtern konnte hier nicht festgestellt werden. Demnach pflegten ca. 60 % einen offenen Umgang, ca. 20 % einen zurückhaltenden Umgang mit dem Thema. Wie Kreuztabelle 6 (F2*F15) zeigt, gab es allerdings Einschränkungen, wenn es um die Behandlung des Themas außerhalb des privaten Umfeldes ging. Der offene Umgang nahm dabei geringfügig ab, und jede neunte Person gab an, Arbeitslosigkeit und Scham eher zu verschweigen.

Die zweite Dimension (Bereitschaft zur Bearbeitung der Mängellagen nimmt mit der Verschärfung der persönlichen Situation im Kontext von Langzeitarbeitslosigkeit zu) sollte über die Kreuztabellen 7 – 13 erkundet werden. Hier ging es um den Wunsch und die Bereitschaft, erkannte eigene Mängellage im Rahmen psychosozialer Angebote zu bearbeiten.

In der Kreuztabelle 7 (F11*F22) waren die Personen mit einer Arbeitslosendauer zwischen vier und neun Jahren am häufigsten an Angeboten zur Verbesserung ihrer psychosozialen Situation interessiert. Auch Personen mit bisher kurzer Arbeitslosigkeit zeigten sich hier eher aufgeschlossen. Kreuztabelle 8 (F12*F25) zeigte die größte Aufgeschlossenheit gegenüber einer Schreibgruppenaktivität bei Befragten, die bisher entweder keine oder nur eine über das Jobcenter veranlasste Maßnahme zur Verbesserung der Vermittlungschancen wahrgenommen hatten. Etwa 40 % äußerten sich ablehnend, knapp 40 % zustimmend zu einer solchen Maßnahme. Etwa 20 % konnten dazu keine Aussage machen. Die Bereitschaft zur Wahrnehmung von psychosozialen Angeboten, verknüpft mit dem Familienstand, zeigte in der Kreuztabelle 9 (F3*F22) eine überwiegende Bereitschaft von ca. 60 % der Befragten; ca. 40 % äußerten sich eher ablehnend.

Kreuztabelle 10 (F1*F25) konnte erhellen, dass die Gruppe der 31-40 -jährigen am ehesten bereit waren, an einer Schreibgruppenaktivität teilzunehmen. Allerdings war bei dieser Gruppe auch die Ablehnung („Nein, ist nichts für mich") fast gleich hoch. Ebenso viele Ablehnungen äußerten die 21-30 -jährigen. Wie Kreuztabelle 11 (F1*F22) zeigte, war die Bereitschaft zur Wahrnehmung von Angeboten zur Verbesserung der psychosozialen Situation – aufgeschlüsselt nach Altersgruppen – bei der Gruppe der 31-40 -jährigen am höchsten. Bei den 21-30 -jährigen hielten sich Zustimmung und Ablehnung in etwa die Waage, bei den 41-50 -jährigen war die Zustimmung mehr als doppelt so hoch wie die Ablehnung. Die gleiche Frage zu diesen Angeboten, verknüpft mit dem Geschlecht, ergab in Kreuztabelle 12 (F 2*F22) ein anderes Bild. Während die Männer sich zu knapp 50 % positiv dazu äußerten, taten dies Frauen zu über 80 %. Bezogen auf den Familienstand zeigten sich in Kreuztabelle 13 (F3*F22) zu dieser Frage keine wesentlichen Ausreißer. Von den Ledigen und den Geschiedenen zeigten sich 60 % aufgeschlossen, von den Verheirateten sogar 67 %.

4.3   Interpretation der Ergebnisse

Zur Überprüfung wurden die aufgestellten Hypothesen, daraus abgeleitete Dimensionen und darauf bezogene Fragen in Blöcken miteinander in Beziehung gesetzt.[8] Mit den vorliegenden Modalwerten zu den Häufigkeitstabellen konnte zusammenfassend eine Auswertung vorgenommen werden. Bei Anwendung dieser Methode wurden – unter Auslassung der nicht für die Überprüfung der jeweiligen Hypothese verwendbaren Fragen – beide Hypothesen bestätigt.

Unter Einbeziehung dieser Ergebnisse und der aus den erstellten Kreuztabellen gewonnenen Erkenntnisse fasse ich zu den Eigenschaften, den Einstellungen und dem Interesse an psychosozialen Angeboten folgendes Ergebnis zusammen:

Zur persönlichen Situation der Befragten konnten folgende Gewichtungen fest-gehalten werden: Es handelte sich vornehmlich um ledige Männer zwischen 31 und 40 Jahren, ohne Kinder, im Singlehaushalt lebend, die vorher längerfristig einer festen Beschäftigung nachgingen und bereits mehrjährig arbeitslos waren. Sie hatten bereits Maßnahmen zur Verbesserung der Vermittlungschancen durch-laufen. Sie gaben aktive und breit gefächerte Freizeitinteressen an.

---

[8] Schaubild s. Anhang

Zum Erkennen und Artikulieren eigener Mängellagen waren folgende Gewichtungen erkennbar: Mehrheitlich war die Bereitschaft gegeben, mit der Umwelt über die eigene Problematik zu sprechen. Allerdings nahm diese Bereitschaft im Umgang mit der Öffentlichkeit ab, Scham spielte dann eine zunehmende Rolle. Solche Unterschiede gab es auch bei der empfundenen Fairness und dem Verständnis Anderer. Im Bekannten- und Familienkreis wurden sie hoch eingeschätzt, in der Öffentlichkeit eher negativ. Für die Problemlage wurden sowohl gesellschaftliche als auch persönliche Ursachen angeführt, wobei etwa die Hälfte unentschieden beide Ursachen vermutete. Der Großteil suchte weiterhin eine Anstellung, Alternativen zu Erwerbsarbeit spielten keine signifikante Rolle. Mögliche problematische Verhaltensänderungen als Auswirkungen des Leidensdrucks waren knapp der Hälfte durchaus bewusst.

Zur Bereitschaft der Befragten, psychosoziale Angebote wahrzunehmen, wurden folgende Gewichtungen deutlich: Mehrheitlich standen die Befragten solchen Angeboten aufgeschlossen gegenüber. Etwa die Hälfte hatte bereits Erfahrung mit solchen Angeboten, allerdings auch eine geteilte Meinung darüber, ob diese Angebote sinnvoll gewesen waren. Biografisches und kreatives Schreiben war ihnen mehrheitlich noch kein Begriff. Die prinzipielle Bereitschaft zur Teilnahme an solchen Angeboten war bei einem guten Drittel vorhanden, Skepsis und Unentschiedenheit überwogen. Bei der Frage zur Schreibpraxis konnte überwiegend eine erhebliche Schreibferne festgestellt werden. Zu den praktizierten Formen spielte – breit gefächert – literarisches Schreiben eine wesentliche Rolle.

Das Bewusstsein über die eigene schwierige Situation war besonders bei denjenigen ausgeprägt, die vier Jahre oder länger arbeitslos waren. Andererseits war bei dieser Gruppe die Ungewissheit über den Anteil des eigenen Versagens überproportional hoch. Dies korrespondierte mit einer Unentschiedenheit darüber, ob gesellschaftliche oder persönliche Gründe ausschlaggebend seien. Diese Gruppe sah sich auch verstärkt der Erwartung der Gesellschaft ausgesetzt, Arbeit auch unterhalb der eigenen Fähigkeiten anzunehmen. Es gab keinen signifikanten Unterschied zwischen den Geschlechtern bei der Frage, wie mit der Arbeitslosigkeit innerhalb der Familie umzugehen sei. Ein offener Umgang damit überwog. Allerdings spielte bei Männern die Scham eine zunehmende Rolle, wenn ihre Situation in der Öffentlichkeit behandelt wurde.

Personen, die vier Jahre oder länger arbeitslos waren, zeigten sich am häufigsten an Angeboten zur Verbesserung der psychosozialen Situation interessiert. Allerdings waren auch Befragte mit relativ kurzer Arbeitslosigkeit stärker interessiert. Personen zwischen 31 und 40 Jahren waren besonders ansprechbar für solche Angebote, dies galt auch für Schreibgruppenaktivitäten. Die Bereitschaft zur Annahme solcher Angebote war, aufgeschlüsselt nach Familienstand, mehrheitlich vorhanden; überproportional hoch war sie bei Geschiedenen und Verheirateten entwickelt. Besonders aufgeschlossen gegenüber einer Schreibgruppenaktivität waren diejenigen, die noch keine oder maximal eine Maßnahme über Jobcenter wahrgenommen hatten. Die befragten Männer waren zur Hälfte bereit, solche Angebote wahrzunehmen, Frauen waren dies sogar zu mehr als drei Vierteln.

Es ist also festzustellen, dass ein hinreichend großer Interessentenkreis entsprechend motiviert ist und für das zu entwickelnde Angebot erreicht werden kann. Die vorliegenden Ergebnisse enthalten zahlreiche Hinweise, die bei der Konzeption zu berücksichtigen sind.

5. Rahmenbedingungen für das Konzept einer Schreibgruppenaktivität mit Langzeitarbeitslosen

Welche Bedingungen sind zu erfüllen, um im Rahmen einer Schreibwerkstatt für Langzeitarbeitslose wirksame Hilfestellung gegen erlebte Not, gesellschaftliche Ausgrenzung, Frustrationen und Perspektivlosigkeit zu geben? Unter Einbeziehung methodischer, inhaltlicher, gruppendynamischer und organisatorischer Fragen sollen nun die Grundbedingungen für ein gelingendes Angebot entwickelt werden.

5.1 Pädagogische Ziel- und Themensetzungen vor dem Hintergrund erkannter Mängellagen

Bisher wurde untersucht, in welchem Spannungsfeld sich Langzeitarbeitslose bewegen. Die Kernfragen lauteten: Wie gehen Sie mit der besonderen Situation um, wie meistern Sie die besonderen Schwierigkeiten, was wird ihnen gesellschaftlich versagt? Was bewirkt Langzeitarbeitslosigkeit in ihrem Sozialverhalten, in ihrer Psyche, in ihrem sozialen Umfeld? Wie können sie mit ihren Ressourcen gefördert werden, um diesem Druck zu begegnen und standzuhalten? Was senkt Vulnerabilität und fördert Resilienz?

Wie dargestellt, resultieren die psychosozialen Mängellagen von Langzeitarbeitslosen einerseits aus dem Zusammenwirken materieller Not, eigener Erwartungshaltung und berechtigter Ansprüche; andererseits auch aus dem gesellschaftlichen Erwartungsdruck, der ihnen in entmündigender Weise über direkte/indirekte staatliche Intervention oder über geäußerte Vorurteile entgegentritt. Im Wechselspiel internalisierter gesellschaftlicher Deutungsmuster und erlebter Ohnmacht entstehen Angst und Selbstblockierungen, die eigene Handlungsfähigkeit wird zunehmend gelähmt. Ein durch frühere persönliche Erfolge erworbenes Selbstwertgefühl schwindet und wird schrittweise von wachsendem Zweifel an den eigenen Fähigkeiten abgelöst. Die fatale gesellschaftlich vermittelte Botschaft, dass die am gesellschaftlichen Rand Lebenden ihre Lage selbst verschuldet hätten, wird zunehmend hingenommen. Wirksame Gegenwehr der Betroffenen wird so behindert, zumal sie sich in einer atomisierten Lage befinden. Abgesehen von örtlich begrenzten Selbsthilfegruppen bietet keine übergeordnete gesellschaftliche Institution mit nennenswertem Einfluss unter ihrem Dach eine Chance zur gemeinsamen Gegenwehr.

Zu fragen ist also, welche Möglichkeiten im Rahmen einer Schreibwerkstatt bestehen, diesen negativen Prozess bei den Betroffenen abzufedern, zu stoppen und in eine positive Richtung zu lenken. Ein solches Angebot kann die womöglich vorenthaltene adäquate materielle Unterstützung nicht ersetzen, auch macht es die Vermittlung eines sicheren Arbeitsplatzes nicht obsolet. Allerdings kann über eine im Rahmen der Möglichkeiten angebotene, ansonsten fehlende psychosoziale Unterstützung die Fähigkeit zur realistischen Wahrnehmung der eigenen Lage gefördert werden, was schließlich zu anderem Verhalten führen kann. Ziel wäre es also, reaktives Verhalten umzukehren und ein aktives Gegensteuern des Einzelnen zu fördern, ebenso wie die Erkenntnis, dass es bei der Verfolgung der eigenen Interessen hilfreich sein kann, sich mit anderen Betroffenen zusammenzuschließen.

Es hätte einen emanzipatorischen Effekt, wenn durch entsprechende Texte der Betroffenen das Erkennen und Relativieren bestehender Abhängigkeiten gefördert werden könnte. Im Kontext so gewonnener neuer, zunächst theoretischer Handlungsmöglichkeiten könnten auch der Wunsch und die Fähigkeit wachsen, diese sukzessive in das eigene Handlungsrepertoire zu übernehmen. Dies betrifft ebenso die Abhängigkeit von unterschiedlichen suchterzeugenden Stoffen mit Betäubungsfunktion. Das Erkennen solch bestehender Abhängigkeiten mit ihren negativen Folgen könnte Widerstandskraft wecken und schließlich die Überwindung von Abhängigkeiten fördern. Dies wiederum böte die Chance, Kräfte freizusetzen, um die Distanz zu vermeintlich unabänderlichen Gegebenheiten zu vergrößern und sich allmählich davon zu emanzipieren. Das Fernziel wäre letztlich der Wunsch und die Fähigkeit, das eigene Schicksal selbstbestimmt in die Hand nehmen zu wollen. Dies brächte eine neue Qualität in die eigene Handlungsfähigkeit und führte potenziell dazu, Hilflosigkeit, Lethargie und ziellose, ungerichtete Abwehrreaktionen zu überwinden. Eine bewusste Haltung gegenüber den erlebten repressiven Bedingungen und die Fähigkeit zur Gegenwehr könnte stattdessen Platz greifen.

Um einen Prozess einzuleiten, der diese Zielsetzungen fördert, wären bei der Konzepterstellung – und somit bei den zu entwickelnden Textanregungen – drei Dimensionen individueller Zustandsbeschreibungen zu beachten und zu erfassen:

• Bestandsaufnahme: *„Wie ich wurde, was ich bin."* In dieser Kategorie wären Texte zu erstellen, die eine Beschreibung des gegenwärtigen Zustands zum Thema hätten und die den Gründen dafür nachspüren. Typische Fragestellungen zum Lebenslauf, zur eigenen Befindlichkeit, zum derzeitigen Status, zum Widerstreit individueller und gesellschaftlicher Probleme, zu Lösungswünschen und Lösungsmöglichkeiten könnten hier zum Thema werden.

• Besinnung auf eigene Fähigkeiten und positive Erlebnisse: *„Wo liegen meine Stärken?"* Welche Erfolge wurden mit welchen Strategien errungen, welche eigenen Stärken wurden entwickelt, welche Ereignisse waren gut für das eigene Befinden, welche Ressourcen wurden benötigt und entwickelt? Woraus kann Kraft geschöpft werden, und was ist nötig, um neue Kraft zu schöpfen? Welche Personen haben die eigenen Erfolge gefördert?

• Zukunftsentwurf einer positiven Entwicklung: *„Wie kann ich meine Lage verbessern?"* Welche Chancen zu einer Veränderung werden gesehen, welche Wünsche bestehen diesbezüglich? Wie kann dies gemeinsam mit anderen zum Erfolg führen? Was muss dafür getan werden, welche persönlichen Schwierigkeiten sind zu überwinden? Was bedeutet das in der gesellschaftlichen Dimension? Was nehme ich mir für die Zukunft vor?

Sämtliche für das Gruppenkonzept zu entwickelnde Themensetzungen, die in unterschiedlichen Textformen dargeboten werden könnten, sollten an diesen drei Dimensionen orientiert sein. Da bei der Zielgruppe ein Mangel an positiven sozialen Rückmeldungen zu vermuten ist, sind die Gruppenaktivitäten daher so auszurichten, dass diesem Mangel durch neue, ermutigende Erkenntnisse und Erfahrungen begegnet wird.

5.2 Förderung der Selbsterkenntnis und selbsttherapeutischer Mechanismen

Ein zu entwickelndes Gruppenkonzept kann sich auf einen breiten Fundus bereits bewährter Theorien, Methoden und Konzepte stützen. Auch bei der Auswahl der Textanregungen im gruppenpädagogischen Kontext muss „das Rad nicht neu erfunden" werden.

5.2.1 Verwendbare Theorien, Methoden und Konzepte

Bei der Auswahl der zu nutzenden Methoden und Einzelkonzepte kann auf vielfach Bewährtes und Geeignetes zurückgegriffen werden. Im Hinblick auf die durch eigene Langzeitarbeitslosigkeit verinnerlichten Erfahrungen, Hoffnungen und Wünsche und angesichts der speziellen Themenstellung liegt die Wirksamkeit methodischer Vorgaben nicht nur in dem Nachweis, sich bei vergleichbaren Themenkomplexen bewährt zu haben. Eine höhere Qualität der Wirksamkeit erhalten sie in der sinnvollen Kombination und im themenadäquaten Zuschnitt der

Einzelübungen. Für die konkrete Konzeption bieten sich zahlreiche beschriebene Methoden und Anwendungsmöglichkeiten für den deutschsprachigen Raum an, die prinzipiell genutzt werden können. Es geht allerdings nicht darum, solche Vorschläge vollständig und unmodifiziert umzusetzen – sie dienen vornehmlich der Inspiration, um für den besonderen Zweck speziell geeignete Textanregungen zu formulieren. Deshalb soll hier lediglich ein kurzer Abriss jener Literatur erfolgen, an der sich das zu entwickelnde Konzept orientiert.

Im Sinne der erwünschten Aktivierung der Teilnehmenden an einer Schreibwerkstatt zeigt Mischon auf, welcher innere Mechanismus dort wirkt und welche neuen Chancen er bietet: „Kreatives Schreiben als Methode der Ideenfindung, der sprachlichen Performation, der Persönlichkeitsentfaltung legt somit Spuren in die Poesie des eigenen Lebens. Wer schreibt, begibt sich in eine aktive Position, er belässt es nicht bei dem, wie es ist. Das kreative Schreiben ist ein Mittel, mit sich und der Welt in den schriftlichen Diskurs einzusteigen (persönlich, direkt, sinnlich)" (Mischon 2011/2012, S. 3).

Von Werder und vom Scheidt zeigen in ihren Arbeiten die Wege und Möglichkeiten auf, die im Kreativen Schreiben liegen. Die darin enthaltenen therapeutischen Chancen werden von vom Scheidt umfassend beschrieben: „Das Schreiben kann Informationen verarbeiten, von innerem Druck entlasten, die Persönlichkeit in Subjekt und Objekt spalten, Gefühlserinnerungen anreichern, von all zu bedrohlichen Gefühlen distanzieren, unvereinbare Gegensätze integrieren, Erfahrungen verdichten, die Welt vergeistigen, Sinn stiften, unbewusste Inhalte durch Fehlleistungen sichtbar machen, die eigene Vergangenheit wiedererinnern und aneignen, geistige Zugänge versprachlichen, Erfahrungen verinnerlichen, das Loslassen und Langsamerwerden üben, die Aufmerksamkeit auf die eigene Mitte lenken, neue geistige Ordnungen strukturieren und sich selbst auf das Wesentliche konzentrieren helfen" (vom Scheidt 2006, S. 22). Darüber hinaus gibt vom Scheidt mit Bezug auf das Freudsche Konzept (Erinnern – Wiederholen – Durcharbeiten) folgenden Hinweis, der im Kontext einer Schreibwerkstatt mit Langzeitarbeitslosen besonderes Gewicht erhält: „Wenn es nicht nur Katharsis bleiben, wenn es auch richtig therapeutisch wirken soll, muss noch etwas Wesentliches hinzukommen: Im Prozess des Schreibens sollte anhand eines gegenwärtigen Auslösers (oder auch ohne sichtbaren äußeren Anlass) Unangenehmes (mit Angst, Schuldgefühlen und dergleichen besetzte Erlebnisse) dem Bewusstsein zugänglich werden. Das eben Erlebte verbindet sich mit dem Erinnerten in der Wiederholung und kann dann – z.

B. im Prozess des Niederschreibens oder Aussprechens – weitergestaltet und verarbeitet werden" (ebd., S. 118).

Von Werder entwickelt, ebenfalls aufbauend auf den Erkenntnissen Freuds, eine Methode zur Förderung der Selbsterkenntnis über das kreative Schreiben unter ausdrücklichem Bezug auf Freuds Konzept vom *Erinnern – Wiederholen – Durcharbeiten* (vgl. von Werder (1) 2009, S. 14 f.). Die Transformation autobiografischer Aufzeichnungen in eine literarische Textform eröffnet demnach die Chance, sich selbst zu begegnen und bisher unbekannte Seiten aufzudecken. Durch Distanzierung des Erzählers über den Wechsel vom *Ich* zu einer *fiktiven Person* und durch eine Textumwandlung in eine literarische Form kann so eine entlastende und selbstheilende Wirkung erzielt werden. In seinem *Lehrbuch des Kreativen Schreibens* bietet von Werder neben den theoretischen Überlegungen einen breite Palette von Anwendungsmöglichkeiten für Kreatives Schreiben in der Gruppe (vgl. von Werder (2) 2007, S. 68 ff.). Sein *Integrativer Ansatz*, jene synergetisch wirkende Kombination, in der kognitive, emotionale und soziale Aspekte zusammengeführt sind, bietet einen unverzichtbaren Schwerpunkt beim hier zu erstellenden Entwurf einer Schreibwerkstatt für Langzeitarbeitslose.

Pennebaker entwickelt in seinem *Arbeitsbuch zur Selbsthilfe* eine Methode des *Expressiven Schreibens* (vgl. Pennebaker 2010, S. 15 ff.), mit der traumatische Erfahrungen oder emotionale Krisen durch die Betroffenen selbst bewältigt werden können. Er kann empirisch nachweisen, dass die Anwendung der Methode sich sowohl biologisch als auch psychisch signifikant positiv auswirkt und letztlich auch positive Verhaltensänderungen bewirkt. Sozialer Stress kann so reduziert werden. Es soll versucht werden, eine an der inhaltlichen Rahmensetzung orientierte und entsprechend modifizierte Anwendung der Methode in das Projekt einzubinden.

Für Heimes kann unter Poesietherapie „jedes therapeutische oder selbstanalytische Verfahren verstanden werden, das durch Schreiben den subjektiven Zustand eines Individuums zu bessern versucht" (Heimes 2011, S. 17). Zahlreiche praxisnahe Übungsbeispiele machen ihre Überlegungen nachvollziehbar und anwendbar.

Auf Rico geht die Methode des *Clustering* als Anwendung beim Kreativen Schreiben zurück. Ausgehend von der Erkenntnis über die unterschiedlichen Funktionsweisen der linken und rechten Gehirnhälfte (linke Hälfte für begriffliches, rechte Hälfte für bildliches Denken zuständig) ist das Ziel der Methode, über das Clustering beide Hirnhälften für den Schreibprozess zu nutzen. Über Assoziationsketten entstehen demnach erste Textüberlegungen, die schließlich in einem Schreibimpuls münden, der umgehend umgesetzt werden kann. Diese Methode bietet, auch und gerade im Rahmen von Gruppenaktivitäten, einen sinnvollen Einstieg in zahlreiche Schreibaufgaben mit dem Ziel einer Krisenintervention (vgl. Rico 2004, S. 21 ff.).

Autobiografisches Schreiben hat auch für Schenk Heilwirkung. Sie gibt aus Sicht der erfahrenen Schriftstellerin zahlreiche erprobte Beispiele aus Schreibwerkstätten zum Schreiben als einem sinnstiftenden Prozess (vgl. Schenk 2009, S. 181 ff.), die auch in diesem Kontext inspirierend wirken können. Weitere praktische Vorschläge für Kreatives Schreiben im selbsttherapeutischen Kontext finden sich bei Gudjons, Pieper und Wagener (Gudjons, Pieper und Wagner 1999, S. 16 ff.) und aus sozialpädagogischer Sicht bei Hans Georg Ruhe (Ruhe 2012, S. 9 ff.).

Schierenbeck und Weißbach-Hempel weisen darauf hin, dass im Unterschied zur amerikanischen *Creative-Writing-Bewegung* beim Ansatz des integrativen kreativen Schreibens sich alle Ansätze gegenseitig bereichern, anstatt dass dabei eine Trennung zwischen therapeutischem, literarischem oder pädagogischem Schreiben stattfindet (vgl. Schierenbeck und Weißbach-Hempel 2011/2012, S. 7). „Seinen Einsatz findet das Biografische und Kreative Schreiben im gesamten therapeutischen, pädagogischen und literarischen Kontext in der Selbsthilfe, in der Psychotherapie, in Schulen, Universitäten, in psychosozialen Einrichtungen und unzähligen Schreibwerkstätten. (…) Es ist ein gleitender Übergang vom Biografischen und Kreativen Schreiben zum Literarischen und zum Therapeutischen Schreiben, wo sich alle Ansätze gegenseitig inspirieren" (ebd., S. 8).

Die hier genannten Definitionen, Hinweise und Anregungen sollen bei der Konzepterstellung berücksichtigt werden.

5.2.2 Zur Auswahl der Textanregungen unter gruppenpädagogischen Aspekten

Die Gruppenaktivität ist in zweifacher Hinsicht als themenzentriert anzusehen: Einerseits handelt es sich originär um eine auf dem Konzept der *Themenzentrierten Interaktion* basierende Veranstaltung (worauf noch einzugehen ist). Zweitens wird das Thema *Langzeitarbeitslosigkeit* mit den damit in Verbindung zu bringenden Ursachen, Wirkungen und Lösungskonzepten in den Fokus der Veranstaltung gestellt. Es ist sozusagen der Hauptzweck, das *Metathema*. Weitere Metathemen sind in diesem Kontext ebenfalls aufzugreifen und von der Leitung zu initiieren. Entsprechende Einzelthemen sind die eigene Persönlichkeit, positiv und negativ bewertete Lebenssituationen, Übergänge zu neuen Lebensabschnitten, Menschen mit positivem und negativem Einfluss auf den eigenen Lebensverlauf. Andere Metathemen sollten nur aufgegriffen werden, wenn sie aus der Gruppe kommen. Hierzu gehören die Themen „Sexualität, Aggression, Krankheit, Tod, Einsamkeit …". (vom Scheidt, ebd., S 153).

Es ist zu erwarten, dass an einer Schreibwerkstatt für Langzeitarbeitslose zu einem überwiegenden Anteil Menschen teilnehmen, die bisher nur geringe Erfahrungen im Biografischen und Kreativen Schreiben mitbringen. Daher ist mit Vorbehalten und Schwellenängsten zu rechnen. Eine günstige Wirkung auf die Schreibaktivitäten wird so anfangs erschwert, weil ein positiver Gruppenprozess sich erst noch entwickeln muss. Hier ist behutsam und mit Fingerspitzengefühl zu agieren, und die Schwellen sind möglichst niedrig zu halten. Darüber hinaus sollten zu Beginn Schreibübungen eingesetzt werden, die sich günstig auf die Bildung eines Gruppengefühls auswirken.

Um die Einstiegsschwelle zu senken und Schreibhemmungen aus Angst vor dem Unbekannten abzubauen, bietet es sich an, anfangs leichte, plausible Übungen durchzuführen. Die Einstiegsmethoden und Aufgabenstellungen sind abwechselnd zu wählen, um Routinen zu vermeiden. Während der einzelnen Sitzungen sollten sich auch die angebotenen Textformen abwechseln – sowohl leichtere als auch schwierigere Zugänge sind zu wählen. Vertraute und neue, bisher unbekannte Formen sollten ebenfalls alternierend angeboten werden.

Als Einstieg in die Sitzungen bietet sich das Vorlesen bzw. Besprechen von Texten an, die im Rahmen von Hausaufgaben vorher erstellt wurden und die eine Überbrückung der einzelnen Sitzungen darstellen. Danach sollen – als Zwischenspiel – leichte *Fingerübungen* durch einfache, nachvollziehbare Gedichtformen oder Schreibspiele (etwa Akrostichon, ABC-Darium etc.) erfolgen. Beim Vorlesen in der Gruppe lösen die Ergebnisse solcher Übungen oft eine heitere Stimmung aus, die günstig auf die Bereitschaft einwirkt und die Bereitschaft fördert, sich auch mit schwierigeren persönlichen Texten zu befassen. Wiederkehrende besinnliche Übungen wie etwa Morgenseiten, die anschließend nicht vorgelesen werden, erzeugen in den Teilnehmenden eher eine in sich gekehrte Aufmerksamkeit, die sich ebenfalls günstig auf die folgenden schwierigeren Texte auswirken kann.

Für die Einleitung des Hauptteils der jeweiligen Sitzung, nämlich der Erstellung eines Prosatextes zur Befassung mit der eigenen Person, eigenen Erlebnissen und eigenen Perspektiven, ist ein geeigneter Schreibimpuls zu wählen, der intrapersonell eine fundierte, angemessene Auseinandersetzung mit dem Thema auszulösen geeignet ist. Bei der Setzung solcher Schreibimpulse können – und sollen – alle Sinne angesprochen werden, um Erinnerungen und Assoziationen zu wecken. Visuelle, auditive, olfaktorische, gustatorische und taktile Reize sind hierzu ebenso geeignet wie Paar- oder Gruppengespräche, in denen Erinnerungen und Ansichten ausgetauscht werden.

Das Vorlesen der erstellten Texte in einer vertrauten Runde und die anschließenden Feedbacks bieten weitere Möglichkeiten zur Auseinandersetzung mit dem eigenen Text. In dieser Phase treten einerseits vermehrt kathartische Reaktionen bei den Vorlesenden auf, was möglicherweise fürsorgliche Reaktionen oder Rückzug der Zuhörenden auslöst, indirekt aber weitere Anregungen im Umgang mit dem behandelten Problem fördern kann. Auch können gegebene Feedbacks direkt hilfreiche Hinweise zu dem Problem enthalten. All diese an Feedbacks gekoppelten Hinweise bieten weitere Chancen für die Vorlesenden und die gesamte Gruppe, neue Perspektiven einzunehmen und sich durch Biografisches und Kreatives Schreiben mit ihnen zu befassen.

Am Schluss jeder Sitzung soll eine Schreibaufgabe als *Hausaufgabe* definiert werden. Diese kann einerseits einen Impuls des Tages nochmals aufgreifen und neue Aspekte hinzufügen oder aber ein anderes Thema beinhalten, auf das für die nächste Sitzung vorbereitet werden soll. Beide Varianten bieten die Möglichkeit, zwischen zwei Sitzungen Kontinuität herzustellen, indem durch die Textübungen sozusagen eine Brücke zwischen ihnen errichtet wird. Die Erfüllung solcher *Hausaufgaben* ist angesichts der evtl. hohen Belastung fakultativ.

5.3 Schreibwerkstatt als Gruppenereignis

Schreibgruppenaktivitäten, die nach dem Ansatz der *Themenzentrierten Interaktion (TZI)* ausgerichtet arbeiten, verbinden einen angemessenen, von gegenseitiger Achtung getragenen Umgang der Teilnehmer untereinander mit dem Anspruch, themen-, sach- und zielorientiert miteinander zu arbeiten. Sie bieten die Chance, persönlichkeitsstärkende Faktoren zu nutzen und im Sinne der gemeinsamen Zielsetzung Lern- und Entwicklungsprozesse zu fördern. Der Vorteil dieses Ansatzes ist evident: Problematische Situationen können ganzheitlich erfasst werden; einzelne Personen werden nicht allein belastet; relativiert werden Schicksalhaftigkeit und Schuldfragen im Kontext erörterter Probleme; gemeinsam getragene, realistische und in die Zukunft gerichtete Lösungen können erarbeitet werden; persönliche, soziale und sachliche Bedürfnisse können in den gemeinsamen Lernprozess einfließen (vgl. Langemaack und Braune-Krickau 2010, S. 77 ff.).

Von Werder weist auf die typischen Krisenphasen im Verlauf einer Schreibgruppenaktivität hin, welche in Stufen aufeinander aufbauen (vgl. von Werder (2), ebd., 391 ff.) Die Orientierungsphase (Stufe 1) ist davon gekennzeichnet, dass einerseits Ziele, Methoden und Inhalte der gemeinsamen Aktivität von den Teilnehmenden kennengelert, ausgehandelt und verinnerlicht werden müssen, und dass andererseits die Angst vor der Textproduktion zu überwinden sowie die Relation der produzierten Texte zu ihrer Interpretation zu klären ist. Die zweite Phase (Stufe 2) zeichnet sich demnach durch Selbstbehauptung der Teilnehmenden und das Abstecken von Territorien aus. Die Interessen an Selbsterfahrung einerseits und literarischen Fragen andererseits kennzeichnen hier den Hauptkonflikt. Es besteht bei den Teilnehmenden die Tendenz, Stilfragen in den Vordergrund zu stellen, um sich mit den inneren Konflikten nicht auseinandersetzen zu müssen. Mit der Stufe 3 tritt die Gruppe durch Gewinnung eines hinreichenden Gruppenzusammenhalts in die Phase der bestmöglichen Arbeitsfähigkeit ein. In hierbei auftretenden Krisen entscheidet sich, in welche Richtung sich die Gruppe entwickelt – entweder in vornehmlich schriftstellerische oder aber in therapeutische Richtung. Der optimale Weg ist jedoch wohl eher in der Kombination beider Richtungen zu sehen: „Die Orientierung auf den dritten Weg der Integration von Stil und Gefühl stellt eine längerfristige Kreativität der Arbeitsgruppe sicher" (von Werder (2), ebd., S. 394). Mit der vierten und letzten Phase (Stufe 4) erlebt eine fruchtbar und positiv erlebte Gruppenaktivität ihre letzte Krise. Die bevorstehende Beendigung der gemeinsamen Aktivitäten löst Trauer und Verlustgefühle aus, die angemessen zu bearbeiten sind. Letzte gemeinsame Aktivitäten, verbunden mit besonderen gemeinsamen Anstrengungen, können als *Highlights* gestaltet werden und so Abschiedssituationen leichter machen.

Bei Beachtung dieser Erkenntnisse sollten Gruppenerlebnisse so gestaltet und gesteuert werden können, dass für alle Teilnehmenden einerseits Selbstwahrnehmung und Achtsamkeit für die eigenen Bedürfnisse ermöglicht werden und dass andererseits die Verfolgung der gemeinsamen Ziele als Referenz für jedermann nachvollziehbar ist. Alle haben somit eine gemeinsame Verantwortung für das Gruppenergebnis und für das Wohlergehen der anderen Teilnehmenden. Eine dynamische Balance nach dem *TZI*-Konzept ist anzustreben, in der das *Ich*, das *Wir* und das gemeinsame *Thema* gleichermaßen Beachtung finden (vgl Langemaack und Braune-Krickau, ebd., S. 80). Dementsprechend sind die Postulate *(sei dein eigener Chairman; Störungen haben Vorrang)* und die Kommunikations- und Kooperationsregeln *(vertritt dich selbst; erkläre die Intention deiner Fragen; sei authentisch; nimm Seitengespräche als Signale auf; Beiträge nacheinander äußern; eigene Körpersignale und Körpersignale anderer beachten; Dreischritt beachten: Wahrnehmung – Interpretation – Handeln)* dieses Konzeptes anfangs zu erläutern und so umzusetzen, dass sie mit der nötigen Selbstverständlichkeit die gesamte Gruppenarbeit begleiten (vgl. ebd., S. 84 ff.).

Ein Argument ist mir bei der Vorbereitung des Konzeptes mehrfach begegnet. Es wird damit ein möglicher Faktor angesprochen, der sich auf die Gruppensituation negativ auswirken könnte, und der daher zu diskutieren ist: Einzelne Teilnehmende mit unzureichenden Schreib- und Lesefertigkeiten könnten die Entwicklung zu einer arbeitsfähigen Gruppe stören.

In der Vorbereitungsphase zu dieser Masterarbeit stieß ich mehrfach auf ein anscheinend weitverbreitetes Vorurteil, wonach Langzeitarbeitslose mit funktionalen Analphabeten gleichzusetzen sind und Bildungsmängel eine wesentliche Ursache für Arbeitslosigkeit sein sollen. Im Verlauf dieser Arbeit gelang allerdings der Nachweis, dass Menschen aus unterschiedlichen Milieus und mit unterschiedlichem Bildungsniveau von Langzeitarbeitslosigkeit betroffen sind. Vor diesem Hintergrund ist erst einmal nicht zu erwarten, dass sich Interessenten melden, die die erforderlichen Grundfertigkeiten im Schreiben und im Textverständnis nicht aufweisen. Und dies wäre für eine Teilnahme ausreichend, denn in erster Linie geht es um eine Auseinandersetzung mit dem eigenen Leben, die nicht notwendigerweise in einer Sprachfertigkeit erfolgen muss, die literarischen Ansprüchen genügt. Auch ist zu erwarten, dass sich die Zusammensetzung der Gruppe in dieser Hinsicht selbst reguliert. Wer seine dazu notwendigen Fähigkeiten als unzureichend einschätzt, wird sich kaum für das Angebot interessieren. Es ist eher der umgekehrte Fall zu befürchten, dass nämlich die eigenen Fähigkeiten fälschlicherweise als unzureichend eingeschätzt werden und deshalb eine Anmeldung unterbleibt, obwohl ein hoher Leidensdruck vorhanden und die Schreibfertigkeit hinreichend gegeben ist. Falsche Erwartungen hinsichtlich der Anforderungskriterien biografischen Schreibens könnten ein Grund dafür sein. In solchen Fällen wäre eine gute Chance für Betroffene vertan. Daher sind die realistischen Anforderungen bei der Teilnehmerwerbung hervorzuheben. Ansonsten könnte eine Gruppe versuchen, mit dem besonderen Fall solidarisch umzugehen, dass ein Teilnehmender an den geforderten Fertigkeiten zu scheitern droht. Hier gilt es, diese Person aufzufangen und zur weiteren Teilnahme zu ermutigen. In Grenzfällen wäre zu entscheiden, ob dies im gegebenen Rahmen noch leistbar ist.

Schließlich ist hier der Vollständigkeit halber darauf hinzuweisen, dass Personen, die eine solche Schreibwerkstatt leiten, neben ihrer fachlichen Kompetenz eine fundierte soziale Kompetenz und insbesondere ausgeprägte Kenntnisse über die Situation der Zielgruppe aufweisen müssen. Sie müssen bereit und in der Lage sein, bei kathartischen Reaktionen und angstauslösenden Entwicklungen angemessen zu reagieren.

5.4   Organisatorisches

Für den organisatorischen Rahmen sind die Grundbedingungen einer zu gestaltenden Gruppensituation, Finanzierungsfragen und potenzielle Kooperationspartner sowie die Förderung einer Teilnahmebereitschaft zu klären.

5.4.1   Setting

Die Teilnehmerzahl der Schreibwerkstatt soll idealerweise auf acht Personen begrenzt sein, um eine angemessene Berücksichtigung der Textbeiträge und eine hinreichende Klärung aufkommender Fragestellungen sicherzustellen. Im Ausnahmefall (etwa bei hoher Nachfrage) könnte die Gruppe auf maximal zehn Personen erweitert werden, was allerdings eine diszipliniertere Verfolgung des Zeitplans notwendig machte. Das Konzept ist auf eine Gesamtdauer von 42 Stunden angelegt, verteilt auf insgesamt zwölf Sitzungen. Somit stehen pro Sitzung dreieinhalb Stunden zur Verfügung, wovon noch eine fünfzehnminütige Pause abzuziehen ist. Pro Sitzung bleiben demnach 195 Minuten für die inhaltliche Bearbeitung der Themenanregungen und für organisatorische Dinge.

Um eine gemessen an den formulierten Zielen nachhaltige Wirkung zu erreichen, müsste eine Schreibwerkstatt eigentlich länger als hier geplant durchgeführt werden. Eine entsprechende Ausweitung des Konzepts ist in dem begrenzten Rahmen einer Masterarbeit allerdings nicht leistbar. Das hiermit vorgestellte Konzept ist daher eher als Einstiegsmöglichkeit gedacht; als Impulsgeber, um Teilnehmende zum weiteren Schreiben, entweder autodidaktisch oder über weiterführende Gruppenangebote, zu ermutigen. Der hier projektierte Zeitraum von 12 Wochen sollte jedenfalls ausreichen, um den Teilnehmenden einen fundierten Einblick zu verschaffen und ihnen eine individuelle Entscheidung darüber zu ermöglichen, ob sie biografisches und kreatives Schreiben weiterhin betreiben wollen.

Bei der Frage, zu welcher Tageszeit die Schreibwerkstatt stattfinden sollte, böten sich als Lösung zunächst Vormittage oder Nachmittage an, an denen Langzeitarbeitslose prinzipiell erreichbar wären. Träger unterstützender Maßnahmen werden vornehmlich diese Angebotsform wählen. Allerdings ist der Möglichkeit Rechnung zu tragen, dass sich bei den Teilnehmenden unvorhersehbar eine neue Situation durch angebotene Arbeit ergeben kann und sie deshalb unvermittelt nicht mehr teilnehmen könnten. Deshalb wäre es u. U. günstiger, den Teilnahmebeginn für eine Tageszeit zu planen, zu der – mit Ausnahme von Schichtarbeitern – eine Teilnahme auch weiterhin möglich wäre. Der ideale Veranstaltungszeitraum läge aus meiner Sicht deshalb zwischen 17:30 Uhr und 21:00 Uhr.

Die Raumgröße sollte auf die Teilnehmerzahl zugeschnitten sein. Die Sitzordnung eines Stuhlkreises hat sich bei vergleichbaren Veranstaltungen bewährt und soll auch hier angewendet werden. In der Mitte dieses Kreises sollte eine Dekoration platziert werden, die anregend auf die Teilnehmenden wirken kann. Dies können der Jahreszeit entsprechende Gegenstände aus der Natur, mitgebrachte Sammlerstücke mit Erinnerungswert, Postkarten, Fotos oder Dinge sein, die mit dem jeweils anstehenden Thema im Zusammenhang stehen. Erfrischungen (Getränke, Gebäck etc.) sollten vor Veranstaltungsbeginn ebenfalls erreichbar dargeboten sein, um Störungen einzuschränken.

Folgende zentral zu beschaffende Hilfsmittel sind im Raum verfügbar zu halten:

- Flipchart und Moderationskoffer;
- CD-Player und Musikaufnahmen für unterschiedliche Stimmungen und Zwecke.

Im Ablauf der jeweiligen Sitzungen werden wiederkehrende Rituale eingesetzt. Diese sollen einen Orientierungsrahmen darstellen, über den zunehmend eine Vertrautheit in der Gruppensituation gefördert werden kann. Dieser Ablauf soll idealtypisch wie folgt gestaltet sein:

- Begrüßung und Einstimmung in die Sitzung, Raum geben für Mitteilungen
- Erster Einstieg in das Tagesthema (Erläuterung des *Wie* und des *Warum*)
- Hausaufgaben vorlesen, fakultativ könnten andere Texte vorgetragen werden
- Schreiben eines Kurztextes (Prosa; Gedichtform), Vorlesen in der Runde
- Zweiter Einstieg in das Tagesthema mit Schreibimpuls (ggf. Medieneinsatz, Zweiergespräche, Kleingruppenaustausch)
- Schreiben eines Prosatextes (maximal 30 Minuten)
- 15 Minuten Pause
- Vorlesen der Texte in der Runde, Feedback
- Besprechung der (ggf. fakultativen) Hausaufgaben für den jeweils nächsten Termin
- Kurze Abschlussrunde.

Geringfügige Abweichungen von dieser Grundplanung werden sich zwangsläufig ergeben. Diesem Schema kommt neben der Förderung von Orientierung und Sicherheit hauptsächlich die Funktion zu, für alle Beteiligten eine Referenz zu bieten und bei signifikantem Abweichen von der Grundplanung Korrekturen einfordern zu können. Für die Leitung ist dies ein anspruchsvoller Weg, weil so Störungen provoziert werden könnten mit der Intention, bei schwierigen Themen *zu kneifen* und von ihnen abzulenken. Allerdings hat die Leitung in solchen Situationen die Option, dies aufzugreifen und von der Gruppe klären zu lassen, was den Zusammenhalt und die gemeinsame Arbeitsfähigkeit fördern dürfte.

Einige Hinweise zum Ablaufpunkt *Hausaufgabe:* Er erfüllt als integraler Bestandteil des Konzepts besondere Funktionen. Erstens stellt er eine thematische Brücke zwischen den Sitzungen dar. Zweitens erhöht sich durch ihn die Anzahl der zu verfassenden Texte, was einen Trainingseffekt für das Schreiben bewirkt. Drittens soll nach einer angemessenen Eingewöhnungszeit in das *Biografische Schreiben* im Rahmen der Hausaufgaben das *Expressive Schreiben* nach dem Konzept Pennebakers (vgl. Pennebaker, ebd., S. 35 – 64) geübt werden. Zwischen zwei Sitzungen soll dazu eine komplette Übung (vier Teilübungen mit selbstständiger Auswertung, umfassende Handouts werden dazu verteilt) zum Thema *Arbeitslosigkeit* erfolgen. Viertens erfordern *Hausaufgaben* von den Schreibenden, auch außerhalb der Gruppe Inspirations- und Inkubationsphasen zu durchlaufen. Selbstständige Bewältigungsphasen und Phasen mit Gruppenunterstützung wechseln sich so ab. Den Teilnehmenden bietet sich dadurch eine weitere Übungssituation, die auf ein mögliches späteres Schreiben außerhalb von Schreibgruppen vorbereitet. Wegen möglicher subjektiv erlebter Überbelastungen sollen die Hausaufgaben vornehmlich fakultativ wahrgenommen werden können.

Grundsätzlich muss die Leitung für sich selbst eine Entscheidung darüber treffen, ob sie sich an der Texterstellung aktiv beteiligen will. Aus meiner Sicht gibt es besondere Gründe, weshalb davon Abstand genommen werden sollte. An mir selbst habe ich einen Effekt beobachtet, der allerdings nicht unbedingt auf andere Schreibgruppenleitungen übertragbar ist. Beim Mitschreiben klingen die eigenen Texte anschließend nach und blockieren mich dabei, die Texte der Anderen angemessen aufzunehmen. Die Leitung hat jedoch eine besondere Verpflichtung, qualifiziert auf Texte in der Gruppe einzugehen. Dies den Teilnehmern plausibel machen zu können, halte ich allerdings für notwendig. Auch kann bei dem vorgegebenen Grundthema „Langzeitarbeitslosigkeit" mit ihren speziellen Auswirkungen eine Leitungsperson kaum authentische Texte beisteuern, da sie sich vermutlich nicht in dieser Situation befindet (es sei denn, sie ist konkret selbst betroffen). Wenn lediglich frühere, inzwischen überwundene eigene Erfahrungen damit verbunden sind, wird ihre aktuelle Situation i.d.R. eine andere sein. Letztlich wird auch der ambitionierte Zeitplan entlastet, wenn Textbeiträge der Leitung entfallen.

Prinzipiell bleibt allen Teilnehmenden die Freiheit zur Entscheidung darüber vorbehalten, ob sie ihre erstellten Texte in der Gruppe vorlesen oder nicht. Angst oder Scham können im Einzelfall unüberwindliche Hürden für die Urheber der Texte darstellen. Allerdings ist – abgesehen von solchen Sonderfällen – die grundsätzliche Bereitschaft zum Vorlesen der Texte bei allen Beteiligten vorauszusetzen und zu fördern.

Einige der im Rahmen der Schreibwerkstatt erstellten Texte können als Hausaufgabe literarisch überarbeitet (durchgearbeitet) und im Sonderfall (unter Beachtung des engen Zeitrahmens) beim nächsten Treffen präsentiert werden. Die Urheber sollten vor dem letzten Treffen selbst entscheiden, ob ihre Texte (und falls ja, in welcher Auswahl) in eine optionale Anthologie zur Dokumentation des gemeinsamen Arbeitsergebnisses einfließen sollen. Nach dem letzten Treffen könnte daraus ein Heft zusammengestellt werden, das allen Beteiligten zur Erinnerung an die gemeinsame Aktivität zugeleitet werden könnte. Dies würde vermutlich das Interesse am Fortsetzen der Schreibaktivitäten erhöhen – entweder allein oder aber im Rahmen anderer Schreibgruppenangebote. Solche Möglichkeiten sollen während der Schreibwerkstatt wiederholt aufgezeigt werden.

5.4.2 Finanzielle Bedingungen und potenzielle Kooperationspartner

Dass Langzeitarbeitslose eine Schreibwerkstatt weder teilweise, geschweige denn vollständig finanzieren könnten, ist evident; denkbar wäre allenfalls ihre symbolische Beteiligung. Es ist daher für eine Realisierung des Projektes unverzichtbar, Trägerinstitutionen zu finden, unter deren Dach das gesamte Projekt durchführbar ist. Neben den finanziellen Ressourcen zur Sicherstellung der Seminarkosten sind hierbei auch die Raumvergabe sowie die Akquisition von Teilnehmenden ein wichtiges Thema.

Eine direkt über Jobcenter und Arbeitsagenturen angebotene Schreibwerkstatt würde vermutlich einen Teil der Adressaten abschrecken. Vorbehalte und Argwohn gegenüber solchen Institutionen, die sie bisher möglicherweise als Sanktionsinstanz wahrgenommen haben, dürften einen erheblichen Teil von ihnen davon abhalten – und eine Zwangsveranstaltung in Form einer Schreibwerkstatt wäre gänzlich ungeeignet. Ein freiwilliges Einlassen ist die Grundbedingung für einen Prozess mit emanzipatorischer Zielrichtung.

Es liegt daher nahe, als potenzielle Kooperationspartner zunächst Einrichtungen anzusprechen, die Erfahrung in der Arbeit mit Langzeitarbeitslosen aufweisen, indem sie im Auftrag von Arbeitsagenturen oder Jobcentern Maßnahmen zur Berufs- und Kompetenzförderung durchführen. In diesem gesetzten Rahmen könnte die Durchführung von Schreibwerkstätten zum integralen Bestandteil der jeweiligen Angebotspalette werden. Besonders die Akquise von Teilnehmenden wäre so wirksam und unkompliziert möglich.

Weitere mögliche Kooperationspartner wären Bildungseinrichtungen unterschiedlicher Träger. Hierzu zählen Volkshochschulen sowie Bildungswerke von Gewerkschaften und politischen Parteien (z. B. *Konrad-Adenauer-Stiftung*, *Rosa-Luxemburg-Stiftung* etc.). Eine Ko-Finanzierung über die Agentur für Arbeit läge hier nahe und wäre auch unerlässlich, allerdings hätte eine entsprechende explizite Anforderung von Förderungsgeldern eine etwas andere Qualität als eine integrierte Serviceleistung von bereits beauftragten Bildungsträgern. Hier könnte sich erweisen, inwieweit das Interesse an psychosozialen Angeboten seitens der Agentur für Arbeit mehr als ein Lippenbekenntnis ist.

Selbsthilfeeinrichtungen für Langzeitarbeitslose wären ein weiterer Adressat. Zur Notwendigkeit solcher Angebote müsste hier wohl die geringste Überzeugungsarbeit geleistet werden, und die Fachkompetenz wäre besonders ausgeprägt. Entsprechend Angebote würden daher sicherlich positiv aufgenommen werden. Allerdings wäre auch dieser Bereich auf eine wesentliche Ko-Finanzierung angewiesen – möglicherweise über Träger, die psychosoziale Beratungsleistungen in Zusammenarbeit mit Jobcenter oder der Agentur für Arbeit vorhalten.

Finanzielle Hilfestellung zur Realisierung solcher Projekte könnten auch Stiftungen leisten. Hierzu müssten allerdings potenzielle Träger die Hilfe von im *Social-Sponsering* erfahrenen Fachkräften in Anspruch nehmen.

5.4.3   Förderung der Teilnahmebereitschaft

Sicherlich ist es notwendig, Ausschreibungstexte für das Projekt zu veröffentlichen. Dies kann sowohl über die Ankündigungen in Zeitungen als auch über die Verteilung von *Flyern* und über Aushänge bei Bildungsträgern und Arbeitsagenturen erfolgen. Wenn die Erfolgsaussichten solcher Strategien schon bei anderen Adressaten als eher gering anzusehen sind, so ist zu vermuten, dass sie aufgrund der beschriebenen psychosozialen Lage der Betroffenen noch geringer sind. Neben dieser eher traditionellen Form der Werbung muss also noch in anderer Weise auf das Projekt hingewiesen werden, um eine ausreichende Zahl von Teilnehmenden zu gewinnen.

Eine gute Möglichkeit hierzu besteht in der direkten Ansprache potenzieller Teilnehmer. Dies zu leisten sind Personen besonders geeignet, die professionell oder ehrenamtlich für den Adressatenkreis tätig sind. Es gilt also, Multiplikatoren zu finden, die die Grundidee einer Schreibwerkstatt für Langzeitarbeitslose selbst bejahen und die in der Lage sind, den eigentlichen Adressatenkreis darauf hinzuweisen und dafür zu interessieren. Aber auch bei Multiplikatoren muss Überzeugungsarbeit geleistet werden. Dies kann über persönliche Ansprache des Einzelnen oder in einer größeren Infoveranstaltung stattfinden, ferner durch die Verschaffung eines Überblicks zu dem Thema in einem Exposé, das postalisch oder über elektronische Medien verteilt werden kann.

In jedem Falle ist es unerlässlich, die eigentlichen Adressaten auf das Konzept hinzuweisen und in besonderer Weise dafür zu interessieren. Dies sollte umso leichter fallen, je besser das Erkennen der Wirksamkeit durch die Multiplikatoren ausfällt. Einzelne Akquise und eine in sich schlüssige Öffentlichkeitsarbeit sollten hier die Matrix bilden, um die Grundidee möglichst breit in der Fachöffentlichkeit und bei den Betroffenen zu streuen.

6. *Schreiben gegen das Abgeschriebensein*

Ein Konzept für eine kreative Schreibwerkstatt

6.1 Ziele und Inhalte von Textanregungen

Es geht bei diesem Konzeptentwurf nicht darum, auf Grundlage und mit Rückgriff auf bestehende Ideologien (gleich welcher Ausrichtung) Teilnehmende zu missionieren und ihnen ein fertiges Konzept zu bieten – womöglich unter Umgehung ihres eigenen Denkvermögens. Vielmehr geht es darum, Fantasie und Denkvermögen, die von hegemonialen Ideologien behindert und verformt wurden, freizulegen. Es sollen Anreize zur Wiederentdeckung eigener Denkfähigkeit geboten werden. Dies nenne ich einen emanzipatorischen Impuls: Hilfe zur Selbstentdeckung eigener Fähigkeiten, mit deren Nutzung die Entwicklung eines eigenen Weltbildes möglich ist, das den herkömmlichen gesellschaftlichen Botschaften skeptisch hinterfragend gegenübertritt. Es gilt, eine Tür zu öffnen für die individuelle Erkenntnis und die Bereitschaft, sich auf politische Bildungsprozesse einzulassen. Auf dieser Grundlage können persönliche Gegenstrategien, zunächst spielerisch im Schreibprozess, entworfen werden. Angestrebt wird die Individualisierung statt einer Kollektivierung, Normierung und eindimensionalen Ausrichtung des Denkens, aber angesichts der atomisierten Lage von Langzeitarbeitslosen auch die Erkenntnis in die Notwendigkeit kollektiver Gegenstrategien. Die Auswahl sämtlicher Textanregungen sollte sich daher an folgenden pädagogischen Zielsetzungen orientieren:

• Sie sollten allgemein die Begegnung mit dem eigenen Ich ermöglichen. Selbstbetrug, euphemistische Selbstdarstellungen und verdrängte Erlebnisse können so an die Oberfläche des Bewusstseins gehoben werden und zu einer Neubewertung der eigenen Lage führen.

• Sie sollten helfen, zu einer realistischen Einschätzung der eigenen Lage zu kommen.

• Sie sollten kritische Fragestellungen im Kontext von Langzeitarbeitslosigkeit beinhalten.

• Sie sollten geeignet sein, den Teilnehmenden die eigenen, früher bewiesenen Stärken wieder bewusst werden zu lassen.

• Sie sollten helfen, einen (sozialverträglichen) Eigensinn zu entdecken und zu akzeptieren.

• Sie sollten Erfolge und Misserfolge individueller Bewältigungsstrategien aufgreifen.

- Sie sollten in die Zukunft gerichtet sein, d. h. die Bereitschaft, das Interesse und die Einsicht in die Notwendigkeit fördern, neue Verhaltens- und Handlungsweisen zur Verbesserung der eigenen Lage zu entwickeln.
- Sie sollten zur Entwicklung konkreter Veränderungswünsche beitragen.
- Sie sollten positive Gruppenergebnisse ermöglichen und Solidarität innerhalb der Gruppe fördern.
- Sie sollten die Erkenntnis fördern, dass aktives politisches Handeln zur Sicherstellung der eigenen Bedürfnisse hilfreich ist.

Nach dem Resilienzkonzept müssen Widerstandsprobleme nicht in allen Bereichen gleich stark auftreten. Einzelne Bereiche können durch hinreichende Resilienz geschützt sein, während andere relativ ungeschützt sind. Vor diesem Hintergrund sollen vornehmlich Themen aus den erlebten Mängelbereichen gewählt werden, die mit höherer Wahrscheinlichkeit bei Betroffenen aus den direkten oder abgeleiteten Fragestellungen zur eigenen Arbeitslosigkeit existieren. Völlig andere, *unverdächtige* Themenbereiche können zusätzlich zur Lockerung der Atmosphäre aufgegriffen werden. Es bietet sich also an, vornehmlich Themen zu wählen, die eigene Erlebnisse oder Wünsche beinhalten und die direkt in Zusammenhang mit Arbeitslosigkeit stehen. Aber auch indirekte Erlebnisse und Wünsche, die sich aus dem Umstand der Arbeitslosigkeit und damit verbundenen Mängeln ableiten lassen – zum Beispiel Familienprobleme – sind hier aufzugreifen.

Themen zum Bildungsgrad und zur Berufsausbildung sollen nicht im Mittelpunkt der Gruppenaktivität stehen, um bei einzelnen Teilnehmenden nicht unnötig Blockaden auszulösen. Dies kann ein *wunder Punkt* sein, sowohl in Biografien früher erfolgreicher Personen, die durch Langzeitarbeitslosigkeit einen besonders großen Abstieg erlebt haben, als auch bei Personen, denen eine höher qualifizierte Berufsausbildung nicht gelang, woraus Selbstvorwürfe und falsche Erklärungsmuster für die erlebte Langzeitarbeitslosigkeit gespeist werden können. Eine Auseinandersetzung in der Gruppe darüber soll nicht unnötig provoziert werden. Es wird allerdings nicht zu verhindern sein, dass einzelne Teilnehmende dieses Thema für sich entdecken und bearbeiten – aber dann auf Grundlage einer freien Entscheidung und des eigenen entdeckten Bedürfnisses, diese Bearbeitung vorzunehmen. Störendes Imponier- und Konkurrenzverhalten in der Gruppe ist hierdurch jedenfalls nicht zu erwarten. Es geht im Gruppenprozess weniger um die Thematisierung der erreichten Qualifikationen als vielmehr um die Problematisierung der Fragen, weshalb früher (Kindheit, Jugend) Bildung nicht hinreichend gelang bzw. weshalb ein erreichter höherer Bildungsstand dennoch keinen Schutz vor Langzeitarbeitslosigkeit bot.

Neben die Klärung einer persönlichen Perspektive soll eine Klärung der allgemeinen gesellschaftlichen Perspektive gesetzt werden. Folgende Fragestellungen wären dazu sinnvoll:

- Was waren meine früheren Erfolge?
- Welche Probleme habe ich gut gemeistert?
- Welche Menschen und welche Bedingungen haben mich am Erfolg gehindert?
- Welche Menschen und welche Bedingungen waren für mich förderlich?
- Welche Menschen haben mich wie beurteilt, und warum?
- Was waren meine besten Schulerfahrungen?
- Was waren traumatische Schulerfahrungen?
- Was bestimmte meinen Berufsweg?
- Gab es ein prägendes Arbeitsverhältnis?
- Muss sich der Mensch notwendigerweise über Arbeit definieren?
- Gibt es für mich Alternativen zur Erwerbstätigkeit?
- Wie stelle ich mir eine positiv veränderte Gesellschaft vor, welche Wünsche habe ich diesbezüglich?

In die Konzeptionsentwicklung sind außerdem folgende Überlegungen einzubeziehen: Im Sinne einer effektiven Nutzung persönlicher Ressourcen ist auf die Balance kognitiver und emotionaler Anteile bei der Themenstellung zu achten. Extreme sind hier zu vermeiden, beides sollte hier gleichermaßen zum Zuge kommen (vgl. von Werder (2), ebd., S. 40 f.). Kulturell begründete Blockierungen, die zu Schreibblockaden führen könnten, sind nach Möglichkeit zu vermeiden. So weist von Werder auf Folgendes hin: „Kreatives Schreiben stößt auch auf kulturelle Barrieren. Trotz einer gewissen Propagierung von Kreativität wertet die heutige Gesellschaft Konformität höher als Abweichung. Dichtung und Neurose wird immer noch in einem engen Zusammenhang gesehen. (…) Hilflosigkeit und damit Schreibblockaden treten dann ein, wenn ein Text geschrieben werden soll, der von der herrschenden Norm abweicht. Auch die Bindung jeder Schreibarbeit an den ökonomischen Erfolg, als Wertmaßstab für gesellschaftliche Nützlichkeit, blockiert die experimentelle Freiheit und Ziellosigkeit, die das Entstehen kreativer Texte meist erfordert. (…) Sowohl die Techniken des kreativen Schreibens wie die poesiepädagogische Begleitung des Schreib-und Gruppenprozesses müssen diese Krisen und Chancen des kreativen Schreibens berücksichtigen" (von Werder (2), ebd., S. 45).

Sämtliche Textanregungen sollen in der Gruppe nach dem *Vierphasenmodell* bearbeitet werden können. Es geht also darum, in einer *Inspirationsphase* eine Anregung zu geben, in einer *Inkubationsphase* den Raum für einen spielerischen Umgang mit der Anregung zu eröffnen, die mit der *Illuminationsphase* konkrete Gestalt annimmt und zu Papier gebracht wird, und die in einer Verifikationsphase von den schreibenden Personen realisiert, von der Gruppe aufgenommen und ggf. nach der Überprüfung und Überarbeitung publiziert wird (vgl. von Werder (2), ebd., S. 23 f.). Wenn auch nicht alle im Verlauf der Gesamtveranstaltung entstandenen Urtexte während des Seminars in der Gruppe durchgearbeitet werden können, so soll doch dazu ermutigt werden, dies eigenständig zu tun und bei Bedarf der Gruppe zur Kenntnis zu geben. Dies wird verbunden sein mit dem Hinweis, dass am Ende des Seminars die Option besteht, durchgearbeitete Texte für eine Dokumentation der Ergebnisse aus der Veranstaltung zusammenzustellen.

Bei der Auswahl der Textanregungen soll darauf geachtet werden, anfangs leichte Einstiegsmöglichkeiten für die Schreibenden zu finden und so Schreibhemmungen zu senken. Einstiegsmethoden mit unterschiedlichen Schwierigkeitsgraden sollen sich später abwechseln, um *Routine* zu vermeiden. Textanregungen mit leichterem und schwierigerem Zugang, mit vertrauten und bisher ungewohnten Formen sind zu nutzen. Einfache Prosatexte in Form von Morgenseiten, Tagebucheinträgen oder Briefen ermöglichen leichte Einstiege, Prosatexte zu schwierigeren Themen bilden den Kontrast dazu. Einfache Schreibspiele sowie Gedichte mit schlichter, leicht beherrschbarer Struktur leiten Gruppenaktivitäten ein, überbrücken sie oder lassen sie ausklingen. Heiteres, Besinnliches und Schwerwiegendes sind so miteinander zu kombinieren, dass Persönliches, Vertrauliches und leicht zu Vermittelndes sich abwechseln und ein ereignisreiches, kurzweiliges Ganzes ergeben, in dem alle Akteure ihre persönliche Balance zu halten imstande sind.

Schließlich sei darauf hingewiesen, dass Überarbeitungstechniken nicht im Vordergrund stehen, bei Nachfrage jedoch aufzugreifen sind. Allerdings ist schon zu Beginn zu betonen, dass es in der Schreibwerkstatt nicht darum gehen kann, das aus der Schule bekannte Aufsatzschreiben fortzusetzen; dass die formale und inhaltliche Überarbeitung der geschriebenen Urtexte in der Gruppe nachgeordnete Priorität hat und erst dann relevant wird, wenn die Texte Dritten außerhalb der Gruppe zur Kenntnis gelangen sollen (ebd., S. 85). Ansonsten sollte sich die Textüberarbeitung an der Grundregel des *Segeberger Kreises* (vgl. von Werder (2), ebd., S. 86) orientieren.

6.2   Planung für zwölf Gruppentermine (1. Tag – 12. Tag)

Zur Darstellung der Gesamtplanung für das Projekt wurde aus folgenden Gründen statt einer beschreibenden eine tabellarische Form gewählt:

- Dies bietet, trotz des beschränkten Raums und der dadurch eingeschränkten Möglichkeit zur detaillierten Darstellung, eine optimale Übersicht über das Zusammenwirken der einzelnen didaktischen Elemente.
- Es dient auch bei der Ablaufdarstellung der einzelnen Veranstaltungen der Übersichtlichkeit – die wesentlichen Elemente sind auf einen Blick ganzheitlich erfassbar.
- Es dient der Vergleichbarkeit – Rückbezüge und Analogien einzelner Termine zu den anderen sind schneller herstellbar.
- Die angestrebte Systematik, ein sinnvoll sich ergänzendes Ganzes zu schaffen, kann in dieser Form besser nachvollzogen werden.

Der geringfügige Nachteil, hier mit einer etwas kleineren Schrift und einer anderen Schriftart arbeiten zu müssen, sollte durch die beschriebenen Vorteile mehr als ausgeglichen werden. Zur Systematik der tabellarischen Übersichten ist noch der Hinweis zu geben, dass zu Beginn jeweils ein Hinweis darüber erfolgt, zu welchem Grundthema die Sitzung gestaltet sein wird. Danach werden anhand einer Zeitleiste in den jeweiligen Spalten die Aktivitäten benannt, in ihrer Intention näher erläutert und ggf. mit einem Materialhinweis versehen. Die Zeitplanung ist recht ambitioniert und annähernd *ausgereizt*. Sollten aus Zeitmangel nicht alle Übungen wie geplant realisierbar sein, könnten einzelne Themenstellungen ausgelassen werden. Aufgrund der Komplexität des Gesamtkonzepts würde die Gesamtsystematik kaum darunter leiden. Andererseits wird ein Speicher von entwickelten *Reservethemen*[9] geboten, auf den im Bedarfsfall zurückgegriffen werden könnte – sei es bei einem sehr zügigen Abarbeiten der Themen oder bei fehlender Passung eines Themas für einzelne Teilnehmende im Sonderfall.

Im weiteren Verlauf werden nun nach einer Gesamtübersicht zum Seminarverlauf die zwölf Veranstaltungstermine auf jeweils einer Seite ganzheitlich dargestellt.

---

[9] Speicher für Reservethemen s. Anhang

Übersicht der Themensetzungen über 12 Sitzungen

Sitzung	Hauptthema	Einzelthemen		
		Kurzübung	Prosa	Hausaufgabe
1	Persönliche Vorstellung und Erwartungen an den Workshop	Akrostichon zu meinem Vornamen	"Was ich mir von dem Seminar erhoffe"	"Steckbrief" zur eigenen Person fertigen
2	Wie ich wurde, was ich bin (I): Wichtige Lebensabschnitte	Grafische Darstellung meiner Lebenslinie - das Auf und Ab meines Lebens	"Über die entscheidende Weichenstellung meines Lebens"	Kurzgeschichte: "Der Tag, an dem alles anders wurde"
3	Wie ich wurde, was ich bin (II): Einschneidende Erlebnisse	ABC-Darium der wichtigsten Erlebnisse in meinem Leben	"Es brachte mich an meine Grenzen - Meine größte Lebenskrise"	Expressives Schreiben nach J. Pennebaker. Themenvorschlag: Arbeitslosigkeit
4	Wie ich wurde, was ich bin (III): Einfluss anderer Menschen auf mein Leben	Je ein Elfchen über eine Person mit positivem und eine mit negativem Einfluss	"Was ich einer bestimmten Person sagen würde, wenn dabei keine Sanktionen zu befürchten wären"	1 Stunde Menschen im Jobcenter beobachten, Skizze darüber schreiben
5	Wo liegen meine Stärken? (I): Was mir im Leben gelang - und was nicht gelang	Tabellarische Lebensbilanz; pos./neg. Dinge auflisten	"Meine persönliche Lebensbilanz"	Text: "Warum wir lachen, wenn Kleine den Großen ein Schnippchen schlagen"
6	Wo liegen meine Stärken? (II): Welche Probleme habe ich bewältigt?	Ein Haiku oder ein Tanka zum Thema "Durchhalten"	"Die Geschichte meines persönlichen Triumpfes"	Zu Texten Anderer Analogien aufspüren. Text schreiben: "Was macht uns stark?"
7	Wo liegen meine Stärken (III): Woraus schöpfe ich Kraft und Selbstvertrauen?	Akrostichon zu Vor- u. Zunamen: "Was gibt mir Kraft und Selbstvertrauen?"	Eine Geschichte aus der Zukunft: "Wie ich meine größte Herausforderung bewältigte"	Zwischenfazit: "Was bringt uns das biografische und kreative Schreiben?"
8	Wie kann ich meine Lage verbessern? (I): Was wünsche ich mir für die Zukunft?	3 Gedichte: "Gestern - heute - morgen"	"Was brauche ich für eine gute Zukunft? Kleine Wünsche für bessere Zeiten"	Science Fiction-Story: "An einem Montagmorgen im Jahr 2020 ..."
9	Wie kann ich meine Lage verbessern? (II): Welche Hindernisse muss ich überwinden?	Elfchen über die drei größten Hindernisse, die noch zu überwinden sind	"Wie und wo trete ich in für mich wichtigen Situationen künftig selbstbewusster auf?"	Ein Brief aus der Zukunft an die Gruppe
10	Wie kann ich meine Lage verbessern? (III): Welche Risiken soll ich eingehen?	"Was mir so alles passieren kann, wenn ich morgens aufstehe" (Satire)	Was riskiere ich, wenn ich meine Interessen entschiedener als bisher vertrete?	Kurzgeschichte: Mit grimmigem Gesicht zog er im Jobcenter die Wartenummer...
11	Was will ich verändern?: Künftige Strategien entwickeln	Rundgedicht: "Ab morgen werde ich etwas tun ..."	"Welche Weichen will ich für meine Zukunft anders stellen?"	Ein Brief an mich selbst, den ich erst in einem Jahr öffnen und lesen werde
12	Mein künftiges Schreiben; Abschied von der Gruppe	Elfchen zum Thema: "Meine Zukunft als schreibender Mensch"	"Was ich der Gruppe zu verdanken habe"; Abschiedsbrief an eine ausgeloste Person	Abschiedsbrief lesen und bei Bedarf beantworten

"Schreiben gegen das Abgeschriebensein"	1. Sitzung

Grundüberlegung:

Unsicherheit hinsichtlich des Kommenden kennzeichnet die erste Begegnung. Formales wie Begrüßung, Hinweise zur Organisation, gegenseitiges Kennenlernen stehen zunächst im Vordergrund. Dazu kommen aber auch der Wunsch und das Bedürfnis, den eigenen Platz in der Gruppe zu finden. Selbstdarstellung einerseits und Zurückhaltung andererseits sind Mittel, um eigene Unsicherheit zu überspielen. In dieser ersten Phase sind leichte, Fantasie fördernde Übungen ein geeignetes Mittel zur Annäherung an das Thema und die Gruppe sowie zum Eindämmen von Ängsten. Die am Schluss gestellte Hausaufgabe für die 2. Sitzung ermöglicht eine Fortsetzung dieser Übungsform und stellt zugleich eine Brücke hin zum nächsten Treffen dar.

Zeit:			Hauptthema: Persönliche Vorstellung und Erwartungen an den Workshop	
von	bis	Min.	Aktivität	Erläuterung
17:30	18:00	30	Begrüßung durch die Leitung	Vorstellung der Leitung; Organisatorisches; Klärung der Anrede (Du oder Sie); Klärung erster inhaltlicher Fragen; Flipchart mit Zeitleiste und Terminübersicht
18:00	18:20	20	Vorstellung der Teilnehmenden	Es geht um eine Kurzvorstellung, bei der die Teilnehmenden lediglich Name, Vorname und Alter mitteilen. Dazu werden Moderationskarten ausgefüllt
18:20	18:40	20	Akrostichons zum eigenen Vornamen; Vorlesen	Nach kurzer Erklärung des Prinzips bleiben 10 Minuten zum Schreiben, der Rest zum Vorlesen
18:40	19:00	20	Ein erster Schreibimpuls zum Thema: "Was ich mir von dem Seminar erhoffe"	In Dreiergruppen, gebildet nach dem Zufallsprinzip, erfolgt ein verbaler Austausch. Je Person 5 Minuten
19:00	19:30	30	Schreiben eines Textes: "Was ich mir von dem Seminar erhoffe"	Der soeben gegebene Textimpuls soll verarbeitet werden. Für die erste Prosaübung ist ein relativ kurzer Text ausreichend
19:30	19:45	15	Pause	
19:45	20:45	60	Vorlesen der vor der Pause geschriebenen Prosatexte; Feedback	Die Vorlesenden sitzen jeweils an einem besonders gestalteten Platz (bequemer Stuhl, bei Bedarf Lesebeleuchtung)
20:45	21:00	15	Kurze Schlussrunde zur Befindlichkeit und Erläuterung der Hausaufgabe: "Steckbrief" schreiben	Steckbriefbogen mit Raum für ein Bild, persönlichen Daten und Wünschen wird ausgeteilt
Minuten:		210		

	"Schreiben gegen das Abgeschriebensein"		2. Sitzung

Grundüberlegung:

Überraschungen und Unsicherheiten aus der 1. Sitzung können zu Beginn der 2. Sitzung geklärt werden. Auch sind ggf. Veränderungswünsche aufgrund unangenehmer Erlebnisse in der Gruppe zu verhandeln. Über den ausgefüllten Steckbrief lernen sich die Akteure besser kennen. Man kann hier Dinge von sich preisgeben, wenn man es will. Die grafische Darstellung der eigenen Lebenslinie stimmt auf den Hauptteil der Sitzung ein: der Auseinandersetzung mit entscheidenden Weichenstellungen des eigenen Lebens. Der Austausch mit einem Gegenüber fördert die Erinnerung und mündet in einen Schreibimpuls. Für den Text sind 30 Minuten vorgesehen. Der Lesekreis bietet die Rezeption der Texte und des Feedbacks. Es ist zu erwarten, dass in den Texten Parallelen zu entdecken sind und dies die Erkenntnis fördert, dass Schicksale trotz aller Differenzierungen allgemein gültigen Strukturen unterliegen. Mit der Hausaufgabe wird eine weitere Perspektive zu dem Thema geboten.

Zeit:			Hauptthema: Wie ich wurde, was ich bin (I)	
von	bis	Min.	Aktivität	Erläuterung
17:30	17:35	5	Begrüßung; Klärung von Fragen	Nachfrage, ob vom letzten Termin noch Dinge unklar oder offen sind bzw. ob es Wünsche zur Veränderung gibt - ggf. Vereinbarungen treffen
17:35	18:20	45	Vorstellen der Hausaufgabe: Steckbrief zur eigenen Person	Steckbriefe werden an der Wand ausgehängt. Mit geeigneter Musikuntermalung haben alle 10 Minuten Zeit zum Betrachten; dann kann nachgefragt werden (15 Min.)
18:20	18:45	25	Grafische Darstellung meiner Lebenslinie - das Auf und Ab meines Lebens	Auf Din-A-2-Bogen mit Farbstiften werden die wichtigen Lebensstationen und das Auf und Ab der eigenen Biografie dargestellt
18:45	19:00	15	Textimpuls: Die entscheidende Weichenstellung war für mich ...	Jede Person erzählt einer anderen Person über ihre entscheidende Weichenstellung (Zweiergruppen im Wechsel)
19:00	19:30	30	Text schreiben: "Über die entscheidende Weichenstellung meines Lebens"	Der Textimpuls wird nun zu einer kurzen Geschichte verarbeitet
19:30	19:45	15	Pause	
19:45	20:45	60	Vorlesen der vor der Pause geschriebenen Prosatexte; Feedback	Stuhlkreis mit besonders gestaltetem Leseplatz
20:45	21:00	15	Kurze Schlussrunde zur Befindlichkeit; Erläuterung der fakultativen Hausaufgabe: "Der Tag, der für mich alles veränderte" schreiben	Es geht bei der Hausaufgabe darum, einen für die jeweilige Person besonderen Tag mit erheblichen Auswirkungen zu schildern
Minuten:		210		

			"Schreiben gegen das Abgeschriebensein"	3. Sitzung

Grundüberlegung:

Der Blick auf Umstände, die das eigene Leben beeinflussten, wird in der 3. Sitzung fortgeführt und spezifiziert. Die wichtigsten Ereignisse sollen auf einen Blick über das ABC-Darium erfassbar werden. Die Grenzerfahrung der größten persönlichen Krise steht im Mittelpunkt des Hauptteils. Auch hier kann über den Austausch nach der Schreibphase den Teilnehmenden deutlich werden, dass trotz aller Differenzierungen Parallelen bei den Einzelschicksalen zu entdecken sind. Für den Zusammenhalt und das Miteinander der Gruppe dürfte dies positive Effekte zeitigen. Für die Hausaufgabe ist diesmal eine größere Vorbereitungszeit einzuplanen, weil die eigenständige Umsetzung des "Expressiven Schreibens" nach J. Pennebaker einerseits umfangreiche Erläuterungen über der Sinn der Übung erfordert, und weil andererseits bei der Umsetzung in "schreibtechnischer" Hinsicht wichtige Dinge zu beachten und zu erklären sind. Ein umfangreiches Handout unterstützt die Schreibenden dabei.

Zeit:			Hauptthema: Wie ich wurde, was ich bin (II)	
von	bis	Min.	Aktivität	Erläuterung
17:30	17:35	5	Begrüßung; Klärung von Fragen	Nachfrage, ob vom letzten Termin noch Dinge unklar oder offen sind bzw. ob es Wünsche zur Veränderung gibt - ggf. Vereinbarungen treffen
17:35	18:35	60	Lesen der Hausaufgabe: "Der Tag, der für mich alles veränderte"	Stuhlkreis mit besonders gestaltetem Leseplatz
18:35	18:50	15	ABC-Darium der wichtigsten Erlebnisse in meinem Leben	Zu jedem Buchstabe ein Erlebnis - entscheidend ist bei Kurzsätzen das Substantiv; Seiten werden für die Pause ausgehängt - Besichtigung dann möglich
18:50	19:00	10	Textimpuls: Bildkarten zu unterschiedlichen Gefahrensituationen - physische und psychische Gefahren	Die TN suchen sich aus zahlreichen ausgelegten Bildkarten "ihre" Karte aus und entwickeln ein Cluster zu ihrer größten Lebenskrise.
19:00	19:25	25	Schreiben eines Prosatextes: "Es brachte mich an meine Grenzen - Meine größte Lebenskrise"	Wenn aus dem Cluster direkt ein Schreibimpuls entspringt, wird geschrieben.
19:25	19:40	15	Pause	
19:40	20:40	60	Vorlesen der vor der Pause geschriebenen Prosatexte; Feedback	Stuhlkreis mit besonders gestaltetem Leseplatz
20:40	21:00	20	Expressives Schreiben nach J. Pennebaker. Themenvorschlag: Arbeitslosigkeit; kurze Schlussrunde	Erläuterung der Intention und der Funktion des "Expressiven Schreibens". Bis zum Folgetermin sind nach den Vorgaben 4 Texte in Arbeitsblätter zu schreiben; Ausgabe eines Handouts mit Anleitung und Arbeitsblättern
Minuten:		210		

"Schreiben gegen das Abgeschriebensein"	4. Sitzung

Grundüberlegung:

Im letzten Teil des Hauptthemas "Wie ich wurde, was ich bin" geht es um Personen, die das eigene Leben beeinflussten. Vorher abzuschließen und als Brücke zur letzten Sitzung anzusehen ist die Auswertung der Hausaufgabe zum "Expressiven Schreiben": Diese Texte werden wegen ihres sehr intimen Charakters nicht vorgelesen - stattdessen soll das Erleben des Schreibprozesses diskutiert werden. Die Elfchen sollen unterschiedliche Personentypen kontrastieren und die Stimmung auflockern. In einem an Mächtige adressierten Brainstorming soll kollektiv "Dampf abgelassen" werden, der anschließend als Grundlage für einen Prosatext dient. Die Hausaufgabe soll sensibilisieren für die Mechanismen, die in den Jobcentern wirken. Dort anzutreffende Menschen sollen beobachtet werden, anhand der Beobachtungen des jeweiligen Habitus soll in einer Personenskizze dazu Fantasie entwickelt werden, in welcher Situation sich diese Menschen befinden.

Zeit:			Hauptthema: Wie ich wurde, was ich bin (III)	
von	bis	Min.	Aktivität	Erläuterung
17:30	17:35	5	Begrüßung; Klärung von Fragen	Nachfrage, ob vom letzten Termin noch Dinge unklar oder offen sind bzw. ob es Wünsche zur Veränderung gibt - ggf. Vereinbarungen treffen
17:35	18:20	45	Kartenabfrage und Diskussion über das Ergebnis der Hausaufgabe, Berichte zu den Erfahrungen	3 Fragen sind per Karte zu beantworten: 1. Wie wurde der Schreibprozess erlebt? 2. Wurden die Vorgaben eingehalten? 3. Hat sich etwas verändert; wenn ja, was? Moderationstafel und -kärtchen
18:20	18:40	20	Je ein Elfchen über eine Person mit positivem und eine mit negativem Einfluss	Nach Erklären der Gedichtform: 2 Elfchen schreiben und vorlesen: Elfchen-Muster am Flipchart darstellen
18:40	19:00	20	Textimpuls: "Was ich einer bestimmten Person sagen würde, wenn dabei keine Sanktionen zu befürchten wären"	Brainstorming: Vor welchen Personen müssen wir aus Furcht vor Sanktionen "die Zunge hüten"? (5 Min.); 15 Min. Austausch in 3er-Gruppen; Personenliste am Flipchart erstellen
19:00	19:30	30	Prosatext schreiben: "Was ich einer bestimmten Person sagen würde, wenn dabei keine Sanktionen zu befürchten wären"	Der Textimpuls wird für einen Text genutzt, bei dem gefahrlos "Dampf abgelassen" werden kann
19:30	19:45	15	Pause	
19:45	20:45	60	Vorlesen der vor der Pause geschriebenen Prosatexte; Feedback	Stuhlkreis mit besonders gestaltetem Leseplatz
20:45	21:00	15	Erläuterung der fakultativen Hausaufgabe: 1 Stunde Menschen im Jobcenter beobachten, Skizze darüber schreiben; kurze Schlussrunde	Es geht bei der Hausaufgabe darum, Empathie für Menschen zu entwickeln, die in vergleichbarer Lage sind. Was kann Bestandteil einer Personenskizze sein?
Minuten:		210		

101

"Schreiben gegen das Abgeschriebensein"	5. Sitzung

Grundüberlegung:

Das Vorlesen der Texte zur letzten Hausaufgabe soll Empathie und die Erkenntnis fördern, dass auch außerhalb der Gruppe vergleichbare Schicksalsverläufe vermutet werden können. Nach der Rückschau der Sitzungen 2 - 4 steht nun die Besinnung auf die eigenen Fähigkeiten im Fokus. Dazu wird zunächst in 3 Teilschritten eine persönliche Lebensbilanz gezogen, die den Ist-Zustand beschreibt: 1. mit einer tabellarischen Auflistung; 2. mit einem Cluster, in dem eine Gewichtung der Lebensereignisse nach ihrer Bedeutung vorgenommen wird; 3. durch einen Prosatext, in den die Auflistung und die Hierarchisierung einfließen. Das Vorlesen in der Gruppe birgt bei diesem Thema eine erhöhte Wahrscheinlichkeit kathartischer Reaktionen, die ggf. von der Gruppe aufzufangen sind. Bei der Hausaufgabe soll Sympathie und Empathie für "ständig-zu-kurz-Gekommene" gefördert werden - Schadenfreude in der nächsten Sitzung ist zu vermuten und darf dann gemeinsam genossen werden.

Zeit:			Hauptthema: Wo liegen meine Stärken? (I)	
von	bis	Min.	Aktivität	Erläuterung
17:30	17:35	5	Begrüßung; Klärung von Fragen	Nachfrage, ob vom letzten Termin noch Dinge unklar oder offen sind bzw. ob es Wünsche zur Veränderung gibt - ggf. Vereinbarungen treffen
17:35	18:35	60	Lesen der Hausaufgabe: Skizze über eine Person, die im Jobcenter beobachtet wurde	Stuhlkreis mit besonders gestaltetem Leseplatz
18:35	18:50	15	1. Schreibimpuls für das zentrale Thema Lebensbilanz: Tabellarisch pos./neg. Dinge auflisten	Auf einem Din-A4-Blatt in 2 Spalten auflisten
18:50	19:00	10	2. Schreibimpuls: "Meine persönliche Lebensbilanz"	Cluster erstellen zur Gewichtung nach Bedeutung der Lebensereignisse
19:00	19:30	30	Schreiben eines Prosatextes: "Meine persönliche Lebensbilanz"	Bei einem Schreibimpuls direkt an das Schreiben des Textes gehen
19:30	19:45	15	Pause	
19:45	20:45	60	Vorlesen des Prosatextes: "Meine persönliche Lebensbilanz"; Feedback	Stuhlkreis mit besonders gestaltetem Leseplatz
20:45	21:00	15	Erläuterung der fakultativen Hausaufgabe: "Warum wir lachen, wenn Kleine den Großen ein Schnippchen schlagen"; kurze Schlussrunde	Thematisiert werden die Sympathie für die Schwachen der Gesellschaft sowie die "ausgleichende Gerechtigkeit"
Minuten:		210		

"Schreiben gegen das Abgeschriebensein"	6. Sitzung

Grundüberlegung:

Die Frage, welche Probleme erfolgreich bewältigt wurden, steht im Mittelpunkt der Sitzung. Die Brücke bildet das Vorlesen der letzten Hausaufgabe, bei der die vermeintlich Schwachen die Lacher auf ihrer Seite haben dürften. Bei der Gedichtübung bleibt die Wahl der Form frei - es können Elfchen, Reime oder andere Formen genutzt werden. Hier wird eine erste Selbstvergewisserung vorgenommen. In Zweiergruppen findet dann ein Austausch über persönliche Triumphe statt - der Hauptschreibimpuls, der in die Texterstellung über den persönlichen Triumph mündet. Nach der Pause wird vor dem Vorlesen der Hinweis gegeben, sich Notizen zu den gehörten Beispielen persönlicher Triumphe zu machen. In der Hausaufgabe dienen diese Notizen dazu, die gehörten unterschiedlichen Möglichkeiten zu reflektieren und in einem Text zu verarbeiten, der neue Erkenntnisse für die Gruppe erbringen kann.

\multicolumn{3}{Zeit:}	Hauptthema: Wo liegen meine Stärken? (II)	

von	bis	Min.	Aktivität	Erläuterung
17:30	17:35	5	Begrüßung; Klärung von Fragen	Nachfrage, ob vom letzten Termin noch Dinge unklar oder offen sind bzw. ob es Wünsche zur Veränderung gibt - ggf. Vereinbarungen treffen
17:35	18:35	60	Vorlesen der Hausaufgabe: "Warum wir lachen, wenn Kleine den Großen ein Schnippchen schlagen"	Stuhlkreis mit besonders gestaltetem Leseplatz
18:35	18:55	20	Ein Haiku oder ein Tanka zum Thema "Durchhalten"	Nach Vorlage eines Musters und kurzer Erklärung des Prinzips bleiben 10 Minuten zum Schreiben, 10 Minuten zum Vorlesen
18:55	19:05	10	Schreibimpuls zum Thema: Persönlicher Triumph	In Zweiergruppen erfolgt ein verbaler Austausch zur Frage eines persönlichen Triumphes. Je Person maximal 5 Minuten Redezeit
19:05	19:30	25	Schreiben des Prosatextes: "Die Geschichte meines persönlichen Triumphes"	Bei einem Schreibimpuls direkt an das Schreiben des Textes gehen
19:30	19:45	15	Pause	
19:45	20:45	60	Vorlesen der vor der Pause geschriebenen Prosatexte; Feedback	Stuhlkreis mit besonders gestaltetem Leseplatz; gehörte Beispiele werden notiert
20:45	21:00	15	Fakultative Hausaufgabe: Zu Texten Anderer Analogien aufspüren. Text schreiben: "Was macht uns stark?" Kurze Schlussrunde	Die vorher gelesenen Texte bilden die Grundlage für die Hausaufgabe: Aus den gehörten Beispielen werden Erkenntnisse gezogen, was Erfolg ausmacht
Minuten:		210		

103

"Schreiben gegen das Abgeschriebensein"	7. Sitzung

Grundüberlegung:

Im Mittelpunkt steht die Frage, woraus Kraft und Selbstvertrauen für künftige Aufgaben zu schöpfen sind. Das Vorlesen der Hausaufgabe aus der letzten Sitzung stimmt darauf ein. Durch das Akrostichon auf Basis des eigenen Namens wird ein persönlicher Bezug zu dieser Frage hergestellt. Über eine Kartenabfrage wird veranschaulicht, welche Vorstellungen in der Gruppe über besondere Herausforderungen bestehen. Anschließend wird ein Blick aus der Zukunft zurückgeworfen. Es ist Fantasie darüber zu entwickeln, was später einmal als größte bewältigte Herausforderung eingestuft werden wird. Beschrieben werden könnten hier bereits stattgefundene Ereignisse oder aber auch Träume über Kräfte, die noch entwickelt werden wollen (was einen Anreiz zur Weiterentwicklung böte). In der Hausaufgabe soll nach Beendigung der 1. Hälfte der Veranstaltung ein Zwischenfazit gezogen werden - eine Möglichkeit, das bisher Geleistete und Erlebte zu reflektieren und das Ergebnis der Gruppe zu offenbaren.

Zeit:			Hauptthema: Wo liegen meine Stärken? (III)	
von	bis	Min.	Aktivität	Erläuterung
17:30	17:35	5	Begrüßung; Klärung von Fragen	Nachfrage, ob vom letzten Termin noch Dinge unklar oder offen sind bzw. ob es Wünsche zur Veränderung gibt - ggf. Vereinbarungen treffen
17:35	18:35	60	Vorlesen der Hausaufgabe: "Was macht uns stark?"	Stuhlkreis mit besonders gestaltetem Leseplatz
18:35	18:55	20	Akrostichon zu Vor- u. Zunamen: "Was gibt mir Kraft und Selbstvertrauen?" Anschließend Vorlesen	Nach kurzer Erklärung des Prinzips bleiben 10 Minuten zum Schreiben, 10 Minuten zum Vorlesen
18:55	19:05	10	Kartenabfrage: Was wäre die größte Herausforderung für dich?	Karten in der Gruppe vorstellen und nach Themen geordnet an die Moderationswand heften
19:05	19:30	25	Eine Geschichte aus der Zukunft: "Wie ich meine größte Herausforderung bewältigte"	Alle schreiben ihren Text über ihre größte Herausforderung (Fiktion)
19:30	19:45	15	Pause	
19:45	20:45	60	Vorlesen des Prosatextes: "Wie ich meine größte Herausforderung bewältigte"; Feedback	Stuhlkreis mit besonders gestaltetem Leseplatz
20:45	21:00	15	Zwischenfazit: "Was bringt uns das biografische und kreative Schreiben?"; anschließend kurze Schlussrunde	Es geht bei der Hausaufgabe darum, Empathie für Menschen zu entwickeln, die in vergleichbarer Lage sind
Minuten:		210		

104

"Schreiben gegen das Abgeschriebensein"	8. Sitzung

Grundüberlegung:

Im 3. Themenblock soll der Blick in die Zukunft gerichtet werden. In dieser Sitzung geht es um Wünsche, die entweder schon gehegt werden oder die noch zu entdecken sind. In der Gedichtübung können Verbesserungswünsche zu Problemen in die Zukunft gerichtet werden, die bisher noch bedrückend wirken. Im Brainstorming soll der gemeinsam in der Gruppe vorhandene Fundus an Fantasien realisiert und genutzt werden. In der anschließenden Textübung sollen diese Impulse in einen Text zu persönlichen Wünschen und Erwartungen einfließen - oder aber als Anregungen für weitergehende Wünsche dienen, die im Text artikuliert werden. Der Blick in die Zukunft findet seinen Abschluss in einer Science-Fiction-Geschichte, die im Rahmen der Hausaufgabe geschrieben werden soll. Es geht dabei um die Beschreibung von vorstellbaren Zuständen in der Zukunft, deren Erfüllung realistischerweise möglich erscheint. Damit kann ein persönliches Ziel verbunden sein, an dessen Erreichung man mitwirken will.

Zeit:			Hauptthema: Wie kann ich meine Lage verbessern? (I)	
von	bis	Min.	Aktivität	Erläuterung
17:30	17:35	5	Begrüßung; Klärung von Fragen	Nachfrage, ob vom letzten Termin noch Dinge unklar oder offen sind bzw. ob es Wünsche zur Veränderung gibt - ggf. Vereinbarungen treffen
17:35	18:35	60	Vorlesen der Hausaufgabe: "Was bringt mir und den anderen in der Gruppe das biografische und kreative Schreiben?"	Stuhlkreis mit besonders gestaltetem Leseplatz
18:35	18:55	20	3 Gedichte: "Gestern - heute - morgen"	Vorstellen des Schemas anhand eines Beispiels; Schreiben dreier Gedichte anhand persönlicher Erfahrungen und Wünsche; Mustergedicht am Flipchart
18:55	19:05	10	Brainstorming: Was brauche ich für eine gute Zukunft? Kleine Wünsche für bessere Zeiten	Sammeln der Vorschläge aus dem Brainstorming über 5 Minuten; danach gemeinsames Eliminieren von Dopplungen
19:05	19:30	25	Text schreiben: "Was brauche ich für eine gute Zukunft? Kleine Wünsche für bessere Zeiten"	Als Textimpuls können Begriffe vom Flipchart genutzt, aber auch neue Ideen umgesetzt werden
19:30	19:45	15	Pause	
19:45	20:45	60	Vorlesen des Prosatextes: "Was brauche ich für eine gute Zukunft? Kleine Wünsche für bessere Zeiten"; Feedback	Stuhlkreis mit besonders gestaltetem Leseplatz
20:45	21:00	15	Fakultative Hausaufgabe: Science Fiction-Story: "An einem Montagmorgen im Jahr 2020 ..."	Im Rahmen dieser Hausaufgabe soll ein bescheidener Zukunftsentwurf erfolgen, der in einer fairen Gesellschaft Realisierungschancen hätte
Minuten:		210		

"Schreiben gegen das Abgeschriebensein"	9. Sitzung

Grundüberlegung:

Der Blick in die Zukunft richtet sich in dieser Sitzung auf sinnvolle und/oder wünschenswerte Verhaltensmodifikationen. Das Vorlesen der Texte aus der Hausaufgabe (Geschichte aus der Zukunft) stimmt darauf ein. In der Form des Elfchens werden die größten Hindernisse ausgemacht, die es noch zu überwinden gilt. Für den anschließenden Textimpuls über eine Clusterbildung soll danach eine persönliche Klärung darüber erfolgen, was zu einem künftig selbstbewussteren Auftreten gehört. Beim Auftreten des Schreibimpulses wird dazu ein Text verfasst, in dem eine persönliche Strategie entwickelt werden soll, wie und wo ein künftig selbstbewussteres Auftreten erfolgen soll. Es ist sozusagen der künftige Plan für ein erfolgreicheres Durchsetzungsvermögen. Beim Vorlesen werden für die Gruppe zahlreiche Anwendungsbeispiele deutlich, an denen man sich bei der Modifizierung des Verhaltens orientieren kann. Die Hausaufgabe ermöglicht es, gehörte oder selbst entwickelte Strategien auf den Prüfstand zu stellen und in der Fantasie zu erproben.

von	bis	Min.	Aktivität	Erläuterung
— Zeit:			Hauptthema: Wie kann ich meine Lage verbessern? (II)	
17:30	17:35	5	Begrüßung; Klärung von Fragen	Nachfrage, ob vom letzten Termin noch Dinge unklar oder offen sind bzw. ob es Wünsche zur Veränderung gibt - ggf. Vereinbarungen treffen
17:35	18:35	60	Vorlesen der Hausaufgabe (Science Fiction): "An einem Montagmorgen im Jahr 2020 ..."	Stuhlkreis mit besonders gestaltetem Leseplatz
18:35	18:55	20	Elfchen schreiben über die drei größten Hindernisse, die noch zu überwinden sind; anschließend vorlesen	Anhand einer zu erstellenden persönlichen Prioritätenliste werden ein oder mehrere Elfchen geschrieben
18:55	19:05	10	Schreibimpuls: Was ist Selbstbewusstsein?	Clusterbildung zu Selbstbewusstsein; Fragen klären wie: Wie wird es definiert, wie äußert es sich, was brauche ich dazu?
19:05	19:30	25	Text schreiben: "Wie und wo trete ich in für mich wichtigen Situationen künftig selbstbewusster auf?"	Bei einem Schreibimpuls direkt an das Schreiben des Textes gehen
19:30	19:45	15	Pause	
19:45	20:45	60	Vorlesen des Prosatextes: "Wie und wo trete ich in für mich wichtigen Situationen selbstbewusster auf?"; Feedback	Stuhlkreis mit besonders gestaltetem Leseplatz
20:45	21:00	15	Fakultative Hausaufgabe: Ein Brief aus der Zukunft an die Gruppe; kurze Schlussrunde	In dem Brief soll mitgeteilt werden, welche Verhaltensstrategien sich als erfolgreich erwiesen haben
Minuten:		210		

| "Schreiben gegen das Abgeschriebensein" | | | 10. Sitzung | |

Grundüberlegung:

Es geht in dieser Sitzung um den persönlichen Mut. Einzugehende Risiken sollen erfasst und auf ihre Kosten-Nutzen-Relation hin überprüft werden. Die vorgelesene Hausaufgabe führt zu dem Themenkomplex, darin enthaltene Botschaften "aus der Zukunft" stimmen auf die zentrale Fragestellung ein. Fantasiefördernd ist eine persönliche Aufstellung der "Hitparade" von Alltagsrisiken, in der Übertreibung gewünscht ist - das dient der Auflockerung bei einem eigentlich ernsten Thema. In 3er-Gruppen erfolgt als Textimpuls für den zu verfassenden Prosatext ein Austausch der Erfahrungen mit eingegangenen Risiken. Im zu schreibenden Text soll dann der Frage nachgenangen werden, welche Risiken man mit mutigerem Auftreten eingeht. Die Leserunde offenbart der Gruppe die gesamte Palette der Einschätzungen der Gruppenmitglieder dazu. Die Hausaufgabe verschafft die Möglichkeit, einen fiktiven Text über eine Person zu schreiben, die sich traut, ein hohes Risiko einzugehen.

Zeit:			Hauptthema: Wie kann ich meine Lage verbessern? (III)	
von	bis	Min.	Aktivität	Erläuterung
17:30	17:35	5	Begrüßung; Klärung von Fragen	Nachfrage, ob vom letzten Termin noch Dinge unklar oder offen sind bzw. ob es Wünsche zur Veränderung gibt - ggf. Vereinbarungen treffen
17:35	18:35	60	Vorlesen der Hausaufgabe: Ein Brief an die Gruppe aus der Zukunft	Stuhlkreis mit besonders gestaltetem Leseplatz
18:35	18:50	15	Liste erstellen: "Was mir so alles passieren kann, wenn ich morgens aufstehe" (Satire); anschließend das Vorlesen	Ein Blick auf die unberechenbaren Risiken des Alltags. In witziger Form soll eine "Hitparade" dieser Risiken erfolgen. 5 Min. Schreibzeit, dann vorlesen
18:50	19:05	15	Textimpuls: Wo bin ich besondere Risiken eingegangen, welche haben sich gelohnt?	Austausch über die eigenen Erfahrungen zu dieser Frage in 3er-Gruppen. Je Person 5 Min. Erzählzeit
19:05	19:30	25	Text schreiben: "Was riskiere ich, wenn ich meine Interessen entschiedener als bisher vertrete?"	Es geht darum, im Text die eigenen Erfahrungen und Befürchtungen zu dieser Frage zu artikulieren
19:30	19:45	15	Pause	
19:45	20:45	60	Vorlesen: "Was riskiere ich, wenn ich meine Interessen entschiedener als bisher vertrete?"; Feedback	Stuhlkreis mit besonders gestaltetem Leseplatz
20:45	21:00	15	Fakultative Hausaufgabe: Textvorgabe: "Mit grimmigem Gesicht zog er im Jobcenter die Wartenummer…"; kurze Abschlussrunde	Es soll eine Kurzgeschichte über eine Person geschrieben werden, die sich zur Wehr setzt
Minuten:		210		

107

"Schreiben gegen das Abgeschriebensein"	11. Sitzung

Grundüberlegung:

Bisher standen die Entwicklungsbedingungen und der Blick auf das eigene Potenzial im Mittelpunkt. In der vorletzten Sitzung soll der Fokus auf künftige Verhaltensstrategien gerichtet werden. Träume streben nach Realisierung, und machbar Erscheinendes kann hier konkretisiert werden. Im Rundgedicht (nach dem Muster des "Persischen Rundgedichts") kommen noch einmal kollektive Vorstellungen in verdichteter Form zum Ausdruck. Das grundlegende Funktionsprinzip von Weichen wird im Brainstorming zusammengefasst, wodurch alle Teilnehmenden realisieren können, was durch das Vornehmen grundlegender Änderungen möglich ist. Im anschließend zu verfassenden Text soll die Chance gegeben werden, sich persönlich Veränderungen des Verhaltens vorzunehmen. Das Vorlesen der Texte gibt den Zuhörenden eine weitere Orientierungs- und Reflexionsmöglichkeit. Im Rahmen der Hausaufgabe wird die Chance zur persönlichen Überprüfung des Vorgenommenen eröffnet.

Zeit:			Hauptthema: Was will ich verändern?	
von	bis	Min.	Aktivität	Erläuterung
17:30	17:35	5	Begrüßung; Klärung von Fragen	Nachfrage, ob vom letzten Termin noch Dinge unklar oder offen sind bzw. ob es Wünsche zur Veränderung gibt - ggf. Vereinbarungen treffen
17:35	18:35	60	Lesen der Hausaufgabe: Kurzgeschichte: "Mit grimmigem Gesicht zog er im Jobcenter die Wartenummer ..."	Stuhlkreis mit besonders gestaltetem Leseplatz
18:35	18:55	20	Rundgedicht: "Ab morgen werde ich etwas tun ..."	Nach kurzer Erklärung entsteht ein Rundgedicht, nach jeder Zeile weitergereicht (6 Zeilen gesamt) mit der Vorgabe: "Ab morgen werde ich etwas tun ..."; Vordruck mit Rundgedichtschema verteilen. Nach Rückerhalt lesen die Verfasser der 1. Zeile vor
18:55	19:05	10	Textimpuls: Welche Funktionen haben Weichen?	Brainstorming am Flipchart zu der Frage (5 Min.); danach gemeinsam Dopplungen ausstreichen, Deutungen klären
19:05	19:30	25	Text schreiben: "Welche Weichen will ich für meine Zukunft anders stellen?"	Bei diesem Text geht es um das Vornehmen persönlicher Verhaltensänderungen
19:30	19:45	15	Pause	
19:45	20:45	60	Text vorlesen: "Welche Weichen will ich für meine Zukunft anders stellen?"; Feedback	Stuhlkreis mit besonders gestaltetem Leseplatz
20:45	21:00	15	Hausaufgabe: Ein Brief an mich selbst, den ich erst in einem Jahr öffnen und lesen werde; kurze Abschlussrunde	Mit diesem Brief erhalten alle die Möglichkeit zur Ergebnisüberprüfung dessen, was sie sich an persönlicher Veränderung vorgenommen haben
Minuten:		210		

| | | | "Schreiben gegen das Abgeschriebensein" | 12. Sitzung |

Grundüberlegung:

Die letzte Sitzung ist vom Abschied bestimmt. Hausaufgaben sind nicht mehr vorzulesen (der "Brief an mich selbst" wird erst in einem Jahr geöffnet). Die Teilnehmenden können über ein Elfchen mitteilen, wie sie ihre Zukunft als schreibendem Menschen sehen. Danach sind Formalien abzuarbeiten: Für die geplante Dokumentation werden die Beiträge gesammelt und zusammengestellt. Anschließend ist der Evaluationsbogen auszufüllen. Der Abschiedsstimmung und dem Schreibbedürfnis wird das Schreiben eines Abschiedsbriefes an eine auszulosende Person gerecht (die Empfänger sollen bis zum Briefempfang nicht wissen, wer ihnen schreiben wird). Die letzte Hausaufgabe besteht darin, diesen Brief zu lesen und ggf. zu beantworten (das Entstehen neuer Brieffreundschaften ist nicht ausgeschlossen). Im abschließenden Feedback soll die Gesamtveranstaltung reflektiert werden. Zum Schluss soll ein Abschiedsritual erfolgen (die Leitung hat einen Vorschlag dafür parat, ist aber für andere Vorschläge offen).

klären			Hauptthema: Mein künftiges Schreiben; Abschied von der Gruppe	
von	bis	Min.	**Aktivität**	**Erläuterung**
17:30	17:35	5	Begrüßung; Klärung von Fragen	Nachfrage, ob vom letzten Termin noch Dinge unklar oder offen sind
17:35	17:50	15	Elfchen schreiben zum Thema: "Meine Zukunft als schreibender Mensch"; anschließendes Vorlesen	Über das Elfchen kann die Botschaft darüber erfolgen, ob und ggf. wie künftig das biografische/kreative Schreiben betrieben wird
17:50	18:50	60	Klärung der Regularien zur Erstellung der Dokumentation; Sammlung der mitgebrachten Texte	Die auf Grundlage der Urtexte durchgearbeiteten Texte werden im einheitlichen Format gesammelt und gebunden vervielfältigt (durch die Leitung zu verteilen); Texte auf Papier oder elektronischen Speichermedien
18:50	19:00	10	Evaluationsbogen ausfüllen	Der anonymisierte Evaluationsbogen wird zum Ausfüllen verteilt. Er dient der Optimierung künftiger Seminare. Abgefragt werden neben persönl. Daten Einschätzungen zum Seminarerfolg
19:00	19:30	30	Was ich der Gruppe zu verdanken habe: "Abschiedsbrief an eine ausgeloste Person"	Alle ziehen verdeckt ein Briefkuvert, der an eine Person aus der Gruppe adressiert und frankiert ist. Der Brief wird an diese Person gerichtet
19:30	19:45	15	Pause	
19:45	20:00	15	Fakultative Hausaufgabe: Nach Empfang den Abschiedsbrief lesen und bei Bedarf beantworten	Klärung des Vorgehens: In ca. 2 Tagen wird ein Brief eingehen. Es steht allen frei, ihn zu beantworten
20:00	21:00	60	Abschluss: Feedback; Abschiedsrituale	Das Feedback (max. 30 Min.) richtet sich an die gesamte Runde einschl. der Leitung. Das Abschiedsritual initiiert die Runde oder die Leitung (z. B. "Abschiedswesten")
Minuten:		210		

7.   Abschlussbetrachtung zum theoretischen Teil

Für die Bearbeitung dieses Themas hatte ich mich entschieden, weil es aufgrund meiner bisherigen beruflichen Tätigkeit zahlreiche Berührungspunkte damit gab. Darüber hinaus bestand bei mir ein politisches Interesse daran, einen eigenständigen Beitrag zur Lageverbesserung der über Massenarbeitslosigkeit gesellschaftlich ausgegrenzten Menschen zu leisten. Obwohl also bereits bei der Themenauswahl prinzipiell ein Bewusstsein für den Problemkreis vorhanden war, wuchs und differenzierte es sich im laufenden Arbeitsprozess. Die im Rahmen dieser Arbeit zu leistende thematische Auseinandersetzung bewirkte schließlich, dass ich ein tieferes Verständnis sowohl zur Lage der Langzeitarbeitslosen als auch zu den Ursachen und Wirkungsmechanismen von Massenarbeitslosigkeit erwerben konnte.

Im Laufe der Befassung mit dem Thema erkannte ich zunehmend, wie notwendig es ist, die hinter dem *Phänomen Massenarbeitslosigkeit* verborgenen gesellschaftlichen Mechanismen für Betroffene sichtbar werden zu lassen. Ich sehe darin eine unverzichtbare gesellschaftliche Aufgabe, Hilfestellung mit emanzipatorischer Zielsetzung zu bieten. Einerseits wäre es eine individuelle Entlastung der Betroffenen, wenn sie die fatale, gesellschaftlich vermittelte Deutung relativieren könnten, selbst Schuld an ihrer Lage zu sein. Andererseits könnte dies ihre notwendige Bereitschaft fördern, sich gegen diese Mechanismen politisch zu wehren.

Biografisches und kreatives Schreiben scheint als pädagogisches Medium in diesem Kontext besonders geeignet zu sein, diese beiden Ziele anzustreben. Eine parteiische Grundhaltung wird in einigen sozialpädagogischen Arbeitsfeldern als unerlässlich erachtet, um emanzipatorische Prozesse einzuleiten und befördern zu können. Und dies gilt sicherlich auch für eine Gruppenaktivität, die über das biografische und kreative Schreiben den Teilnehmenden einen Zugang zu Selbstvergewisserung und Selbsterkenntnis eröffnet.

Die Wirksamkeit und Anwendbarkeit des vorliegenden Konzepts sollte selbstverständlich – wie andere Innovationen mit pädagogischem Anspruch – nach einer ersten Umsetzung überprüft und ggf. modifiziert werden. Hierfür definiere ich fünf Prüfsteine, die im Rahmen einer Evaluation heranzuziehen sind:

• Vor dem Hintergrund einer angestrebten heterogenen Zusammensetzung (angemessene Beteiligung beider Geschlechter, unterschiedliche Altersgruppen, unterschiedliches Bildungsniveau, breit gefächerte Palette der vertretenen Berufe) ist zu überprüfen, ob eine solche heterogene Gruppenzusammensetzung erreicht werden konnte. Ferner ist zu fragen, ob diese konzeptionell angestrebte Unterschiedlichkeit für die Gruppenarbeit eher förderlich oder eher hinderlich war.

• Hinsichtlich der Konzeptplanung sind die einzelnen, speziellen Übungseinheiten auf ihre jeweilige Wirksamkeit zu überprüfen, und das Gesamtkonzept auf seine übergeordnete Wirkung.

• Der Verlauf des Gruppenprozesses ist – insbesondere im Zusammenwirken mit den konzeptionellen Vorgaben – daraufhin zu überprüfen, ob einzelne Konzeptteile sich als förderlich erwiesen oder eher kontraproduktiv wirkten.

• Die Attraktivität des Angebotes, manifestierbar über die Bereitschaft zur Teilnahme, ist auf zwei Ebenen abzuprüfen. Erstens bei der Gruppenzusammenstellung (sind genügend Interessenten erreichbar, um eine wie oben beschriebene heterogene Gruppe zusammenbringen zu können?), zweitens im Verlauf des Seminars (kann die anfängliche Teilnahmebereitschaft erhalten oder gar erhöht werden?).

• Die Bereitschaft potenzieller Bildungsträger, unter ihrer Ägide ein Konzept mit der beschriebenen Zielgruppe durchzuführen, ist bei diesen Anbietern zu ermitteln. Da aus meiner Sicht Langzeitarbeitslosen angesichts ihrer materiellen Lage kein Eigenbeitrag abverlangt werden kann (selbst ein symbolischer Beitrag von beispielsweise einem Euro wäre m. E. unangemessen), könnte dies zur *Nagelprobe* für potenzielle Träger werden: Sind sie bereit, eine solche Maßnahme dennoch anzubieten?

Das entwickelte Konzept sollte zeitnah umgesetzt werden. Es wurde eine Kooperationsvereinbarung mit der *Rosa-Luxemburg-Stiftung Niedersachsen* geschlossen, der zufolge ab April 2014 eine Schreibgruppenaktivität nach diesem Konzept in Hannover durchgeführt werden sollte. Nach Abschluss dieser Gruppenarbeit wird eine Evaluation vorgenommen. Die dabei gewonnenen neuen Erkenntnissen sollen einer Modifizierung des ursprünglichen Konzepts dienen.

Das modifizierte Konzept sowie die in dem nachfolgenden Bericht über die im Pilotprojekt gewonnenen Erkenntnisse sind zu diesem Fachbuch zusammengefasst. Mit seiner Veröffentlichung und Verbreitung erhoffe ich mir eine landesweite Streuung des hier entwickelten Konzepts und seine Umsetzung dort, wo Langzeitarbeitslosigkeit als gesellschaftliches Problem existiert.

Teil 2

Das Pilotprojekt. *Schreiben gegen das Abgeschriebensein*

Das Pilotprojekt wurde in Kooperation mit der Rosa-Luxemburg-Stiftung Niedersachsen e.V. vom 2.4. bis zum 2.7.2014 in Hannover durchgeführt

8. Kursvorbereitung

Für die Umsetzung eines im Rahmen meiner Masterarbeit entwickelten Konzeptes, das als Grundlage für Planung und Umsetzung des Pilotprojektes herangezogen wurde, konnte als Träger die Rosa-Luxemburg-Stiftung Niedersachsen e.V. gewonnen werden. In enger Abstimmung mit dem Träger wurden mit einem zeitlichen Vorlauf von ca. drei Monaten die vorbereitenden Arbeiten geleistet, die sich in drei Bereiche gliedern lassen.

8.1 Definition der Zielgruppe

Gemeinsam mit dem Maßnahmenträger wurde die Zielgruppe definiert. Als Grundbedingungen für die Teilnahme wurden festgelegt:

- Langzeitarbeitslosigkeit von einem Jahr oder länger
- Heterogene Zusammensetzung der Gruppe nach Alter und Geschlecht
- grundlegende Bereitschaft zur Auseinandersetzung mit der eigenen Situation
- Bereitschaft, sich mit der persönlichen Problematik gegenüber der Gruppe zu öffnen
- Bereitschaft zur Gruppenarbeit nach den Regeln der Themenzentrierten Interaktion (TZI).

Das Pilotprojekt wurde mit dem Aushängen von Plakaten, dem Auslegen von Flyern sowie durch folgenden Pressetext beworben:

„Schreiben gegen das Abgeschriebensein: Betroffenen wird in einer Gruppe die Chance geboten, sich über das biografische und kreative Schreiben selbst zu begegnen, sich auf eigene Stärken zu besinnen und neue Ziele für sich zu entwickeln. Durch eine Stärkung des Selbstwertgefühls können so neue Kräfte freigesetzt werden. Schreiben in der Gruppe ist geeignet, Langzeitarbeitslose in ihrer isolierten Lage zu helfen und ihre Widerstandskraft zu fördern. Das biografische und kreative Schreiben ist eine bewährte Methode, um Selbstheilungskräfte in

persönlichen Krisensituationen zu aktivieren. Dazu wurde ein spezielles Konzept entwickelt, das auf die angesprochene Zielgruppe mit ihren speziellen Problemlagen zugeschnitten ist. Drei Themenbereiche werden behandelt: Was sind meine Wurzeln? Was ist meine derzeitige Situation? Wohin will ich mich entwickeln?"

Mit einem Werbetext in ausgelegten Flyern wurde die Zielgruppe direkt angesprochen:

- *„Du bist schon länger als ein Jahr arbeitssuchend?*
- *Es gelingt Dir nicht, wieder eine Arbeit zu finden, die Deinen Fähigkeiten entspricht?*
- *Du bewegst Dich in einem Teufelskreis, dem Du entrinnen willst?*
- *Du suchst nach einer Möglichkeit, etwas dagegen zu tun?*

Dann tue etwas für deine seelische Hygiene! Schreib Dir Deinen Frust und Deine Wut über all diese Zumutungen von der Seele. Biografisches und kreatives Schreiben in einer Schreibgruppe ist eine gute Möglichkeit, sich auf seine eigenen Stärken zu besinnen. Unser Angebot eröffnet Dir die Chance, mit anderen Menschen in vergleichbarer Lage gezielt daran zu arbeiten. In der geschützten Gruppe erinnerst Du Dich an bessere Zeiten, spürst Deinen früheren Erfolgen und den wichtigen Weichenstellungen Deines Lebens nach. Du kannst daraus neue Kraft schöpfen, Dein Selbstwertgefühl stärken, Deine Situation neu einschätzen und neue persönliche Perspektiven für die Zukunft entwickeln. Im Mittelpunkt stehen die Fragen: Was sind meine Wurzeln, wo stehe ich heute, was kann ich tun, wie kann ich meine Zukunft selbst gestalten?

Hiermit lade ich Dich ein, bei uns mitzumachen! Unser Seminar läuft über zwölf Abende, einmal pro Woche über 3 ½ Stunden. Neben dem Schreiben und Vorlesen Eurer Texte zu den Gruppenterminen sollen auch dazwischen kleinere Texte geschrieben werden. Die Teilnahme ist kostenfrei, lediglich Papier und Stift müsst Ihr mitbringen. Eure Anmeldung sollte verbindlich sein, das heißt, Ihr solltet die ernsthafte Bereitschaft mitbringen, alle Termine wahrzunehmen."

8.2 Organisatorische Vorbereitung

Mit dem Träger der Maßnahme (Rosa-Luxemburg-Stiftung Niedersachsen e.V.) wurde ein Kooperationsvertrag geschlossen, durch den eine kostenfreie Teilnahme sichergestellt werden konnte. Die Leistungen des Trägers beinhalteten neben dem

Durchführungshonorar die Finanzierung eines geeigneten Gruppenraums und kleiner Erfrischungen (Getränke, Gebäck). Des weiteren wurden die Kosten für die Werbemaßnahmen und der Portokosten übernommen. Zum ersten Termin wurde dem Teilnehmenden sogar eine Schreibmappe ausgehändigt. Die Erstellung der im Laufe der Veranstaltung notwendigen Arbeitspapiere wurde von der Leitung übernommen.

In einem städtischen Freizeitheim wurde ein Gruppenraum angemietet, der sich allerdings als nur bedingt geeignet erwies. Es gab zwar eine verkehrsgünstige Anbindung zu öffentlichen Verkehrsmitteln, allerdings wirkten sich bald akustische Störungen durch Gruppenaktivitäten in benachbarten Räumen negativ in den Arbeitsphasen aus. Auch mussten die Sitzmöbel in diesem Raum zum Beginn und zum Ende jeder Sitzung zeitraubend umgestellt werden, um den Bedürfnissen der Gruppe und denen nachfolgender Gruppen gerecht zu werden.

8.3   Akquise von Teilnehmenden

Hinsichtlich der Zahl potenzieller Interessenten für dieses Angebot wurde eingeschätzt, dass in einer Großstadt mit mehr als 500.000 Einwohnern eine hinreichend große Gruppe angesprochen und für das Vorhaben interessiert werden könnte. Dementsprechend wurden an zahlreichen Anlaufstellen Plakate ausgehängt und Flyer ausgelegt. Über die Homepage des Kooperationspartners (RLS) wurde ebenso geworben wie über die bereits erwähnten Presseinformation.

Des weiteren wurden unterschiedliche Veranstaltungen besucht, die in regelmäßigen Abständen Beratungsangebote und/oder Stammtische für Langzeitarbeitslose boten. Hierbei legte ich den Adressaten die Intention und die Ausrichtung des Angebots dar und warb für die Teilnahme daran. Die bei der Konzepterstellung zugrunde gelegte Annahme, dass bei den Betroffenen mit zunehmender Dauer der Arbeitslosigkeit das Selbstvertrauen und die positive Einschätzung der eigenen Fähigkeiten zunehmend schwindet, erwies sich als richtig. Eigene Aktivitäten im *Biografischen und Kreativen Schreiben* waren für viele Adressaten nicht vorstellbar.

Der Besuch in einer Einrichtung, die im Auftrag des Jobcenters Langzeitarbeitslose in Fortbildungsmaßnahmen betreut, war ebenso nicht sehr erfolgreich. Es war erkennbar, dass die Adressaten nur zum Teil freiwillig an den Maßnahmen des Trägers teilnahmen. Infolgedessen zeigte ein Großteil Argwohn gegenüber diesem Angebot, das ich ihnen unterbreitete. Offenbar wurde befürchtet, dass über die zu erstellenden eigenen Texte Informationen an die Jobcenter weitergeleitet würden, die gegen sie verwendet werden könnten.

Bis zum Kursbeginn konnten nach einem zweimonatigen Vorlauf schließlich neun Teilnehmende für das Pilotprojekt gewonnen werden, von denen sieben zum Auftakttermin erschienen und zunächst ihre Bereitschaft bekundeten, den Kurs vollständig zu durchlaufen. An dieser Stelle darf bereits erwähnt werden, dass letztlich fünf Teilnehmende bis zum zwölften und letzten Termin an der Veranstaltung teilnahmen.

9. Kursverlauf

9.1 Übersicht zum Verlauf

Die Schreibaktivität wurde an zwölf Abenden vom 2. April bis zum 2. Juli 2014 durchgeführt. Die jeweilige Sitzungsdauer betrug dreieinhalb Stunden mit je einer viertelstündigen Pause. Die ersten neun Sitzungen fanden im Freizeitheim Linden statt, die letzten drei in den Räumen, die uns dankenswerterweise von einer politischen Partei zur Verfügung gestellt wurden. Der Grund für diese Orts-änderung war, dass in dem Freizeitheim Liveübertragungen von der Fußball-WM stattfanden, die mit einem unzumutbaren Lärmpegel verbunden waren – eine Gruppenarbeit war dort nicht mehr möglich.

Die Anzahl der Teilnehmenden veränderte sich im Laufe der Veranstaltung. Von elf ursprünglich angemeldeten Personen erschienen sieben in den ersten beiden Sitzungen. Ab der dritten Sitzung pegelte sich die Zahl der Teilnehmenden bei durchschnittlich fünf Personen ein und konnte bis zum Schluss gehalten werden (drei Frauen, zwei Männer, alle im Alter zwischen fünfzig und sechzig Jahren). In der fünften Sitzung manifestierte sich ein Konflikt zwischen einer Teilnehmerin und anderen Teilnehmenden, der dann erheblich eskalierte. Da diese Teilnehmerin einerseits ein recht problematisches Konfliktverhalten zeigte und andererseits nicht bereit bzw. in der Lage war, kooperierend mit dem Rest der Gruppe zur Konflikt-bewältigung beizutragen, bestand die Gefahr, dass ein Großteil der anderen Teil-nehmenden den Kurs abbrechen könnte. Die Konfliktbewältigung in der Gruppe beanspruchte einen erheblichen Teil der Zeit in dieser Sitzung. Schließlich verließ diese Teilnehmerin den Kurs, was von den anderen Teilnehmenden mit Er-leichterung zur Kenntnis genommen wurde. Danach konnten – abgesehen von marginalen Konflikten – die Gruppensitzungen bis zum Schluss in einer weit-gehend entspannten und solidarischen Atmosphäre fortgesetzt werden.

Die nach den im erarbeiteten Konzept vorgesehenen Schreibübungen bildeten die Arbeitsgrundlage und konnten im Rahmen der Veranstaltung sämtlich durchgeführt werden. Festgestellt werden konnte eine sehr große Offenheit und Bereitschaft, sich inhaltlich mit den Vorgaben auseinanderzusetzen. Überraschend war anfangs, dass nach dem Vorlesen einzelner Texte ein hohes Interesse bestand, sich im Gruppengespräch mit den Aussagen in den Texten auseinanderzusetzen und Ana-logien zu den eigenen Erfahrungen heranzuziehen. Dieses Verfahren wurde bald zur ständigen Übung, was deutlich machte, dass in der Gruppe ein großes Bedürf-nis nach Austausch solcher Erfahrungen bestand. Es zeigte sich in solchen Dis-kussionen und bei der Problematisierung gesellschaftlicher Bedingungen außerdem, dass sich bei den Teilnehmenden ein wachsendes politisches Bewusstsein herausbildete, wohl auch vor dem Hintergrund ihrer negativen Erfahrungen mit Arbeitslosigkeit.

Die bewusst gewählte Mischung von Textformen, die sowohl ernsthafte als auch heitere Gruppenstimmungen erzeugten, wurde von den Teilnehmenden als angenehm und kurzweilig empfunden. Die Beteiligung an fakultativen Hausaufgaben war höher als erwartet. Das Vorlesen der jeweiligen Texte zu Beginn einer Sitzung stimmte die Gruppe stets gut auf die kommenden Schreibaufgaben ein. Die von Beginn an abgesicherte Möglichkeit, selbst entscheiden zu können, ob ein geschriebener Text vorgelesen werden soll, wurde als entlastend und fair eingestuft. Allerdings machten die Teilnehmenden nur in Ausnahmefällen davon Gebrauch, auf das Vorlesen eines eigenen Textes zu verzichten.

Während des gesamten Kurses wurden die Teilnehmenden dazu ermutigt, auch außerhalb der Veranstaltung sich ergebende Textanregungen aufzugreifen und in Skizzen, Kurzgeschichten und Gedichten zu verarbeiten. Dies wurde teilweise realisiert und dann jeweils mit Stolz der Gruppe vorgetragen. Auch nahmen sich einige Teilnehmende vor, ihre Schreibtätigkeit künftig weiterzuführen. Das besondere Interesse daran verbanden die Teilnehmenden mit der Frage, ob und gegebenenfalls wann sie ihre Schreibinteressen im Rahmen eines anderen Schreibgruppenangebotes über die RLS fortführen könnten.

Der Verlauf des Kurses insgesamt zeigte, dass alle Teilnehmenden die Aufgaben individuell interpretierten und umsetzten. Einige hielten sich eng an die Vorgaben, während andere lockerer damit umgingen. Die Teilnehmerin M. nahm sich bspw. mehr Freiheiten und ging ihrer Vorliebe für collagenartige Poesie nach, was allerdings von anderen Teilnehmenden mehrfach kritisiert wurde.

9.2   Verlauf der Sitzungstermine

<u>Hinweis:</u> Zur Wahrung der Anonymität sind in der folgenden Verlaufsbeschreibung die Namen der Teilnehmenden auf ihre jeweiligen Anfangsbuchstaben beschränkt.

Erste Sitzung (7 Teilnehmende)

Das erste Zusammentreffen der Teilnehmenden dient vornehmlich der Orientierung. Dazu gehören eine kurze Vorstellung aller Anwesenden, die Klärung organisatorischer Fragen und des Umgangs miteinander (Du oder Sie), eine Klärung erster inhaltlicher Fragen, die den Einzelnen auf der Seele brennen, sowie ein Ausblick auf die gesamte Veranstaltungsreihe mit zwölf Terminen. Dazu wird vom Kursleiter ein grundlegender Einblick in die Möglichkeiten des biografischen und kreativen Schreibens gegeben. Im weiteren Verlauf der Sitzung sollen erste Schreiberfahrungen vermittelt und gesammelt werden.

Die Sitzordnung (Stuhlkreis um eine in der Mitte angeordnete Dekoration) wird als situationsangemessen und einladend empfunden. Für alle ist es ein sinnvoller Vorschlag, miteinander per Du zu verkehren. Die Begrüßung und die Einleitungsphase werden durch mehrere Unterbrechungen (Begrüßung durch die Vertreterin des Veranstalters "Rosa-Luxemburg-Stiftung", vorzeitige Verabschiedung eines Gruppenmitgliedes) verzögert. Die Anregung, die verlorene Zeit nachzuholen und die noch zu schreibenden Texte von allen Teilnehmenden vorlesen zu lassen, wird sehr bereitwillig aufgegriffen mit dem Hinweis, man habe ja auch etwas später angefangen. Die hohe Motivationslage der Teilnehmenden wird auch dadurch deutlich.

In der ersten Übung soll ein Akrostichon zum eigenen Vornamen geschrieben werden. Nach kurzer Erklärung fühlen sich alle Teilnehmenden in der Lage, so etwas zustande zu bringen. A., die wegen eines anderen Termins absprachegemäß erst später dazukommt, hat ihr Akrostichon bereits fertig mitgebracht. Die einzelnen Beiträge befassen sich sehr ernsthaft mit der jeweiligen Situation ihrer Verfasser, es kommen beeindruckende Ergebnisse zustande.

Ein erster Schreibimpuls zu dem Thema „*Was ich mir von dem Seminar erhoffe*" erfolgt in einem fünfminütigem Austausch in Dreiergruppen, anschließend wird in dreißig Minuten Schreibzeit ein Text dazu erstellt. Es entstehen authentische Texte, die teilweise sehr differenziert die Situation der Schreibenden schildern und gerade wegen ihrer ungeschminkten Eindringlichkeit sehr beeindrucken. Beim Vorlesen sind die Teilnehmenden in der Gruppe insgesamt sehr beeindruckt von der Wucht dessen, was sie an Einzelschicksalen zu hören bekamen. Auf Nachfrage wird zum Schluss des Vorlesens deutlich, dass es eine erkennbar hohe Bereitschaft gibt, auf dem beschrittenen Wege weiterzugehen.

Der Vorschlag zur Hausaufgabe bis zur nächsten Sitzung (Persönlicher Steckbrief) wird als witzige und zugleich sinnvolle Idee gern aufgegriffen und als Möglichkeit erkannt, sich beim nächsten Mal noch näher kennenzulernen.

Trotz der organisatorischen Widrigkeiten zu Beginn (teilweise verspätetes Eintreffen, späteres Dazukommen und früheres Verabschieden) ist der erste Termin als sehr gelungener Auftakt zu betrachten – dies vor allem vor dem Hintergrund der deutlich gewordenen hohen Motivation der Teilnehmenden. Die dieser Gruppe innewohnende Kraft ist bemerkenswert.

Zweite Sitzung (7 Teilnehmende)

Die Sitzungen zwei, drei und vier werden sich mit der Frage beschäftigen, wie die einzelnen Teilnehmenden zu den Persönlichkeiten wurden, die sie heute sind. In dieser zweiten Sitzung bezieht sich diese Fragestellung speziell auf die wichtigen Lebensabschnitte, die jeweils durchlaufen wurden. Es gibt eine leichte personelle Veränderung: N. ist endgültig aus der Gruppe ausgeschieden, U. ist hinzugekommen, muss allerdings schon früher wieder gehen. Ihr zwischenzeitlicher Auftritt in der Gruppe ist für die anderen irritierend, da sie egozentrisch wirkt und in nicht sehr vermittelnder Art mit den Beiträgen der anderen Teilnehmenden umgeht.

Nach der Begrüßung und einer kurzen Klärung der zwischenzeitlich aufgekommenen Fragen heften alle ihren zuhause erstellten *„Persönlichen Steckbrief"* an die Wand, so dass die Teilnehmenden (mit Musikuntermalung) alle Steckbriefe begutachten können. Im Anschluss werden zu den einzelnen Beiträgen Rückfragen gestellt und Analogien zu dem eigenen Lebenslauf hervorgehoben. Am Schicksal der jeweils Anderen ist man sehr interessiert, entsprechend wird nachgefragt und Anregungen gegeben.

Im Rahmen der nächsten Übung stellen die Teilnehmenden grafisch auf einem DIN-A3-Bogen ihrer eigenen Lebensstationen und das auf und ab ihrer eigenen Biografie dar, anschließend wird das Resultat den anderen Teilnehmenden präsentiert. Diese Ergebnisse wirken so auch auf die Ersteller der jeweiligen Grafik überraschend.

Aus dieser Übung resultiert der nächste Textimpuls: *„Die entscheidende Weichenstellung war für mich…"*. In einer Inkubationsphase berichtet jeweils eine Person einer anderen von ihrer entscheidenden Weichenstellung (Zeit: zehn Minuten). Danach sind dreißig Minuten Schreibzeit zum Verfassen eines entsprechenden Textes vorgesehen. Das anschließende Vorlesen der Textresultate bietet wieder überraschende Ergebnisse und eindrucksvolle Texte.

Als Hausaufgabe soll ein Text zu der Überschrift *„Ein Tag, der für mich alles veränderte"* geschrieben werden. Hierzu gibt es einige Nachfragen hinsichtlich der Intention dieser Aufgabe.

In der abschließenden Runde wird deutlich, dass die durch U. ausgelöste Unruhe zu Beginn und bis zum Schreiben des Haupttextes die Teilnehmenden gestört hat – allerdings ohne dass ihr Name genannt wird. Ob U. selbst dies registriert, für sich bewertet und daraus Schlüsse im Sinne künftigen Verhaltens zieht, die den übergeordneten Gruppeninteresse gerecht werden, ist nicht erkennbar.

Dritte Sitzung (6 Teilnehmende)

Im Mittelpunkt der dritten Sitzung steht die Förderung einschneidender Erlebnisse, die von den Teilnehmenden erinnert werden.

Die unerfreulichen Ereignisse um U. werden in der Begrüßungsrunde nicht mehr erwähnt. Dennoch nimmt diese Sitzung eine insgesamt unglücklichen Verlauf. Weil Mo. in der zweiten Sitzung ein eigenes Gedicht vortragen wollte, dies aber wegen der hektischen Aufbruchstimmung zeitlich nicht mehr möglich war, möchte sie es nun vorlesen. Ich deute die Reaktionen der anderen Teilnehmenden als Zustimmung und bitte Mo., der Runde das Gedicht vorzutragen. Das Gedicht gerät sehr lang, und irgendwann wird die Gruppe unruhig. Dies ändert sich auch nicht, nachdem Mo. das Vorlesen beendet hat.

Beim anschließenden Vorlesen der Hausaufgaben hören wir vier eindrucksvolle Texte (Ma., E., S., A.), aber auch zwei, in denen die Vorgaben weitgehend ignoriert wurden (Mo., U.). Die anschließende Diskussion zu den jeweils angesprochenen Textthemen gerät zu lang, auch weil ich dies in meiner angestrebten Laissez-faire-Haltung zulasse. A. mahnt daher berechtigterweise an, dass man zum Schreiben und nicht ausschließlich zum Textdeuten zusammengekommen sei. In diesem Zusammenhang weise ich darauf hin, dass beide Ansinnen berechtigt sind, dass also neben dem Schreiben der Texte auch das Hören der anderen Texte für die Auseinandersetzung mit dem Thema und damit für die Zielerreichung des Kurses wichtig sei.

Im Laufe der Sitzung manifestiert sich ein Konflikt zwischen U. und Mo., in dem U. mehrfach unangemessen und im patzigen Ton auf Beiträge Mo. reagiert. Dieser Konflikt schaukelt sich wechselseitig auf, wobei die Aggressionen eindeutig von U. ausgehen. Bei einer Gelegenheit bitte ich zwischenzeitlich U. nach draußen und fordere Sie unter vier Augen auf, Auseinandersetzung in einer angemessenen, sozialadäquaten Form zu führen, da sonst die Gruppensituation beeinträchtigt wird. Außerdem bitte ich Sie, mit Mo. unter vier Augen ein klärendes Gespräch zu führen. Dieses Gespräch findet dann statt, und der Konflikt scheint damit bereinigt zu sein.

Nach einem *„ABC-Darium der wichtigsten Erlebnisse in meinem Leben"*, über das die entscheidenden Lebenserinnerungen noch einmal verdichtet rückerinnert werden können, werden die Karten zu unterschiedlichen psychischen und physischen Gefahrensituationen ausgebreitet. Die Teilnehmenden wählen sich ihre Karte aus und entwickeln ein Cluster zu ihrer größten Lebenskrise. Dies ist die Grundlage für einen Prosatext mit fünfundzwanzig Minuten Schreibzeit. A. und M. schreiben über ihre Arbeitslosigkeit mit jeweils beeindruckenden Inhalten. E. beschreibt einen schweren Unfall – ebenso S., die dies mit dem Hinweis verbindet, seitdem mehr selbst gefahren zu sein. M. schreibt und liest lediglich stichpunktartig vor, was A. und S. bemängeln, weil die dahinter stehende Geschichte für sie nur schwierig nachzuvollziehen sei. Beide bitten M., ihre Texte künftig in Prosaform zu schreiben und vorzulesen. U. hält sich nicht an das abgesprochene Vorgehen, ist schnell fertig und liest einen Text vor, in dem sie offenkundig die Begriffe *Manipulation* und *Mobbing* verwechselt. Eine Diskussion in der Gruppe darüber führt zu einer eindeutigen Begriffsklärung für alle.

Für die Hausarbeit werden Arbeitspapiere zum *Heilenden Schreiben* nach Pennebaker verteilt. Das Vorgehen nach diesem Konzept wird erläutert und Nachfragen werden geklärt. Außerdem erfolgt der Hinweis, dass beim nächsten Mal die entstandenen Texte nicht vorgelesen werden, schon weil sie zu persönlich sein werden. Stattdessen sollen Berichte über die persönlichen Erfahrungen mit diesem Schreiben erfolgen.

In der Abschlussrunde wird noch einmal deutlich, dass ein Großteil der Teilnehmenden mit dem Sitzungsverlauf nicht zufrieden waren. Die deshalb geäußerte Kritik kann ich im Rückblick nachvollziehen und folgende Eigenkritik üben:

• Ma. zu erlauben, ein außerhalb des Kurses verfasstes Gedicht vorzulesen, wurde von der Gruppe als störend und als *Gewähren einer Extrawurst* empfunden (und somit als eine durch andere Teilnehmende erlebte Herabsetzung)
• Die Textdiskussionen über die in der zweiten Sitzung aufgegebenen Hausarbeit uferten aus, was zu Unmut führte
• Eine zu weit gehende Laissez-faire-Haltung der Leitung ist – ungeachtet der Rolle der Leitung in einer nach den Prinzipien der TZI arbeitenden Gruppe – erkennbar ungeeignet in einer Gruppensituation, in der sich solche Spannungen zwischen einzelnen Personen manifestieren. In solchen Fällen ist mehr Disziplin anzustreben und einzufordern
• Trotz dieser Probleme ist festzuhalten, dass das Steuern des Konflikts zwischen U. und Ma. – sowohl innerhalb der Gruppe als auch außerhalb in Einzelgesprächen – letztlich gelang.

Vierte Sitzung (5 Teilnehmende)

Auch in dieser Sitzung wird nochmals ein Blick in die Vergangenheit gerichtet, diesmal zu der Frage, welche Personen einen negativen oder positiven Einfluss auf das eigene Leben hatten.

Nach den Ereignissen während der letzten Sitzung verläuft die heutige Sitzung mit fünf Personen merklich lockerer. Zu Beginn kündige ich an, dass sich künftig auf mehr Disziplin bei der Einhaltung des Zeitplans achten werde. Dies stößt auf allgemeine Zustimmung.

Die Teilnehmenden berichten nun über ihre Erfahrungen mit dem „Expressiven Schreiben" nach Pennebaker:

• Mo. berichtet über ihre Erfahrungen eingehend und nachvollziehbar. Es wird deutlich, dass sie sich – wie so oft – nicht an die Vorgaben gehalten hat
• E. hat das halbe vorgegebene Pensum geschafft. Er berichtet von dem Problem, über das er geschrieben hat. Ein Kollege von ihm, mit dem er im Auto unterwegs gewesen war, hatte sich während einer Fahrtpause im Wald erhängt. Seitdem quälen ihn Selbstvorwürfe, nicht alles Nötige dagegen getan zu haben. Er wird

noch an zwei weiteren Tagen zu dem Thema schreiben und der Gruppe dann berichten

• Drei weitere Teilnehmende (Ma., U., S.) haben nichts geschrieben mit der Begründung, es nicht geschafft zu haben. Nach den Berichten der beiden anderen Teilnehmenden wollen sie dies nun nachholen.

Es erfolgt nun der Einstieg in das kreative Schreiben. Zu Beginn wird der Unterschied zwischen dem biografischen und dem kreativen Schreiben erklärt. Anschließend wird in das Muster und die Regeln für ein Elfchen eingeführt. Die Teilnehmenden schreiben nun je ein Elfchen über eine Person mit positivem und einem mit negativem Einfluss. Anschließend werden die beeindruckenden Erstlingswerke vorgelesen.

Danach folgt eine fünfminütiges Brainstorming zu der Frage, von welchen Personen man aus Furcht vor Sanktionen die Zunge hüten müsse. Insgesamt siebzehn Typen werden aufgelistet, die Liste zeigt deutlich, gegen welche Zeitgenossen ein besonderes Misstrauen herrscht:

• Weihnachtsmann
• Hausbesitzer
• Vermieter
• Kontrolleur
• Zollbeamter
• Verkäufer
• Narzisst
• Nazi
• Gewinnmaximierungsmonster
• Arbeitskollege
• Jobcenter-Mitarbeiter
• Bildungsträger-Mitarbeiter
• Finanzbeamter
• Banker
• Versicherungsvertreter
• Motivations-Coach
• Nachbarn.

Es erfolgt ein zehnminütiger Austausch in der Kleingruppe, anschließend wird mit einem Zeitlimit von fünfundzwanzig Minuten ein Text zu dieser Fragestellung verfasst. Es werden danach nachvollziehbare und sehr beeindruckende Texte vorgelesen:

- Ma. schreibt sich seinen Ärger von der Seele, indem er eine Person, die ihn in einer besonderen Situation unterdrückt hat, direkt anspricht
- S. schreibt einen Text zu einem ähnlichen Sachverhalt, beschreibt die Person allerdings indirekt
- Mo. schreibt ein Gedicht zu diesem Problem
- E. schreibt eine Analyse zu dieser Frage, in dem Machtmechanismen aufgedeckt werden
- U. schreibt einen eindrucksvollen Text, in dem sie ein Erlebnis regelrecht analysiert.

Insgesamt ist die Gruppe nach dem Vorlesen merklich von der Tiefe dieser Texte ergriffen und in sich gekehrt.

Als Hausaufgabe soll eine Skizze über eine Person geschrieben werden, die im Jobcenter beobachtet wird.

Zum Abschluss liest U. mit Erlaubnis der Gruppe einen ca. zehnminütigen Text, den Sie als Kabarettnummer für einen späteren Auftritt verfasst hat. Die verarbeiteten Themen sind zeitgemäß und treffend gewählt. Ihr Vorlesen bildet einen runden Abschluss für eine Sitzung, die im Kontrast zur vorherigen Sitzung in lockerer und gelöster Stimmung ablief. Die Gruppe nimmt den Text mit Wohlwollen auf.

Zwischenzeitlicher Hinweis zur Kontinuität der Sitzungen

Bereits in der Zeitplanung war urlaubsbedingt nach der vierten Sitzung eine zweiwöchige Pause vorgesehen. Aufgrund einer unvorhergesehenen Erkrankung muss nun die nächste Sitzung erneut ausfallen, so dass insgesamt eine Lücke von drei Wochen entsteht. Vor diesem Hintergrund befürchte ich, es könne zu einem Bruch der Kontinuität bei der Teilnahme kommen, zumal von den ursprünglich sieben Teilnehmenden nur noch fünf mitmachen. Es bleibt also abzuwarten, ob die Teilnehmerzahl gehalten werden kann.

Fünfte Sitzung (5 Teilnehmende)

Für die nächsten drei Sitzungen steht eine Auseinandersetzung der Teilnehmenden mit ihrer gegenwärtigen Situation im Mittelpunkt. In dieser Sitzung soll die Erstellung einer persönlichen Lebensbilanz erfolgen.

Schon zu Beginn dieser Sitzung kommt es zu einem Zwischenfall, der es erforderlich macht, diese Störung vorrangig zu behandeln. Eine flapsige Bemerkung U. wird von Mo. als grenzüberschreitend und verletzend wahrgenommen. Sie wirft vor U. demonstrativ ihre Schreibmappe auf den Boden und verlässt erregt den Gruppenraum. Nach einigen Minuten lässt sich Mo. dazu bewegen, in die Gruppe zurückzukehren und ihre Wahrnehmung zu dem Vorfall der Gruppe mitzuteilen. U. ist weder zu Zugeständnissen in der Sache noch zu einer Aussprache zu dem Vorfall bereit. Sie beharrt darauf, ihr unangemessenes Verhalten sei richtig gewesen. Nach mehreren Versuchen durch mehrere Teilnehmende und durch mich erklärt Mo. ihre Nichtbereitschaft zur weiteren Teilnahme, falls U. nicht einlenkt und zu einer Aussprache bereit ist. Daraufhin verlässt wiederum U. den Raum. Draußen vor der Tür kann U. von mir dazu gebracht werden, ein Gespräch unter vier Augen mit Mo. zu führen, um den Konflikt zu bearbeiten. U. willigt ein, und Mo. wird gebeten, draußen mit U. das Gespräch zu führen. Sie geht hinaus und kommt nach einigen Minuten wieder herein mit der Erklärung, U. sei mit den Worten gegangen, die Gruppe verlassen zu wollen. Die anderen, in der Gruppe verbliebenen Teilnehmenden sind über diese Entwicklung erleichtert. Sie äußern ihre Befürchtung, dass sich ansonsten solche von U. ausgelösten Konflikte immer wieder ereignen würden. Sie halten U. für erkennbar nicht gruppenfähig.

Nach einer Pause werden nun endlich die Texte der Hausaufgabe vorgelesen. Es sind einige gelungene Skizzen über Personen, die im Jobcenter beobachtet wurden. S. hat sich nicht direkt an die Vorgaben gehalten, sondern einen Text über eine Beobachtung in der U-Bahn geschrieben.

Zur eigenen Lebensbilanz sollen nun in tabellarischer Form positive und negative Erfahrungen oder Erlebnisse aufgelistet werden. Daraus wird anschließend in einem Cluster die Vorbereitung zu dem Text „Meine persönliche Lebensbilanz" entwickelt. Für das Schreiben werden, um die verlorene Zeit zu Beginn der Sitzung aufzuholen, lediglich zwanzig Minuten angesetzt, und die anschließende Pause wird auf fünf Minuten gekürzt. Zu Beginn des Vorlesens wird auf meine Nachfrage festgestellt, dass die gekürzte Schreibzeit von den Teilnehmenden als ausreichend erachtet wird. Auch hier werden wieder sehr persönliche, berührende Texte vorgelesen.

Das abschließende Besprechen der Hausaufgabe für die nächste Sitzung löst zunächst Irritationen aus. Die Intention des Titels „Warum wir lachen, wenn Kleine den Großen ein Schnippchen schlagen" erschließt sich nicht sofort allen Teilnehmenden. Nach einer kurzen Erklärungszeit und entsprechende Nachfragen haben dann schließlich alle verstanden, welchen Sinn dieser Text haben soll.

Trotz verkürzter Schreibzeit und kürzerer Pause wird die Sitzungszeit um fünfzehn Minuten überzogen, was von den Teilnehmenden in diesem besonderen Fall aber als sinnvoll angesehen wird.

Sechste Sitzung (5 Teilnehmende)

U. ist erwartungsgemäß nicht wieder erschienen. Nachdem sie erklärt hatte, aus der Gruppe auszuscheiden, hatte ich ihr im Hinblick auf die Gruppensituation noch einmal schriftlich mitgeteilt, dass sie künftig nicht mehr teilnehmen könne. Eine andere Teilnehmerin, die sich vorher zu zwei Sitzungen wegen Krankheit entschuldigte, ist nun wieder hinzugestoßen, so dass die Teilnehmerzahl gehalten werden kann.

In dieser Sitzung stehen persönliche Erfolge und das Durchhaltevermögen im Mittelpunkt der Texterstellung. Weil sich in der Zwischenzeit mehrere Texte von zwischenzeitlich fehlenden Teilnehmenden angesammelt haben, werden diese nun vorgelesen. S. berichtet anschließend über ihre Erfahrungen mit dem *Expressiven Schreiben*. Die Erfahrungen damit haben sie so stark beeindruckt, dass sie diese Methode auch in Zukunft nutzen will.

Danach wird das Muster der japanischen Gedichtsformen Haiku und Tanka erklärt. Zum Thema Durchhalten wird nun von allen ein Tanka verfasst, wobei zehn Minuten für das Schreiben und zehn Minuten für das Vorlesen vorgesehen sind. Auch diese Resultate sind für alle Teilnehmenden und für mich beeindruckend authentisch.

A. erklärt an diesem Punkt, dass sie sich aufgrund ihrer Hypersensibilität insgesamt von der Gruppensituation und den Übungen überfordert fühlt. Sie sei diesmal nur gekommen, um den Gruppenerhalt zu sichern. In einem Einzelgespräch mache ich er deutlich, dass sie eine Entscheidung für sich persönlich und nicht für die Gruppe zu treffen habe. Daraufhin verabschiedet sie sich von den anderen Teilnehmenden und verlässt die Gruppe.

Es folgt nun ein Schreibimpuls zum Thema *„Persönlicher Triumph"*. Zur Inkubation werden in Zweiergruppen Erfahrungen dazu ausgetauscht, für jede Person sind fünf Minuten Redezeit vorgesehen. Für die Texterstellung werden fünfundzwanzig Minuten veranschlagt. Beim an die Pause anschließenden Vorlesen werden wieder sehr persönliche Texte zu Gehör gebracht.

Gegen Ende wird die Hausaufgabe für den nächsten Termin besprochen. Es soll ein Text zu der Frage *„Was macht uns stark?"* geschrieben werden.

In der Schlussrunde wird noch einmal deutlich, dass A. Weggang aus der Gruppe als Verlust für die restlichen Anwesenden begriffen wird. Trotz ihres Abschieds aus der Gruppe kann die Gruppenstärke künftig gehalten werden, weil C. nach einer zwischenzeitlichen, krankheitsbedingten Fehlzeit wieder zu der Gruppe stößt.

Siebte Sitzung (5 Teilnehmende)

In dieser Sitzung ist das übergeordnete Ziel, persönliche Klärungen zu der Frage zu erlangen, woraus die Teilnehmenden für die Zukunft Kraft und Selbstvertrauen schöpfen können. Es geht also um die Selbstvergewisserung eigener Stärken.

In den vorzulesenden Texten aus der Hausaufgabe wird darauf eingestimmt. In S. Text finden sich eine Vielzahl einzelner Sachverhalte und Tätigkeiten, aus denen sie Kraft schöpft. Es wird deutlich, dass es vor allem kleine und unscheinbare Dinge sind, an denen sie sich aufrichten kann. In der anschließenden Reflexion zeigt sie sich sehr überrascht, dass sie in ihrem Text so viele Einzelheiten zusammentragen konnte. Die Textbeiträge der anderen Teilnehmenden weisen ebenfalls auf dieses Phänomen hin, dass sich die eigene Stärke weniger in großen, besonders auffälligen Leistungen zeigt als vielmehr in kleinen, vordergründig unscheinbaren Leistungen.

Ein anschließend zu schreibendes Akrostichon zum jeweiligen Vor- und Zunamen wird zu der Frage geschrieben: *„Was gibt mir Kraft und Selbstvertrauen?"* Hierbei bilden sich bei den Teilnehmenden zwei Personen heraus, die in jeweils andere Extreme streben. Während E. sehr rational Sachverhalte und Vorgehen auflistet, liefert S. sehr emotionale Begründungen. Bei dem Rest der Teilnehmenden finden sich eher gemischte Aussagen. Zwischenzeitlich gibt es immer wieder – angeregt durch die vorgebrachten Antworten – lebhafte Diskussionen um die Inhalte. Geklärt werden zum Beispiel die Fragen:

• Was ist eigentlich Stärke?
• Welche Verhaltensweisen dieser Gesellschaft sind sinnvoll?
• Welche Veränderungen hat es im Laufe der Zeit (Vergleich früher/heute) gegeben?

Einer Kartenabfrage leitet die Erstellung des Haupttextes „*Wie ich meine größte Herausforderung bewältigte"* ein. Dazu werden die jeweils größtmöglichen Herausforderungen für den Einzelnen auf Karten geschrieben, thematisch an der Moderationswand geordnet und der Gruppe vorgestellt. Für die Erstellung des Textes werden fünfundzwanzig Minuten veranschlagt. Auffällig ist, dass alle ohne weiteres Nachdenken sofort ins Schreiben finden. Die nach der Pause vorgelesenen Texte finden ein unterschiedliches Echo. Als Mo. ihren Text vorgelesen hat, wird sie von S. kritisiert mit dem Hinweis, dass sie sich wieder einmal – wie so oft – nicht an die Textvorgabe gehalten habe, sondern irgendetwas anderes geschrieben habe, was ihr gerade wichtig sei. Auch kritisiert sie, dass Mo. ihre Texte meistens entweder in Poesieform oder bruchstückhaft verfasse. Die Diskussion darüber eskaliert, und die Störung muss anschließend von der Gruppe bearbeitet werden. Hierbei zeigt sich, dass sich die Gruppenkompetenz erhöht hat und sie nun einen wesentlichen Einfluss bei der Bewältigung von Konflikten ausüben kann. Offenbar ist sie aus dem vorherigen Konflikt zwischen U. und Mo. gestärkt hervorgegangen.

Als Hausaufgabe wird vereinbart, ein Zwischenfazit unter dem Titel „*Was bringt uns das biografische und kreative Schreiben?"* zu verfassen. Aufgrund der Bearbeitung des Konflikts zwischen Monika und Susanne endet diese Sitzung fünfundzwanzig Minuten später als geplant.

Achte Sitzung (5 Teilnehmende)

In den folgenden drei Sitzungen soll der Blick in die Zukunft gerichtet werden. In dieser Sitzung geht es darum, eine persönliche Zukunft zu beschreiben, die durch die Erfüllung kleinerer Wünsche lebenswert ist.

Zu Beginn werden die Hausaufgaben vorgelesen:

- Ma. liest den Text zu einer früheren Hausaufgabe zu dem Thema: „*Was macht mich stark?"* Er schreibt dabei sehr anrührend über ein Naturerlebnis (Paddelurlaub an der Schlei), an dem er sich aufrichten kann
- C. liest ihren sehr gelungenen Text „*Was bringt mir und anderen das Biografische und Kreative Schreiben?"*
- E. schreibt über seine Reflexionen zu dem Thema und zu seinem persönlichen Resümee. Demnach muss er sich beschränken, mit dem zufriedengeben, was sich ihm heute bietet. Auch beklagt er den Verlust früherer Privilegien: „*Früher legten sie mir einen roten Teppich aus, und zum Abschied gab es Blumen. Das fehlt heute."*

• Mo. präsentiert einen Text mit anrührendem Inhalt, der allerdings wenig Bezug zum gesetzten Thema aufweist

• S. hatte keine Zeit, einen Text zu verfassen.

Nun wird ein Gedicht zu dem Thema *„Gestern – Heute – Morgen"* verfasst. Es entstehen durchweg gelungene Texte, teilweise sogar in Reimen, was nicht gefordert war. Es kommt Interessantes, Tiefgehendes und Witziges zu Gehör. Die Gruppe lacht befreit.

In einem fünfmünütigen Brainstorming werden nun Begriffe zu dem Thema erfasst: *„Was brauche ich für eine gute Zukunft?"* Folgende Begriffe werden genannt: Mut, Kraft, Ausdauer, Beharrlichkeit, Unterstützung, Geduld, intakter Computer, Gelassenheit, Humor, Licht, Liebe, Freude, Schubladen, Job, Geld, gute Literatur, Urlaub, Freizeit, Freunde, Obst, Gemüse, Körner, Nüsse und ruhiges Arbeitszimmer.

Mit diesem Impulsen soll in dreißig Minuten ein Text verfasst werden. Die verwendeten Begriffe können wahlweise aus der Liste benutzt oder frei hinzugesetzt werden. Beim anschließenden Vorlesen kommen durchweg gute Texte mit Tiefgang zu Gehör.

Zur Hausarbeit für die nächste Sitzung soll ein kreativer Text geschrieben werden mit der Überschrift: *„An einem Montagmorgen im Jahr 2020..."*

In der Abschlussrunde wird übereinstimmend festgestellt, dass sich die Gruppensituation merklich gefestigt hat, dass Konflikte weitgehend überwunden zu sein scheinen und ein sehr konstruktives Arbeitsklima entstanden ist.

Neunte Sitzung (5 Teilnehmende)

In der neunten Sitzung ist der Blick wiederum in die Zukunft gerichtet. Die Weiterentwicklung des Selbstwertgefühls der Teilnehmenden steht diesmal im Vordergrund.

Die Ergebnisse der letzten Hausarbeit zu dem Thema *„An einem Montagmorgen im Jahr 2020..."* werden vorgelesen. Alle Texte sind hörenswert. E., Ma. und Mo. sind pessimistisch gestimmt und beschreiben eine eher negative Entwicklung in der Zukunft, während S. und C. Wünsche und eine positive Entwicklung in ihre Texte legen und in denen sie ihren Tagträumen nachgehen. An diese Lesung schließt sich eine längere Diskussion an, in der es vornehmlich um optimistische und pessimistische Grundeinstellungen von Menschen und die Möglichkeiten zur Lenkung des eigenen Schicksals geht.

Nun werden drei Elfchen geschrieben zu den größten Hindernissen, die es noch zu überwinden gilt. Für C. ist diese Gedichtform noch unbekannt. Nach kurzer Erklärung ist sie bereit und in der Lage, selbst drei Elfchen zu schreiben. Alle Textergebnisse sind sehr überzeugend und authentisch. Mo. schreibt neben den drei Elfchen augenzwinkernd noch ein *Zwölfchen*.

In der folgenden Pause ist von außen sehr laute Musik zu hören. Auf Nachfrage erfahren wir, dass es sich um einen Soundcheck handele und dass ab morgen täglich mit dieser Lautstärke zu rechnen sei, weil die Spiele der Fußballweltmeisterschaft auf einer Großbildleinwand im angeschlossenen Biergarten übertragen würden. Es stellt sich heraus, dass im gesamten Haus in den nächsten Wochen keine ruhige Arbeitsmöglichkeit für eine Schreibgruppe geboten werden kann, so dass ein Umzug notwendig erscheint. Nach einigen Telefonaten kann die weitere Gruppenarbeit in einem zur Verfügung gestellten größeren Büroraum sichergestellt werden, der kostenfrei zur Verfügung gestellt wird.

Nun erfolgt ein Schreibimpuls zu der Frage *„Was ist Selbstbewusstsein?"* Dazu wird ein Cluster gebildet, das die Fragen klären soll, wie Selbstbewusstsein definiert wird, wie er sich äußert und was man dazu braucht. Anschließend bleiben fünfundzwanzig Minuten Schreibzeit, um einen entsprechenden Text zu verfassen. Nach einer weiteren kurzen Pause werden diese Texte vorgelesen. Herausgearbeitet wird, dass eine klare Vorstellung darüber herrscht, was die Verbesserung des Selbstbewusstseins für die persönliche Entwicklung bedeuten kann.

Für die nächste Hausarbeit wird aufgegeben, einen Brief aus der Zukunft in die Gruppe zu schreiben. In dem Brief soll mitgeteilt werden, welche Verhaltensstrategien sich als erfolgreich erwiesen haben.

In der Schlussrunde wird noch einmal bedauert, dass eine Weiterarbeit wegen des Lärms in diesem Haus nicht mehr möglich sein wird. Dies wird verbunden mit der Befürchtung, künftig noch schlechtere Bedingungen vorzufinden.

Zehnte Sitzung (5 Teilnehmende)

Auch wenn in dieser Sitzung wird noch einmal der Blick in die Zukunft gerichtet. Diesmal geht es vornehmlich um die Frage, wie persönliche Risiken einzuschätzen sind und ob es sich lohnt, sie einzugehen.

Beim Vorlesen der Hausaufgabe kommen fünf eindrucksvolle Texte zu Gehör. Weil S. später dazu kam und ihr zum Schluss gelesener Text die anderen besonders beeindruckte, entsteht eine Diskussion, in deren Verlauf die anderen aufgefordert werden, zum Vergleich ihren Text erneut vorzulesen.

Als Einstieg in die Phase zum Schreiben des Haupttextes erstellen alle eine persönliche Liste (fünf Minuten Schreibzeit) in Form einer *Hitparade* unberechenbarer Risiken des Alltags. Es stellt sich beim Vorlesen heraus, dass die Antworten mit viel Witz gegeben werden.

Zur weiteren Vorbereitung erfolgt nun ein Gesprächsaustausch in Zweiergruppen zu der Frage, wo persönliche Risiken eingegangen worden und welche sich gelohnt haben. Anschließend werden in fünfundzwanzig Minuten tiefer gehende Texte dazu verfasst, die nach der Pause vorgelesen werden:

• Ma. schreibt ausschließlich über persönliche Interessenlagen
• S sieht Beziehungen gefährdet. Sie berichtet andeutungsweise über eine unheilbare Krankheit wird aber nicht konkreter, weil sie offenbar fehlende Akzeptanz befürchtet
• C. stellt fest, dass sie bisher aus jeder Herausforderung gestärkt hervorgegangen sei
• Mo. beschreibt die Erfahrung von Ausgrenzung und Spott aufgrund ihres gelebten „Leuchtturm-Daseins", das Erleben ihrer Kreativität und Widerstandskraft. Sie hat gelernt: „Ich bin, ich will!"

Als Hausaufgabe wird aufgegeben, eine Kurzgeschichte über eine Person zu schreiben, die sich zur Wehr setzt. Textvorgabe: *„Mit grimmigem Gesichts zog er im Jobcenter die Wartenummer..."*.

Die Schlussrunde zeigt einmal mehr, dass die Teilnehmenden die Festigung ihrer gemeinsamen Gruppensituation erkennen und sie zu schätzen gelernt haben. Der zur Verfügung gestellte Raum für die Fortführung der Gruppensitzungen wird als angemessen und angenehm empfunden, insgesamt ist man mit dem Raumwechsel zufrieden.

Elfte Sitzung (5 Teilnehmende)

Im Mittelpunkt der Sitzung steht diesmal die Frage künftiger Verhaltensstrategien. Was kann ich wagen und realisieren, was ist für mich machbar?

131

Es werden drei Texte aus der Hausaufgabe vorgelesen. Auffällig ist, dass die Männer eher über technische, von außen einwirkende Veränderungen im Laufe der Zeit schreiben, während S. eher innere Veränderungen und geänderte Einstellungen beschreibt. Es schließt sich eine tiefer gehende Diskussion über die Notwendigkeit persönlicher Veränderungen an.

In der nächsten kurzer Übung wird ein *Persisches Rundgedicht* geschrieben, für das eine grafische Vorlage ausgeteilt wird. Nach einer umfassenden Erklärung des Verfahrens gehen die Papiere zweimal herum. Auch der schwierigste Teil der Übung, mit dem letzten Satz eine Textbrücke zwischen dem ersten und dem vorletzten Satz zu bauen, gelingt allen. Diese Übung wirkt auf alle Beteiligten sehr erheiternd.

Zur Vorbereitung des Haupttextes über entscheidende Weichenstellungen für die Zukunft und im eigenen Leben berichten die Teilnehmenden sich gegenseitig in zwei Gruppen über ihre eigenen Erfahrungen, Erwartungen und Vermutungen. Anschließend bleiben fünfundzwanzig Minuten Schreibzeit für die Erstellung des Textes.

Nach der Pause werden die Texte vorgelesen zu der Frage, was man sich für die Zukunft persönlich vorgenommen habe. Im Ergebnis haben sich alle wichtige Aufgaben im Blick. E. zum Beispiel will sein Inneres verstärkt bedienen, während S. von einem materiell besseren Leben schreibt.

Als Hausaufgabe zur nächsten und letzten Sitzung sollen die Teilnehmenden einen Brief an sich selbst schreiben, den sie erst in einem Jahr öffnen sollen.

Die Schlussrunde macht wiederum deutlich, dass trotz aller Routine immer wieder positive und belebende Überraschungen in der Gruppensituation und bei den vorgelesenen Texten festzustellen sind. Man geht zufrieden auseinander.

Zwölfte Sitzung (5 Teilnehmende)

Die zwölfte und letzte Sitzung dieser Gruppe ist vom Abschied bestimmt. Trotz der über diesen Umstand festgestellten und angesprochenen Traurigkeit sind alle in gespannter Erwartung, was diese Abschiedssitzung bringen wird.

Da im Rahmen der letzten Hausaufgabe einen Brief an sich selbst geschrieben werden sollte, der erst in einem Jahr zu öffnen ist, entfällt diesmal das Vorlesen der Hausaufgabe.

In der Kurzübung wird ein Elfchen zu dem Thema *„Meine Zukunft als schreibender Mensch"* verfasst.

Einen Großteil der Zeit nimmt das Abwickeln von Regularien in Anspruch. Zunächst werden die Bedingungen zur Erstellung einer Dokumentation zu dieser Schreibgruppenaktivität festgelegt. Da die meisten Teilnehmenden aufgrund fehlender Ausrüstung (kein Computer) oder fehlender Zeit nur über handschriftliche Notizen verfügen, werden diese zunächst fotokopiert oder es wird geklärt, wie die Texte in elektronischer Form an die Leitung weitergegeben werden sollen. In dieser Phase wird deutlich, dass die anzunehmende Befürchtung besteht, durch die Veröffentlichung der Texte könnten einzelne Personen aus ihrer Anonymität gerissen und somit angreifbar werden, falls diese Texte in falsche Hände kämen. Deswegen erklären sich fünf Teilnehmende bereit, ihre Texte unter dem Anfangsbuchstaben ihres Vornamens veröffentlichen zu lassen. Es wird darauf hingewiesen, dass nicht alle Texte berücksichtigt werden können, und das redaktionelle Änderungen (zum besseren Verständnis oder bei groben Rechtschreibfehlern, jedoch keine inhaltlichen Änderungen) über die Kursleitung vorgenommen werden können.

Nach Klärung dieser Regularien wird der anonymisierte Evaluationsbogen ausgefüllt. Es wird erklärt, dass er der Optimierung künftiger Kurse zum gleichen Inhalt und zu vergleichbaren Zielgruppen diene.

Als Haupttext wird diesmal ein Abschiedsbrief an eine ausgeloste Person geschrieben. Dazu werden frankierte Briefumschläge mit den Adressen der Teilnehmenden verdeckt gezogen, so dass niemand weiß, von wem er diesen Abschiedsbrief erhalten wird. Diese Übung wird von den Teilnehmenden als überraschend, aber zugleich als sehr sinnvoll bezeichnet. Das Vorlesen des Haupttextes entfällt naturgemäß.

In der Abschlussrunde wird ein ausgiebiges Feedback gegeben, dass alle Personen einschließlich meiner Person betrifft. Es werden Erinnerungen an vergangene Sitzungen aufgefrischt, Besonderes häufig äußert man den Wunsch, auch künftig in einer solchen Schreibgruppe mitarbeiten zu können. Ich teile mit, dass ich demnächst einen Kurs zum Kreativen Schreiben plane, in dem es vornehmlich um politisch ausgerichtete Texte geht. Die Bereitschaft wird bekundet, dabei mitzuwirken.

Geschenke werden ausgetauscht. Die Leitung erhält ein Paket mit Süßigkeiten und eine anrührende Abschiedskarte, die von allen Teilnehmenden unterschrieben ist.

Die Teilnehmenden erhalten vom Veranstalter je eine CD mit gelesenen Texten von Rosa Luxemburg, und von der Leitung je eine Teilnahmebescheinigung und eine Mappe mit Texten, die der Kursleiter verfasst hat. Zum Schluss werden den Teilnehmenden ausgeschnittene Flipchart-Bögen umgehängt, auf die die jeweils anderen gute Wünsche schreiben.

Man geht zufrieden auseinander.

10.   Kursbewertung aus Sicht der Teilnehmenden

Hauptintention bei der Umsetzung des Pilotprojekts war es, das entwickelte Konzept in der Praxis zu erproben. Abzuprüfen waren bei den einzelnen Übungsteilen und im übergeordneten Gesamtkonzept jeweils die:

- Auslösung kreativer und reflexiver Prozesse
- Nachvollziehbarkeit der Übungen
- Wirksamkeit der Übungen
- Förderung von und Befähigung zum solidarischen Verhalten in der Gruppe
- Akzeptanz der im Rahmen von Reflexion ausgelösten Selbsterkenntnis
- Nachhaltigkeit im Sinne von Verhaltensmodifikationen auf Grundlage neuer Erkenntnisse.

In der Beschreibung des Sitzungsverlaufs (s. Punkt 9.2) wird deutlich, dass sich nach einem zunächst positiven Beginn im ersten Drittel eine Krise anbahnte, die zu bewältigen war, die auch bewältigt werden konnte und schließlich in eine recht positive und fruchtbare Gruppenphase mündete. Dies schlug sich in den Rückmeldungen am jeweiligen Ende der Sitzung nieder sowie in der wachsenden Bereitschaft zur inhaltlichen Auseinandersetzung während der Sitzungen. Die Feedbacks waren von solidarischer und konstruktiver Kritik gekennzeichnet.

Es kann hier vorweggenommen werden, dass die bei der letzten Sitzung verbal und in schriftlicher Form abgegebenen Feedbacks dies bestätigen und das Ergebnis des abschließenden Evaluationsbogens dies untermauert.

10.1   Auswertung des Evaluationsbogens

Die Teilnehmenden füllten im Rahmen der letzten Sitzung einen Evaluationsbogen aus. Er beinhaltete insgesamt 37 Fragen (33 mit ordinalem, 4 mit nominalem Messniveau), mit denen folgende Dimensionen ausgeleuchtet und bewertet werden sollten:

- Persönliches Erleben
- Gruppenprozess und Gruppenaktivitäten
- Einzelkonzepte und Gesamtkonzept, Zusammenstellung der Angebotspalette
- Wirkung des Schreibprozesses auf die Teilnehmenden
- Gruppenleitung und Rahmenbedingungen
- Förderung der Bereitschaft zum Fortsetzen des biografischen Schreibens

• Förderung der Bereitschaft zur Wahrnehmung von Angeboten zur politischen Bildung und Einschätzung der Rolle des Maßnahmeträgers (Rosa-Luxemburg-Stiftung).

10.2   Diskussion der univariaten Daten

Der Evaluationsbogen wurde von jenen fünf Teilnehmenden ausgefüllt, die bis zum Schluss im Kurs verblieben waren (n=5). Die Auswertung der Häufigkeitstabellen erbrachte folgendes Ergebnis:

Dimension „Persönliches Erleben" (F1 – F6):

Die Frage nach dem Wohlfühlen in der Gruppe wurde überwiegend positiv beantwortet (drei TN „ja, überwiegend", zwei TN „teils, teils"). Vier TN fühlten sich „überwiegend wertgeschätzt", einer „teils, teils".Die Frage nach der Berücksichtigung der Interessen beantwortete einer mit „ja, stets", zwei mit „ja, überwiegend" und zwei mit „teils, teils". Das Näherkommen zu anderen TN schätzten drei mit „ja, überwiegend" ein, zwei mit „teils, teils". Die Frage nach dem Erleben persönlicher Enttäuschungen beantworteten zwei TN mit „nein, gar nicht", drei mit „selten". Eine kathartische Reaktion bei sich bemerkten drei TN „mehrfach", zwei TN „einmal".

Es liegt in der Natur der Sache, dass die TN in einem Klima persönlicher Auseinandersetzungen mit sich selbst unangenehme Emotionen zu bewältigen haben. Angesichts dessen kann die Beschreibung eines überwiegend positiven persönlichen Erlebens als Erfolg eingeschätzt werden; denn es konnte trotz des häufigen „an-die-Grenze-Gehens" vermieden werden, dass die TN die Gesamtveranstaltung als überwiegend negativ erlebten.

Dimension „Gruppenprozess und Gruppenaktivitäten" (F7 – F10):

Überwiegend positiv wurde die Frage beantwortet, ob die TN sich aufeinander einstellen konnten: Einmal mit „ja, sehr", zweimal mit „ja, überwiegend" und weitere zweimal mit „teils, teils". Die Frage nach gewünschten Verbesserungen wurde dreimal mit „mehr schreiben" beantwortet, zwei TN fanden „nichts verbesserungswürdig". Die Frage, ob die zum Kursbeginn eingeführten Regeln der „Themenzentrierten Interaktion" (TZI) eingehalten wurden, beantworteten vier mit „ja, überwiegend", lediglich einer mit „überwiegend nicht". Die Entwicklung des Teilnahmeverhaltens nach den anfänglichen Problemen der Beteiligung und häufiger Fluktuation schätzte einer mit „sehr positiv" ein, vier mit „eher positiv".

Das Gruppenerleben wurde also ebenfalls als überwiegend positiv empfunden. Anfängliche Schwierigkeiten konnten offenkundig in der Gruppe und durch die Gruppe bewältigt werden.

Dimension „Einzelkonzepte und Gesamtkonzept, Zusammenstellung der Angebotspalette" (F11 – F19):

Die Übungen waren für drei TN „sehr sinnvoll und nachvollziehbar", für zwei war dies „überwiegend" der Fall. Ob die Übungen neue Erkenntnisse über die eigene Situation erbrachten, beantworteten vier mit „ja, überwiegend", einer mit „teils, teils". Die Frage, ob es zu schwierige oder nicht verstandene Aufgaben gegeben habe, beantworteten drei TN mit „nein, gar nicht", zwei mit „selten". Ob Spaß oder Freude bei den Übungen empfunden worden sei, beantworteten zwei mit „ja, sehr", drei TN mit „ja, überwiegend". Auf die Frage der Ergänzung von Einzelübungen zu einem Gesamtkonzept antworteten zwei TN mit „ja, sehr", zwei mit „ja, überwiegend", einer mit „teils, teils". Die Abstimmung der einzelnen Sitzungen in das Gesamtkonzept beurteilten zwei mit „ja, sehr", drei TN mit „ja, überwiegend". Ob die einzelnen Übungen abwechslungsreich gewesen seien, schätzten zwei TN mit „ja, sehr", drei mit „ja, überwiegend" ein. Die Attraktivität des Gesamtangebots schätzten zwei TN mit „ja, sehr", drei mit „ja, überwiegend" ein. Ob die eigenen Erwartungen hinsichtlich des Angebots und der Inhalte erfüllt worden seien, beantworteten zwei TN mit „ja, sehr", drei mit „ja, überwiegend".

Die aus dem vorliegenden Konzept resultierende Zusammenstellung und Umsetzung der Angebotspalette über Einzelkonzepte und Gesamtkonzept wurde demnach ebenfalls überwiegend positiv beurteilt – negative Aussagen hierzu konnten nicht festgestellt werden.

Dimension „Wirkung des Schreibprozesses auf die Teilnehmenden" (F20 – F24):

Auf die Frage, was der Schreibprozess in ihnen bewirkt habe, antworteten zwei TN mit" Nachdenken über meine Situation", einer mit „erkennen meiner Situation und zwei mit „den Willen zur Gegenwehr". Die Frage, ob und ggf. wie sehr der Schreibprozess innere Einsichten in die persönliche Lage gefördert habe, beantworteten ein TN mit „ja, sehr". Zwei mit „ja, überwiegend" und zwei mit „teils, teils". Anstöße zur Veränderung der eigenen Einstellung registrierte ein TN mit „ja, umfangreich" sowie vier mit „ja, teilweise". Auf die Frage, ob man sich durch neue Einsichten vorgenommen habe, etwas im eigenen Leben zu verändern, antworteten zwei TN mit „ja, umfangreich", drei mit „ja, teilweise". Hinsichtlich der Wirkung des Kurses sahen zwei TN das eigene Selbstwertgefühl „sehr gestärkt", drei „etwas gestärkt".

Die Teilnehmenden bewerten die Wirkungen des Schreibprozesses auf sich und auf die Gruppe insgesamt als überwiegend positiv. Sowohl Einstellungen als auch Zielsetzungen konnten durch das Angebot offenkundig positiv beeinflusst werden.

Dimension „Gruppenleitung und Rahmenbedingungen" (F25 – F28):

Die Frage nach der Kompetenz der Kursleitung wurde von vier TN mit „ja, sehr" und von einem mit „ja, überwiegend" beantwortet. Die Frage nach der Authentizität der Kursleitung wurde von allen fünf TN mit „ja, sehr" beantwortet. Ob die Leitung alle TN gleichermaßen unterstützt habe, bejahten vier mit „ja, stets", einer mit „teils, teils". Den organisatorischen Rahmen (Räumlichkeiten, Beachtung persönlicher Bedürfnisse) beurteilten drei TN mit „sehr angemessen", einer mit „zum Teil angemessen", einer mit „zum Teil unangemessen".

Gruppenleitung und Rahmenbedingungen wurden demnach überwiegend positiv bewertet.

Dimension „Förderung zum Fortsetzen biografischen Schreibens" (F29 – F33):

Die Förderung weiterer Schreibinteressen durch den Kurs wurde von zwei TN mit „ja, sehr", von zwei weiteren mit „ja, überwiegend" und von einem mit „teils, teils" eingeschätzt. Auf die Frage, ob das Erlernte auch weiterhin angewendet werden soll, antworteten drei TN mit „ja, bestimmt", einer mit „ja, wahrscheinlich"; einer hatte ich noch nicht entscheiden können. Die Frage nach dem Wunsch, auch künftig an Schreibgruppen teilzunehmen, beantworteten drei TN mit „ja, bestimmt" und zwei mit „ja, wahrscheinlich". Auf die Frage, ob die Kursteilnahme bereits weitere Schreibaktivitäten ausgelöst habe, antworteten zwei TN mit „ja, ich habe schon etwas geschrieben", zwei weitere mit „ja, ich habe es mir vorgenommen" und lediglich einer mit „ich überlege noch". Bei der Frage, ob über das biografische Schreiben hinaus auch das Interesse am kreativen Schreiben gefördert worden sei, antwortete ein TN mit „ja, ich habe schon etwas geschrieben", drei mit „ja, ich habe es mir vorgenommen", und lediglich einer sagte „ich überlege noch".

Auch in dieser Dimension sind die Antworten überwiegend positiv. Die Förderung der Bereitschaft zu künftigen und fortführenden Schreibaktivitäten durch den Kurs wird somit bestätigt.

Dimension „Förderung der Bereitschaft zur Wahrnehmung von Angeboten zur politischen Bildung und Einschätzung der Rolle des Trägers Rosa-Luxemburg-Stiftung" (F34 – F37):

Ob es für Menschen in ihrer Lebenssituation (gemeint war Langzeitarbeitslosigkeit) sinnvoll sei, sich politisch zu bilden, wurde von vier TN mit „ja, bestimmt" beantwortet und von einem mit „ja, wahrscheinlich". Ihr Interesse zur Wahrnehmung künftiger politischer Bildungsangebote bekundeten drei TN mit „ja, bestimmt" und zwei mit „ja, wahrscheinlich". Ob sich der durchlaufene Kurs in das Bildungsangebot der RLS einpasst und ob mehr solcher Angebote vorgehalten werden sollten, beantworteten drei TN mit „ja, bestimmt" sowie zwei mit „ja, wahrscheinlich". Auf die Frage nach dem Interesse an anderen Bildungsangeboten der RLS antworteten ein TN mit „ja, bestimmt", drei mit „ja, wahrscheinlich" und einer hatte sich noch nicht entscheiden können.

Mit den ebenfalls überwiegend positiven Ergebnissen in dieser abgefragten Dimension wird deutlich, dass aus Sicht der Teilnehmenden für künftige, ähnlich gelagerte Angebote für die Zielgruppe ein höherer Bedarf besteht. Daher erscheint es sinnvoll und lohnenswert, entsprechende Angebote zu konzipieren und vorzuhalten.

10.3 Interpretation der univariaten Daten

Zusammenfassend ist festzustellen, dass die zu Grunde gelegten Prüfkriterien (siehe Punkt 3) bei Teilnehmenden eine positive Veränderung sowohl in den individuellen Sichtweisen und Einstellungen als auch beim Selbstwertgefühl und daraus resultierenden Zielveränderungen bewirkten.

In der besonders im ersten Drittel des Kursverlaufs festzustellenden Dynamik aufgrund der Teilnehmerfluktuation waren Unruhe und daraus resultierende Verunsicherung Hindernisse, die dann allerdings überwunden werden konnten, so dass eine zunehmend effektive Arbeitsatmosphäre und ein solidarisches Miteinander möglich wurden. Dieser dynamische Verlauf spiegelt sich vermutlich auch in den Antworten der Teilnehmenden wider. Die anfängliche Verunsicherung in der Gruppensituation, die zum Abschluss des Kurses noch nicht vergessen ist, drückt sich in teilweise unentschiedenen Antworten aus. Dennoch werden weit überwiegend positive Antworten zum Kursverlauf gegeben, woraus sich eine Zufriedenheit der Teilnehmenden ergibt. Dies weist darauf hin, dass trotz des ungünstigen Beginns eine positive Entwicklung innerhalb der Gruppe erkannt wird.

In allen definierten Dimensionen (siehe Punkt 10.1) bewegen sich die Mittelwerte der Antworten durchweg im positiven Bereich, so dass in der Summe auch hier eine insgesamt überwiegend positive Bewertung festgestellt werden kann (siehe Schaubild). Der zentrale Mittelwert (ermittelt aus allen einzelnen Mittelwert) liegt bei 1,74 .

Schaubild:

Übersicht nach Mittelwerten

Frage	Bewertungsschema					Mittelwert
	1	**2**	**3**	**4**	**5**	
	++	**+**	**0**	**-**	**--**	
F1	++	+	0	-	--	2,40
F2	++	+	0	-	--	2,20
F3	++	+	0	-	--	2,20
F4	++	+	0	-	--	2,40
F5	++	+	0	-	--	1,60
F6	++	+	0	-	--	1,40
F8	++	+	0	-	--	2,20
F9	++	+	0	-	--	2,40
F10	++	+	0	-	--	1,80
F11	++	+	0	-	--	1,40
F12	++	+	0	-	--	2,20
F13	++	+	0	-	--	1,40
F14	++	+	0	-	--	1,60
F15	++	+	0	-	--	1,80
F16	++	+	0	-	--	1,60
F17	++	+	0	-	--	1,60
F18	++	+	0	-	--	1,60
F19	++	+	0	-	--	1,60
F21	++	+	0	-	--	2,20
F22	++	+	0	-	--	1,80
F23	++	+	0	-	--	1,60
F25	++	+	0	-	--	1,20
F26	++	+	0	-	--	1,00
F27	++	+	0	-	--	1,40
F28	++	+	0	-	--	1,80
F29	++	+	0	-	--	1,80
F30	++	+	0	-	--	1,60
F31	++	+	0	-	--	1,40
F32	++	+	0	-	--	1,80
F33	++	+	0	-	--	2,00
F34	++	+	0	-	--	1,20
F35	++	+	0	-	--	1,40
F36	++	+	0	-	--	1,40
F37	++	+	0	-	--	2,00

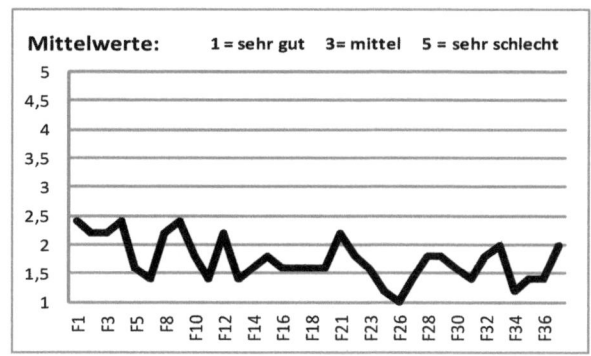

Mittelwerte: 1 = sehr gut 3= mittel 5 = sehr schlecht

Hinweise:

1. Aufgeführt sind lediglich die Ergebnisse der Fragen mit ordinalem Messniveau

2. Texte der Fragestellungen siehe Anhang

Die Auswertung des Evaluationsbogens bestätigt also, dass die definierten schreib-pädagogischen Ziele des Kurses als erfüllt angesehen werden können.

10.4   Feedback

Im gesamten Verlauf der Veranstaltung wurden die Teilnehmenden dazu ermuntert, sowohl über die atmosphärische Stimmung in der Gruppe als auch über die Schreibarbeit einschließlich der mit den Texten ausgelösten Emotionen zu reflektieren. Diese Möglichkeit wurde ausgiebig wahrgenommen.

10.4.1 Feedback während der Sitzungstermine

Jede Sitzung begann mit der Aufforderung, über zwischenzeitliche Erkenntnisse durch die Textarbeit, insbesondere durch die Hausarbeit, zu berichten. Dies nahm man auch in Anspruch. So wurden Störungen in der Gruppe durch nicht verstandene Aufgabenstellungen, plötzliche Erkenntnisse oder durch Texte anderer Teilnehmender ausgelöste Fragestellungen während der Sitzungen zum Anlass genommen, dies zu thematisieren und Stellung dazu zu nehmen. In einigen Situationen führte dies dazu, dass der geplante Zeitablauf gefährdet schien. Allerdings konnte es in allen Fällen durch verkürzte Pausen oder verlängerte Sitzungszeiten kompensiert werden. Dies war nur möglich, weil sich alle Beteiligten damit einverstanden erklärten. Hierdurch wird deutlich, dass sich ein gemeinsames Gruppeninteresse entwickelte und auch gepflegt werden konnte.

Mit Ausnahme der geschilderten Konfliktsituationen wurden die Feedbacks in solidarischer Weise vorgetragen, so dass sie auch von den Adressaten gut angenommen werden konnten.

Als Leiter und somit als integraler Teil der Gruppe wurde ich von Feedbacks nicht ausgenommen. Diese waren meist positiv, allerdings wurde ich auch in einigen Situationen in einer Form kritisiert, die es mir ermöglichte, diese Kritik auch zu akzeptieren und zum Anlass zu nehmen, geringfügige Korrekturen im Leitungsverhalten vorzunehmen. Insgesamt waren die Rückmeldungen zum Ablauf der einzelnen Sitzungen positiv und somit verstärkend.

10.4.2 Abschließendes Feedback der Teilnehmenden

Die Abschlussrunde im Rahmen der letzten Sitzung wurde für abschließendes Feedback genutzt, das die gesamte Veranstaltung einbezog und an dem sich alle Teilnehmenden beteiligten.

Insgesamt wurde eingeschätzt, dass die einzelnen Sitzungen zum Gesamtkonzept in einem sinnvollen und ergänzenden Zusammenhang standen. Auch wurde hervorgehoben, dass über die einzelnen Schreibübungen, die zum Teil sehr überraschende Ergebnisse brachten, neue Erkenntnisse und Weichenstellungen für die Zukunft ermöglicht worden seien. Mit dieser Begründung und der Versicherung, die eigene Freude am Schreiben entdeckt zu haben, bekundeten alle ihr Interesse an einer Fortsetzung dieser Schreibaktivitäten. Auch wurde mitgeteilt, dass vor diesem Hintergrund eigene Schreibaktivitäten außerhalb einer Schreibgruppe ausgelöst worden seien. Die Teilnehmenden bekundeten, teilweise in rührender Weise, ihre Dankbarkeit gegenüber dem Träger und mir, ein solches Angebot kostenfrei geboten bekommen zu haben.

Die geschilderten Feedbacks decken sich in den Aussagen weitgehend mit dem, was den Ergebnissen des Evaluationsbogens entnommen werden kann.

11.   Reflexion aus Sicht der Kursleitung

Für eine Gesamtbewertung über den Verlauf dieses Gruppenangebotes ist neben den Rückmeldungen der Adressaten eine fachliche Bewertung aus schreibpädagogischer Sicht unerlässlich. Hierbei geht es vornehmlich um einen Soll-Ist-Vergleich. Der bei der Konzeptentwicklung formulierte Anspruch ist hierbei mit den Ergebnissen in Beziehung zu setzen.

11.1   Wurde der formulierte Anspruch eingelöst?

Im zugrunde liegenden Konzept wurden fünf Prüfsteine hinsichtlich seiner Umsetzbarkeit und Wirksamkeit definiert, die für eine Evaluation heranzuziehen waren:

1. Vor dem Hintergrund einer angestrebten heterogenen Zusammensetzung (angemessene Beteiligung beider Geschlechter, unterschiedliche Altersgruppen, unterschiedliches Bildungsniveau, breit gefächerte Palette der vertretenen Berufe) ist zu überprüfen, ob eine solche heterogene Gruppenzusammensetzung erreicht werden konnte. Ferner ist zu fragen, ob diese konzeptionell angestrebte Unterschiedlichkeit für die Gruppenarbeit eher förderlich oder eher hinderlich war.

Trotz der beschriebenen anfänglichen Schwierigkeiten, genügend Teilnehmende für den Kurs zu gewinnen, gelang es, eine heterogene Gruppenzusammensetzung zu erreichen. Sowohl nach Geschlecht als auch nach Alter, Bildungsniveau und Berufsrichtung brachten die Teilnehmenden unterschiedliche Voraussetzungen mit. Diese Gruppenzusammensetzung erwies sich als förderlich, weil dadurch jeweils andere Sichtweisen und Erkenntnisse in den Gruppenprozess eingebracht werden konnten, die sich wechselseitig ergänzten. Probleme in Form von Hierarchiebildung innerhalb der Gruppe aufgrund der gegebenen unterschiedlichen Bildungsvoraussetzungen waren nicht erkennbar.

2. Hinsichtlich der Konzeptplanung sind die einzelnen, speziellen Übungseinheiten auf ihre jeweilige Wirksamkeit zu überprüfen, und das Gesamtkonzept auf seine übergeordnete Wirkung.

Aus dem Bericht zum Kursverlauf und zu den Feedbacks kann geschlossen werden, dass sich die einzelnen Übungseinheiten als sinnvoll und wirksam erwiesen. Irritationen von Teilnehmenden aufgrund nicht verstandener Aufgabenstellungen konnten zeitnah beseitigt werden, so dass alle in der Lage waren, sich der jeweils gestellten Aufgabe angemessen zu widmen. Da schon bei der ersten

Sitzung das übergeordnete Ziel des Gesamtkonzepts und die Teilziele der einzelnen Sitzungen für die Teilnehmenden in Beziehung gesetzt worden waren und sie so eine eigene Referenzmöglichkeit hatten, konnten sie jederzeit Rückmeldungen geben, wenn sie das übergeordnete Ziel gefährdet sahen. Dies wurde allerdings nur selten bemängelt, so dass davon auszugehen ist, dass auch für die Teilnehmenden die Relation von Teilkonzept zu Gesamtkonzept stimmte. Allerdings forderten die Teilnehmenden mehrfach ein, für die Schreibphasen mehr Zeit zu bekommen.

3. Der Verlauf des Gruppenprozesses ist – insbesondere im Zusammenwirken mit den konzeptionellen Vorgaben – daraufhin zu überprüfen, ob einzelne Konzeptteile sich als förderlich erwiesen oder eher kontraproduktiv wirkten.

Sowohl die Verlaufsbeschreibung der Sitzungen als auch das Ergebnis der Evaluation bestätigen, dass sich zu keinem Zeitpunkt ein Teil des vorliegenden Konzeptes als – gemessen an den schreibpädagogischen Zielen –hinderlich oder kontraproduktiv erwiesen hat.

4. Die Bereitschaft zur Teilnahme, also die Attraktivität des Angebotes, ist auf zwei Ebenen abzuprüfen. Erstens bei der Gruppenzusammenstellung (sind genügend Interessenten erreichbar, um eine wie oben beschriebene heterogene Gruppe zusammenbringen zu können?), zweitens im Verlauf des Seminars (kann die anfängliche Teilnahmebereitschaft erhalten oder gar erhöht werden?).

Die Schwierigkeiten bei der Akquise von Teilnehmenden vor Beginn der Veranstaltung wurden oben beschrieben. Demnach gelang es, bis zum Start der Veranstaltung eine hinreichend große und heterogen zusammengesetzte Gruppe von Interessenten zu bilden. Ebenfalls beschrieben wurden die gruppendynamischen Schwierigkeiten im ersten Drittel des Kurses, die dann allerdings mit den Methoden der TZI bewältigt werden konnten. Durch diese Entwicklung schmolz die Zahl der Teilnehmenden von ursprünglich sieben auf nunmehr fünf Personen. Dann konsolidierte sich die Teilnahmebereitschaft. Die fünf verbliebenen Personen nahmen bis zum Schluss an der Veranstaltung teil und erklärten zum Abschluss ihre Bereitschaft, auch eines künftigen vergleichbaren Veranstaltungen teilnehmen zu wollen.

5. Die Bereitschaft potenzieller Bildungsträger, unter ihrer Ägide ein Konzept mit der beschriebenen Zielgruppe durchzuführen, ist bei diesen Anbietern zu ermitteln. Da aus meiner Sicht Langzeitarbeitslosen angesichts ihrer materiellen Lage kein Eigenbeitrag abverlangt werden kann (selbst ein symbolischer Beitrag von beispielsweise einem Euro wäre m. E. unangemessen), könnte dies zur Nagelprobe für

potenzielle Träger werden: Sind sie bereit, eine solche Maßnahme dennoch anzu-
bieten?

Es erwies sich als Glücksfall, die *Rosa-Luxemburg-Stiftung Niedersachsen e.V.* für die Umsetzung des Konzepts gewonnen zu haben. Mit diesem Kooperationspartner war es möglich, die für Langzeitarbeitslose unerlässlichen Teilnahmebedingungen (keine Zahlung eines Eigenbeitrags der Teilnehmenden) sicherzustellen. Da eine entsprechende Anfrage bei dem Träger aufgeschlossen entgegengenommen und bald positiv beantwortet wurde, waren Anfragen bei anderen potenziellen Trägern obsolet. Grundsätzlich kann aber davon ausgegangen werden, dass einige Bildungsträger, die politischen Parteien nahestehen, für ein solches Konzept ansprechbar sind. An dieser Stelle sei jedoch darauf hingewiesen, dass jene Bildungsträger, die Angebote für Langzeitarbeitslose im Auftrag von Jobcentern und Argen vorhalten, mit Vorbehalten der aus Zielgruppe zu rechnen haben und daher nur im geprüften Einzelfall geeignet sind. Abschließend kann also festgehalten werden, dass das Konzept bei seiner Umsetzung den ursprünglich definierten Prüfsteinen standgehalten hat.

11.2   Schreibgruppenarbeit als Auslöser von Diskussion und Reflexion über das eigene Schicksal und als Chance zur Veränderung

Auch bei der Durchführung dieses Projektes konnten die von *Lutz von Werder (vgl. v. Werder, Lehrbuch des kreativen Schreibens, 2009)* idealtypisch beschriebenen vier Krisenphasen registriert werden (Konzept S. 71f). In die dritte und fruchtbarste Arbeitsphase trat die Gruppe nach der der fünften Sitzung ein, nachdem eine als gruppenunfähig eingestufte Person den Sitzungen fernblieb und die restlichen Teilnehmenden dies mit Erleichterung aufnahmen.

Wenn auch von Beginn an Diskussionen und Reflexionen anhand vorgelesener Texte gepflegt wurden, bekamen sie aufgrund dieser neu erreichten Stufe in der Arbeitsfähigkeit der Gruppe eine neue Qualität. Während vorher bei einigen Textpassagen geschwiegen wurde, nahm nun die Diskussionsfreudigkeit merklich zu. Das führte dazu, dass sich an das Vorlesen von Hausaufgabentexten längere Phasen anschlossen, in denen über die eigenen Erfahrungen berichtet und ein Bezug zum jeweils vorgelesenen Text hergestellt wurde. Da ich in solchen Situationen nur bei unbedingter Notwendigkeit steuernd eingriff, uferten solche Phasen zeitweise aus. Dies führte auch dazu, dass Teilnehmende (an die *TZI-Regeln* erinnernd) darum baten, endlich mit dem Schreiben weiter kommen zu können. In solchen

Situationen galt es also, einen sinnvollen Kompromiss zwischen den kreativen Diskussionsphasen und zeitökonomischen Erwägungen zu erreichen.

Ungeachtet solcher Grenzsituationen halte ich, neben dem kreativen Erstellen der Texte, diese Diskussions-und Reflexionsphasen für besonders fruchtbar für den Selbsterkennungsprozess der Teilnehmenden. Eine strikte Trennung der Arbeitsformen wäre hier unsinnig, beide sind integraler Bestandteil bei der Suche nach eigenen Wünschen, Interessen und Zielen. Eine sinnvolle Verknüpfung beider Arbeitsformen ist daher anzustreben. Es wurde in solchen Arbeitsphasen erkennbar, dass vorgelesenen Texte in vielen Fällen einen verbalen Austausch darüber geradezu provozieren. Dies erleichtert es, beide Formen miteinander zu verbinden.

11.3   Dimensionen persönlicher Weiterentwicklung von Teilnehmenden

Ein Hauptziel des zu Grunde liegenden Konzeptes ist es, über das gemeinsame Schreiben und den verbalen Austausch darüber in der Gruppe eine Weiterentwicklung der Teilnehmenden zu bewirken. Dies soll dies erreicht werden über die allmähliche Stärkung des Selbstwertgefühls, durch Rückerinnerung früherer Leistungen, durch Selbstvergewisserung eigener, bewiesener Stärken und über die Ermutigung und Förderung zur Fähigkeit, neue Lebensziele zu setzen. Diese Neuausrichtung vor dem Hintergrund bisheriger Erfahrungen, trotz aller erlebter und erlittener Niederlagen und der gesellschaftlichen Botschaft, als Langzeitarbeitslose zu den Verlierern zu gehören, ist eine besondere Chance, die sich den Teilnehmenden eröffnet.

Allein die Tatsache, dass über dieses Angebot die Teilnehmenden zumindest ansatzweise aus einer unverschuldeten und ungewollten gesellschaftlichen Isolation geholt werden können, ist für alle ein persönlicher Gewinn. Schließlich ist ihre Situation gekennzeichnet von Scham über die eigene Lage und einer daraus resultierenden Kontaktangst, aber auch von dem von außen einwirkenden Mechanismus gesellschaftlicher Ächtung, der sie im Zusammenwirken mit der aufgezwungenen materiellen Not in ein Paria-Dasein drängt.

Es ist daher gesondert zu betrachten, in welchen Dimensionen eine solche Veränderung durch das Angebot bewirkt werden konnte.

11.3.1 Die Begegnung mit bisher verdrängten Ereignissen des eigenen Lebens

Sich an verdrängte Erlebnisse zurückzuerinnern und emotional zu bewältigen, ist eine besondere Chance, die sich prinzipiell aus dem biografischen Schreiben ergibt. Die Aufgabenstellungen des Kurses waren auf dieses Ziel ausgerichtet und dementsprechend definiert. Besonders im ersten Drittel der Konzept Umsetzung (Oberthema: *„Wie ich wurde, was ich bin"*) spielte dies bei den Aufgabenstellungen eine zentrale Rolle. Sämtliche Teilnehmenden berichteten mehrfach von solchen Erfahrungen. Über zumindest eine kathartische Reaktion berichteten alle, einige hatten sie sogar mehrfach erlebt. Dies ist als wichtiges Indiz zu werten, mit bisher verdrängten Ereignissen des eigenen Lebens konfrontiert worden zu sein.

Die Erkenntnis darüber, wichtige selbst erlebte Ereignisse bisher verdrängt zu haben und nun weniger emotionsbelastet damit umgehen zu können es, wirkte auf die Teilnehmenden beruhigend. Auch stärkte es ihre Erkenntnis, anderen belastenden Ereignissen nachzuforschen und dies dennoch aushalten zu können.

11.3.2 Das Erkennen und Ausbauen eigener Stärken

Vor dem Hintergrund erlittener Niederlagen war gerade dieser Aspekt für die Teilnehmenden – und einige äußerten dies in den Reflexionen ausdrücklich – von zentraler Bedeutung. In erstellten den Texten kommt immer wieder zum Ausdruck, dass ein Anknüpfen an die Erfahrung früher bewiesener Stärken erfolgte und für eine Neuausrichtung genutzt wurde. Insbesondere in der dritten Hauptphase, in der es um eine zielorientierte Neuausrichtung der Teilnehmenden ging, machten diese die Erfahrung, dass Selbstvergewisserung und Wissen über bereits nachgewiesene Stärken und Fähigkeiten die Selbstheilungskräfte aktivieren können.

11.3.3 Das Erkennen von Gemeinsamkeiten mit den Schicksalen Anderer

Als erster Schritt zum Erreichen eines eigenen politischen Standpunktes ist die Erkenntnis anzusehen, in dieser Gesellschaft nicht ein hoffnungslos untergehendes Individuum in einem Meer sehr unterschiedlicher Einzelschicksale zu sein, sondern vielmehr Teil einer großen Gruppe zu sein, deren einzelnen Mitgliedern ein vergleichbares Schicksal zugemutet wird. Das Erkennen einer gemeinsamen Interessenlage und der prinzipiellen Chance, sich wehren zu können, sind die Grundvoraussetzungen für das Begreifen der gesellschaftlichen Notwendigkeit, solidarisch mit anderen an der Verbesserung der eigenen Lage arbeiten zu können. Dies ist der Nukleus, aus dem ein politisches Bewusstsein erwachsen kann.

Diese Erkenntnis spiegelt sich auch in den einzelnen Texten der Teilnehmenden wider, auch wenn bei einigen von ihnen das Zurückfallen in realitätsferne Tagträumereien festzustellen ist und in antagonistischer Weise dagegen steht.

11.4 Schreibgruppenarbeit mit gesellschaftlich Benachteiligten als Beitrag zur Politischen Bildung

Das Erkennen einer gemeinsamen Lage, in der man sich mit einer großen Gruppe anderer Menschen befindet und die wenig mit individuellen Fehlleistungen, aber viel mit gesellschaftlichen Fehlentwicklungen zu tun hat, ist wie bereits angesprochen der erste Schritt hin zu einer politischen Grundhaltung, die als emanzipativ ausgerichtet bezeichnet werden kann. Die Bewältigung dieses ersten Schrittes fördert die Bereitschaft von Individuen, weitere Schritte in die gleiche Richtung zu gehen. Es ist die Bereitschaft, sich mit politischen Realitäten auseinander zusetzen und sich einen eigenen, gefestigten Standpunkt zu erarbeiten. Zugleich wird damit jene gesellschaftliche Hürde bewältigt, die die Funktion hat, gesellschaftlich Benachteiligte in Unwissenheit zu halten und zu verhindern, ihre berechtigten Interessen wirksam wahrzunehmen.

So gesehen hat eine Schreibgruppe mit Langzeitarbeitslosen, die sich mit ihren ureigenen Problemen beschäftigt, nicht nur eine kulturelle, sondern auch eine politische Dimension.

12.   Abschlussbetrachtung zur Durchführung des Pilotprojektes

Dieser Kurs im Biografischen Schreiben mit Langzeitarbeitslosen konnte naturgemäß nicht alle ihre erlebten Mängel kompensieren. Weder war es möglich, ihren berechtigten Anspruch auf eine sinnvolle und gesellschaftlich anerkannte Tätigkeit zu erfüllen, noch konnte damit ihre aus der Langzeitarbeitslosigkeit resultierende materielle Notlage gemildert werden.

Möglich war es jedoch, ihnen Starthilfe zu geben, eine erste Hilfestellung zu leisten bei dem Zurechtrücken eines Selbstbildes, das sie durch die erlebte längere Arbeitslosigkeit erworben hatten. Sich auf sich selbst zu besinnen, den eigenen Wünschen, bewiesenen Stärken und Interessen nachzuspüren und sich ihrer zu vergewissern, ist hier stets eine wirkungsvolle Chance. Wenn die Statistiken stimmen, nach denen ein Drittel der Langzeitarbeitslosen gefährdet sind, psychisch zu erkranken, dann bietet sich hier ein sinn- und wirkungsvolles Betätigungsfeld für Schreibpädagogen und, allgemein, Organisatoren von Hilfeleistungen im Sozialen Bereich. Sich darüber von jenen fatalen Botschaften zu befreien, die auf Betroffene einprasseln und ihre Gegenwehr lähmen, kann als Weichenstellung für eine künftige selbstbewusstere Lebenshaltung verstanden werden. Dies ist letztlich auch der Schlüssel zu einem zukünftig selbstsicheren Auftreten gegenüber potenziellen Arbeitgebern, wodurch sich auch die Chance zur Erlangung eines neuen Arbeitsplatzes erhöht. Nichts kann über diesen Weg garantiert werden, aber er bildet eine Grundlage für ein neues Verhaltensrepertoire und somit für neue Chancen. Schließlich ist es auch ein Weg, mit sich selbst und seiner eigenen Lebensgeschichte, mit den eigenen Siegen und Niederlagen ins Reine zu kommen und daraus Selbstsicherheit zu schöpfen.

Vor dem Hintergrund der insgesamt positiven Feedbacks und angesichts des zufriedenstellenden Verlaufs der Veranstaltung kann – trotz einer schwierigen Phase im ersten Drittel des Projektverlaufs – von einem gelungenen Projekt gesprochen werden. Die definierten Ziele wurden sämtlich erreicht.

Daher halte ich es für berechtigt und angemessen, nach Abschluss der Evaluation und entsprechend vorzunehmenden notwendigen Modifikationen Neuauflagen dieser Veranstaltung zu planen und durchzuführen.

13 Literaturverzeichnis

Zitierte Literatur:

Antonovsky, Aaron: Salutogenese. Zur Entmystifizierung der Gesellschaft. Deutsche erweiterte Ausgabe von Alexa Franke, dgtv-Verlag, Tübingen 1997

Boltanski, Luc; Chiapello, Ève: Der neue Geist des Kapitalismus, UVK Verlagsgesellschaft, Deutsche Ausgabe 2003

Bourdieu, Pierre: Ökonomisches Kapital – Kulturelles Kapital – Soziales Kapital, S. 53 ff, in: Die verborgenen Mechanismen der Macht. Schriften zu Politik & Kultur 1, VSA Verlag, Hamburg 1992

Butterwegge, Christian: Krise und Zukunft des Sozialstaates, VS Verlag, Wiesbaden 2005, 2. Aufl.

Eppel, Heidi: Stress als Risiko und Chance. Grundlagen von Belastung, Bewältigung und Ressourcen. Kohlhammer, Stuttgart 2007

Frese, Michael: Psychische Folgen von Arbeitslosigkeit in den fünf neuen Bundesländern: Ergebnisse einer Längsschnittstudie, in: Montada, Leo (Hrsg.): Arbeitslosigkeit und soziale Gerechtigkeit. Campus-Verlag, Frankfurt/M. 1994

Gudjons, Herbert; Pieper, Marianne; Wagener, Birgit: Auf meinen Spuren. Das Entdecken der eigenen Lebensgeschichte. Vorschläge und Übungen für pädagogische Arbeit und Selbsterfahrung. Bergmann+Helbig Verlag. 5. Aufl., Hamburg 1999

Heimes, Silke (1): Kreatives und therapeutisches Schreiben. Ein Arbeitsbuch. Vandenbrock & Ruprecht, 3. Aufl., Göttingen 2011

Jahoda, Marie; Lazarsfeld, Paul F.; Zeisel, Hans: Die Arbeitslosen von Marienthal. Ein soziografischer Versuch über die Wirkungen langandauernder Arbeitslosigkeit, Ersterscheinung 1933, Suhrkamp Verlag, Erste Auflage 1975

Kieselbach, Thomas: Arbeitslosigkeit als psychologisches Problem – auf individueller und gesellschaftlicher Ebene, in: Montada, Leo (Hrsg.): Arbeitslosigkeit und soziale Gerechtigkeit. Campus-Verlag, Frankfurt/M. 1994

Lafontaine, Oskar: Politik für alle. Streitschrift für eine gerechte Gesellschaft. Ullstein Verlag, Berlin 2005

Langmaack, Barbara; Braune-Krickau, Michael: Wie die Gruppe laufen lernt. Anregungen zum Planen und Leiten von Gruppen, Beltz-Verlag Weinheim, 8., vollständig überarbeitete Auflage 2010

Lepenies, Wolf: Wäre ich König, wäre ich gerecht, in: Montada, Leo (Hrsg.): Arbeitslosigkeit und soziale Gerechtigkeit. Campus-Verlag, Frankfurt/M. 1994

Marx, Karl: Das Kapital, Erster Band, Neuausgabe MEW, Dietz-Verlag, Berlin 1979

Metzler, Gabriele: Der deutsche Sozialstaat. Vom bismarckschen Erfolgsmodell zum Pflegefall. DVA, Stuttgart/München 2003

Mischon, Claus: Lehrbrief Modul Nr. 1. Kreatives Schreiben. Geschichte, Methoden, Techniken, Szenarien. ASH Berlin, WS 2011/2012

Morgenroth, Christine: Sprachloser Widerstand. Zur Sozialpathologie der Lebenswelt von Arbeitslosen, Fft./M. 1990

Negt, Oskar (1): Arbeit und menschliche Würde, Steidl Verlag, Göttingen 2008

Negt, Oskar (2): Der politische Mensch. Demokratie als Lebensform. Steidl Verlag, Göttingen 2010

Pennebaker, James W.: Heilung durch Schreiben. Ein Arbeitsbuch zur Selbsthilfe. Verlag Hans Huber, Bern 2010

Rico, Gabriele L.: Garantiert Schreiben lernen. Sprachliche Kreativität methodisch entwickeln - Ein Intensivkurs auf der Grundlage der modernen Gehirnforschung. 4. Aufl., Rowohlt Verlag, Reinbek 2004

Ruhe, Hans Georg: Methoden der Biografiearbeit. Lebensspuren entdecken und verstehen. Beltz Juventa, 5. Aufl., Weinheim und Basel 2012

vom Scheidt, Jürgen: Kreatives Schreiben – Hyperwriting. Texte zu sich selbst und zu anderen. Allitera Verlag, München 2006

Schenk; Herrad: Die Heilkraft des Schreibens. Wie man vom eigenen Leben erzählt. Verlag Beck, München 2009

Schierenbeck, Gitta; Weißbach-Hempel, Katharina: Lehrbrief Modul Nr. 4. Lebensphasen und Lebenskrisen. ASH Berlin, WS 2011/2012

Schütz, Astrid: Psychologie des Selbstwertgefühls. Von Selbstakzeptanz bis Arroganz. Kohlhammer Stuttgart. 2., aktualisierte Auflage 2003

Störch, Klaus: Sozialarbeit zwischen Anpassung und Aufbruch, in: Störch, Klaus (Hrsg.): Soziale Arbeit in der Krise. Perspektiven fortschrittlicher Sozialarbeit. VSA-Verlag, Hamburg 2005

v. Werder, Lutz (1): Erinnern – Wiederholen - Durcharbeiten. Die eigene Lebensgeschichte kreativ schreiben. Schibri-Verlag, Uckerland 2009

v. Werder, Lutz (2): Lehrbuch des kreativen Schreibens. Marix-Verlag Wiesbaden, Aktualisierte und neu gesetzte Auflage 2007

Weitere Literatur zur Recherche:

Alers, Kirsten: Lehrbrief Modul Nr. 9. Wissenschaftliche Grundlagen der Schreibgruppenpädagogik und Schreibgruppendynamik. ASH Berlin, SS 2012

Beck, Ulrich: Risikogesellschaft. Auf dem Weg in eine andere Moderne. Edition Suhrkamp, 21. Aufl., Frankfurt/M. 2012

Csikszentmihalyi; Mihaly: Kreativität. Wie Sie das Unmögliche schaffen und Ihre Grenzen überwinden, Klett-Cotta Verlag, 8. Aufl., Stuttgart 2010

Haslinger, Josef; Treichel, Hans-Ulrich: Schreiben lernen – Schreiben lehren. Fischer Taschenbuch Verlag, Frankfurt/M. 2006

Haußmann, Renate; Rechenberg-Winter, Petra: Alles, was in mir steckt. Kreatives Schreiben im systemischen Kontext. Verlag Vandenhoeck & Ruprecht, Göttingen 2013

Heimes, Silke; Rechenberg-Winter, Petra; Haußmann, Renate (Hrsg.): Praxisfelder des kreativen und therapeutischen Schreibens. Verlag Vandenhoeck & Ruprecht, Göttingen 2013

Heimes, Silke (2): Warum Schreiben hilft. Die Wirksamkeitsnachweise zur Poesietherapie. Vandenbrock & Ruprecht, Göttingen 2012

Heins, Rüdiger: Handbuch des Kreativen Schreibens. Creative Writing für Sozialpädagogen. Schneider Verlag, Baltmannsweiler 2005

Hradil, Stefan: Soziale Ungleichheit in Deutschland. Verlag Leske und Budrich, Opladen 1999

Kieselbach, Thomas; Wacker, Ali (Hrsg.): Bewältigung von Arbeitslosigkeit im sozialen Kontext. Programme, Initiativen, Evaluationen. Deutscher Studien Verlag, 2. Aufl., Weinheim 1995

Moser, Helmut; Preiser, Siegfried (Hrsg.):Umweltprobleme und Arbeitslosigkeit. Gesellschaftliche Herausforderungen an die Politische Psychologie, Beltz-Verlag, Weinheim und Basel 1984

Reißig, Birgit: Biografien jenseits von Erwerbsarbeit. Prozesse sozialer Exklusion und ihre Bewältigung, VS Verlag 2010

Rogge, Klaus-Eckart (Hrsg.): Methodenatlas, Springer-Verlag, Berlin 1995

Sennett, Richard: Der flexible Mensch. Berliner Taschenbuch Verlag, 8. Aufl., Berlin 2010

Zeitschriften und Broschüren:

Bundesagentur für Arbeit: Broschüre Arbeitslosengeld II, Sozialgeld

Kalina, Thorsten; Weinkopf, Claudia: Niedriglohnbeschäftigung 2011, S. 3, in: IAQ-Report der Universität Duisburg/Essen, 01/2013

Brigitte Pothmer, Hannoversche Allgemeine Zeitung, 24.08.2013

Internetquellen:

Schaubild 1: Quelle: http://www.bpb.de/nachschlagen/zahlen-und-fakten/soziale-situation-in-deutschland/61718/arbeitslose-und-arbeitslosenquote

Schaubild 2: Quelle: http://www.bpb.de/nachschlagen/zahlen-und-fakten/soziale-situation-in-deutschland/61727/stille-reserve

Schaubild 3: Quelle: http://www.sozialpolitik-aktuell.de/tl_files/sozialpolitik-aktuell/_Politikfelder/Arbeits-markt/Datensammlung/PDF-Dateien/abbIV43.pdf

Schaubild 4: Quelle: ver.di Bundesvorstand, Wirtschaftspolitik aktuell, Nr. 12 – August 2013, http://www.wipo.verdi.de

Quelle: http://www.katrinwerner.de/fileadmin/Gemeinsamer_Ordner/alz.pdf

Quelle: http://de.wikipedia.org/wiki/Hartz-Konzept

Bundesagentur für Arbeit: Strukturen der Arbeitslosigkeit, Datenstand April 2012, Online-pdf-Dokument: http://statistik.arbeitsagentur.de/Statischer-Content/Arbeitsmarktberichte/Berichte-Broschueren/Arbeitsmarkt/Generische-Publikationen/Strukturen-der-Arbeitslosigkeit-2012-05.pdf

Klaus Dörre: Hartz-IV-Republik, S. 3, in: http://www.blaetter.de/aktuell/dossiers/die-hartz-iv-republik

Öchsner: Einmal Hartz IV, immer Hartz IV. www.süddeutsche.de , 21.09.2012

„Die Linke" zur Statistik BAA, Monatsberichte. Quelle: http://www.die-linke.de/politik/positionen/arbeitsmarktundmindestlohn/tatsaechlichearbeitslosigkeit/

Quelle: http://de.wikipedia.org/wiki/Missbrauch_und_Abh%C3%A4ngigkeit

Quelle: http://www.spiegel.de/wirtschaft/soziales/depression-und-burnout-arbeitnehmer-verheimlichen-krankheit-a-917605.html

Wohlfahrt, Norbert: Ökonomisierung der sozialen Arbeit als Auslöser von QM-Strategien, S. 1 – 10, 2003. Quelle: http://www.efh-bochum.de/homepages/wohlfahrt/#4

Quelle: http://www.portalgesund.de/was_ist_gesundheit.php

Quelle: http://www.spaces-brandenburg.de/downloads/psychische-Folgen-Arbeitslosigkeit.pdf

Quelle: http://opus.bibliothek.uni-wuerzburg.de/volltexte/2010/4605/pdf/Dissertation_Th.Lochthowe.pdf

Quelle: http://www.uke.de/extern/tzs/daten/germany/Deutschland.html

Quelle: http://www.spiegel.de/wirtschaft/soziales/studie-jeder-dritte-hartz-iv-empfaenger-ist-psychisch-krank-a-931033.html

Quelle: http://www.spiegel.de/wirtschaft/soziales/studie-jeder-dritte-hartz-iv-empfaenger-ist-psychisch-krank-a-931033.html

Quelle: http://www.bpb.de/nachschlagen/zahlen-und-fakten/soziale-situation-in-deutschland/61718/arbeitslose-und-arbeitslosenquote

Quelle: http://www.bpb.de/nachschlagen/zahlen-und-fakten/soziale-situation-in-deutschland/61727/stille-reserve

Quelle: http://www.sozialpolitik-aktuell.de/tl_files/sozialpolitik-aktuell/_Politikfelder/Arbeits-markt/Datensammlung/PDF-Dateien/abbIV43.pdf

http://www.wipo.verdi.de

14   Anhänge

14.1   Schaubilder; Evaluationsbogen mit Auswertungsschema

Schaubild 1

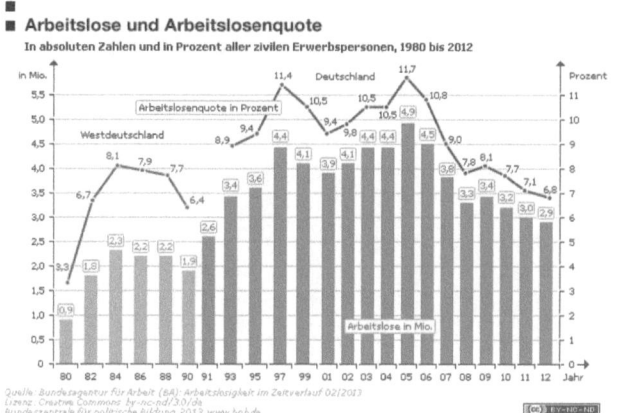

Schaubild 2

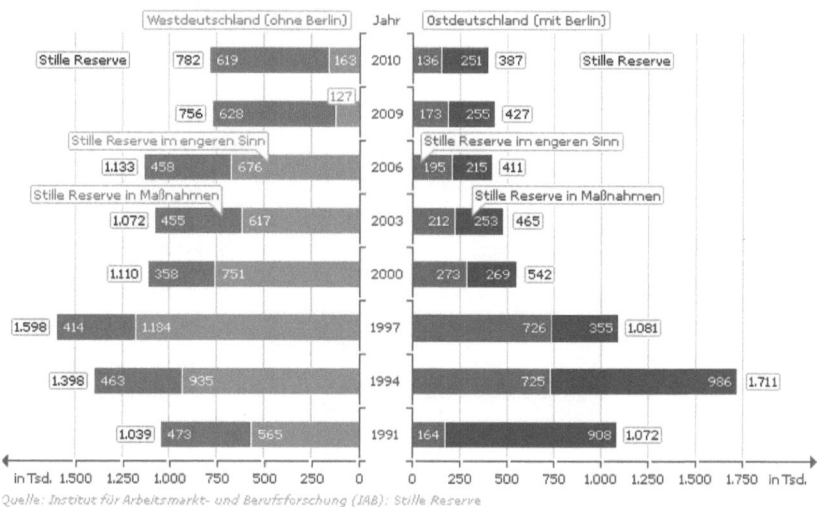

Schaubild 3

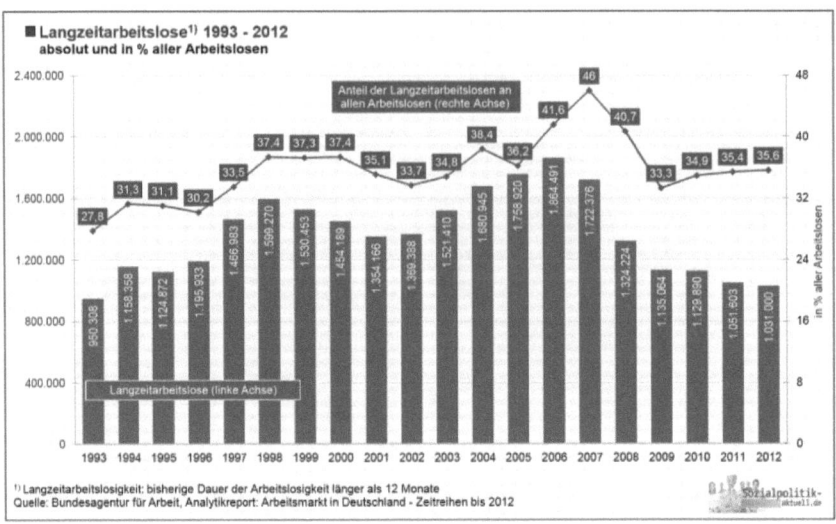

Schaubild 4

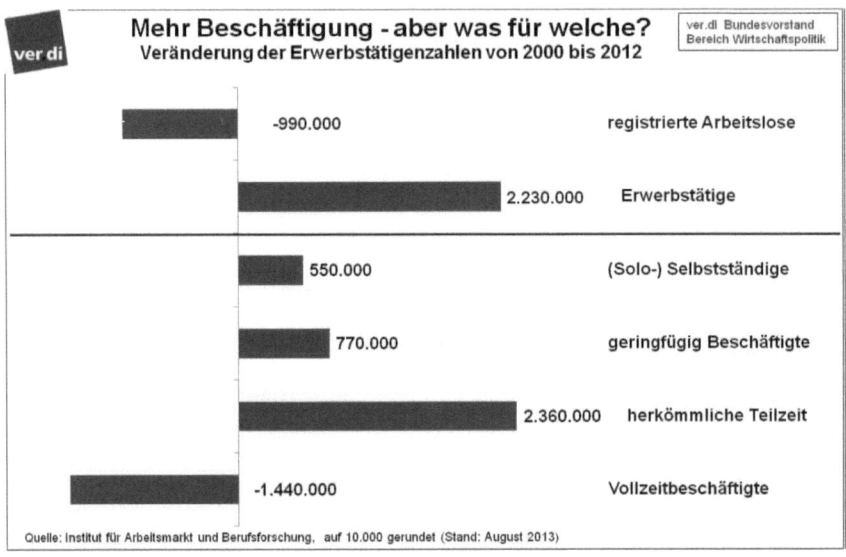

Fragebogen zur Konzepterstellung

Fragebogen zur Situation von arbeitssuchenden Menschen

Werte Teilnehmende, zuerst möchte ich mich für Ihre Bereitschaft bedanken, mich durch Ihre Mithilfe bei meinem Projekt zu unterstützen. Ich studiere das Fach "Biografisches und kreatives Schreiben". Es ist eine Ausbildung zum Schreibpädagogen. Ihre Angaben brauche ich für die Erstellung meiner Masterarbeit. Dieser Fragebogen ist zur Sicherstellung der Vertraulichkeit anonymisiert. Machen Sie daher bitte keinerlei zusätzlichen Angaben, die Rückschlüsse auf Ihre Person zulassen könnten. So ist sichergestellt, dass Ihre Angaben vertraulich behandelt werden.

Bei dem vorliegenden Fragebogen geht es darum, Ihre Situation und Ihre Sichtweise als Arbeitssuchende zu erfahren. Die daraus resultierenden Antworten dienen dazu, speziell für Ihre Zielgruppe ein Schreibgruppenkonzept zu entwickeln. Dieses Konzept soll ermöglichen, die besondere Lage von Langzeit-Arbeitssuchenden durch die Methode des biografischen und kreativen Schreibens zu erleichtern. Diese Methode hat sich in vielen Lebensbereichen als sehr geeignet erwiesen, Menschen in schwierigen, krisenhaften Situationen Möglichkeiten der Selbsthilfe an die Hand zu geben. Rückbesinnung auf eigene Stärken und die Entdeckung neuer, bisher nicht bewusster Fähigkeiten ist über diesen Weg möglich. Das endgültige Schreibgruppenkonzept soll zeitnah umgesetzt werden. So haben Sie später die Möglichkeit, über Ihre eigenen Texte den Höhen und Tiefen Ihres Lebens zu begegnen, Dinge neu zu bewerten und einzuordnen und ein Hobby für sich zu entdecken, das nicht mehr erfordert als Papier, Stift und die Bereitschaft, sich mit eigenen Texten selbst zu verwirklichen.

>>>Noch ein wichtiger Hinweis: Bitte kreuzen Sie bei den folgenden Fragen jeweils nur eine Antwort an<<<

Persönliche Situation

1. Welcher Altersgruppe sind Sie zuzuordnen?

   ☐ 15 - 20 Jahre
   ☐ 21 - 30 Jahre
   ☐ 31 - 40 Jahre
   ☐ 41 - 50 Jahre
   ☐ 51 - 60 Jahre
   ☐ 61 - 65 Jahre
   ☐ älter als 65 Jahre

2. Welchen Geschlechts sind Sie?

   ☐ männlich
   ☐ weiblich

3. Wie ist Ihr Familienstand?

   ☐ ledig
   ☐ verheiratet
   ☐ geschieden
   ☐ verwitwet

4. Haben Sie im Haushalt lebende Kinder?

   ☐ nein
   ☐ 1 Kind
   ☐ 2 Kinder
   ☐ 3 Kinder
   ☐ 4 oder mehr Kinder

5. Haben Sie Kinder, die nicht oder nicht mehr bei Ihnen im Haushalt leben?

- [ ] nein
- [ ] 1 Kind
- [ ] 2 Kinder
- [ ] 3 Kinder
- [ ] 4 oder mehr Kinder

6. Wie ist Ihre Wohnsituation?

- [ ] Ich wohne bei den Eltern/Verwandten
- [ ] Ich habe eine Wohnung mit meiner eigenen Familie
- [ ] Ich wohne im Singlehaushalt
- [ ] Ich wohne in einer Wohngemeinschaft
- [ ] Ich wohne in einem Wohnheim
- [ ] Ich bin wohnungslos
- [ ] Sonstiges

7. Wie kommen Sie mit Ihrem Einkommen aus?

- [ ] Einkommen auskömmlich
- [ ] Es reicht gerade, wenn ich mich einschränke
- [ ] Es reicht nicht, ich habe Schulden
- [ ] dazu will ich keine Angabe machen

8. Wo verbringen Sie am liebsten Ihre Freizeit?

- [ ] Ich bin gern zuhause
- [ ] Ich bin gern außer Haus
- [ ] Ich bin gern in der Natur
- [ ] Das ist mir unwichtig

9. Wie verbringen Sie am liebsten Ihre Freizeit?

- [ ] Ich treibe regelmäßig Sport
- [ ] Ich lese gern
- [ ] Ich schreibe gern
- [ ] Ich pflege mehrere Hobbies
- [ ] Ich verbringe viel Zeit vor dem Fernseher
- [ ] Ich habe keine nennenswerten Freizeitinteressen

10. Wie lange sind Sie vor der Arbeitslosigkeit regelmäßig in Arbeit gewesen?

- [ ] Weniger als 1 Jahr
- [ ] 1 Jahr
- [ ] 2 - 5 Jahre
- [ ] 6 - 10 Jahre
- [ ] 11 - 20 Jahre
- [ ] 21 - 30 Jahre
- [ ] 31 Jahre und länger
- [ ] Ich war vor der Arbeitslosigkeit selbstständig

11. Wie lange sind Sie jetzt arbeitssuchend?

- [ ] Weniger als 1 Jahr
- [ ] 1 Jahr
- [ ] 2 - 3 Jahre
- [ ] 4 - 9 Jahre
- [ ] 10 Jahre und länger

12. Waren Sie in Maßnahmen der _ARGE_ zur Erhöhung der Vermittlungschancen?

- [ ] nein, bisher nicht
- [ ] einmal
- [ ] zweimal
- [ ] dreimal
- [ ] mehr als dreimal

Psychosoziale Situation

13. In welcher Weise sprechen Sie mit Verwandten über Ihre Arbeitslosigkeit?

- [ ] Ich gehe offen damit um
- [ ] Ich gehe eher zurückhaltend damit um
- [ ] Ich verschweige eher die Arbeitslosigkeit
- [ ] Ich täusche aus Scham eine Tätigkeit vor
- [ ] Ich vermeide aus Scham entsprechende Kontakte
- [ ] Das kann ich nicht sagen

14. In welcher Weise sprechen Sie mit Bekannten außerhalb der Familie über Ihre Arbeitslosigkeit?

- [ ] Ich gehe offen damit um
- [ ] Ich gehe eher zurückhaltend damit um
- [ ] Ich verschweige eher die Arbeitslosigkeit
- [ ] Ich täusche aus Scham eine Tätigkeit vor
- [ ] Ich vermeide aus Scham entsprechende Kontakte
- [ ] Das kann ich nicht sagen

15. In welcher Weise sprechen Sie in der Öffentlichkeit (außerhalb des privaten Umfelds) über Ihre Arbeitslosigkeit?

- [ ] Ich gehe offen damit um
- [ ] Ich gehe eher zurückhaltend damit um
- [ ] Ich verschweige eher die Arbeitslosigkeit
- [ ] Ich täusche aus Scham eine Tätigkeit vor
- [ ] Ich vermeide aus Scham entsprechende Kontakte
- [ ] Das kann ich nicht sagen

16. Was erwartet Ihrer Meinung nach Ihr Umfeld (Familie und Bekannte) von Ihnen?

- [ ] Dass ich bald eine Arbeit finde, die meinen Fähigkeiten entspricht
- [ ] Dass ich bald eine Arbeit finde - auch eine, die unterhalb meiner Fähigkeiten liegt und die entsprechend geringer bezahlt wird
- [ ] Dass ich so lange suche, bis ich eine angemessene Arbeit finde
- [ ] Dass ich mich um jede Arbeit bemühe, auch wenn ich auf unabsehbare Zeit arbeitslos sein werde
- [ ] Dass ich mich um jede Arbeit bemühe, wenn nötig bis zur Rente
- [ ] Sie erwarten nichts
- [ ] Ich weiß es nicht

17. Was erwartet Ihrer Meinung nach die Gesellschaft von Ihnen?

- [ ] Dass ich bald eine Arbeit finde, die meinen Fähigkeiten entspricht
- [ ] Dass ich bald eine Arbeit finde - auch eine, die unterhalb meiner Fähigkeiten liegt und die entsprechend geringer bezahlt wird
- [ ] Dass ich so lange suche, bis ich eine angemessene Arbeit finde
- [ ] Dass ich mich um jede Arbeit bemühe, auch wenn ich auf unabsehbare Zeit arbeitslos sein werde
- [ ] Dass ich mich um jede Arbeit bemühe, wenn nötig bis zum Renteneintritt
- [ ] Darüber denke ich nicht nach
- [ ] Ich weiß es nicht

18. Woran liegt es Ihrer Meinung nach, dass Sie schon längere Zeit arbeitslos sind?

- [ ] Es liegt an der derzeitigen konjunkturellen Situation (Krise)
- [ ] Es liegt an der derzeitigen demografischen Situation (Überalterung der Gesellschaft)
- [ ] Es liegt an der gesellschaftliche Situation, weil Vollbeschäftigung nur in Ausnahmesituationen möglich ist
- [ ] Es liegt an der gesellschaftliche Situation, weil Massenarbeitslosigkeit in kapitalistischen Systemen normal ist
- [ ] Es liegt an mir, weil meine beruflichen Kenntnisse veraltet sind
- [ ] Es liegt an mir, weil ich inzwischen zu alt bin
- [ ] Ich weiß nicht, woran es liegt

162

19. Stimmen Sie der Aussage zu, dass einer dauerhaften Arbeitslosigkeit ein persönliches Versagen der Betroffenen zugrunde liegt?

- [ ] Ja, vollständig
- [ ] Ja, überwiegend
- [ ] Teils ja, teils nein
- [ ] Eher gering
- [ ] Nein, bestimmt nicht

20. Haben Sie inzwischen an eine Alternative zur Erwerbsarbeit gedacht?

- [ ] Nein, bisher nicht
- [ ] Ich will weiterhin eine Stelle suchen
- [ ] Nein, ich warte notfalls bis zur Rente
- [ ] Ja, ich könnte in meinem Beruf selbstständig werden
- [ ] Dazu kann ich nicht sagen

21. Welche dieser Aussagen zu einer möglichen Verhaltensänderung im Zusammenhang mit Arbeitslosigkeit trifft am ehesten auf Sie zu?

- [ ] Mein Verhalten hat sich bestimmt nicht verändert
- [ ] Mein Verhalten hat sich geringfügig, aber nicht störend verändert
- [ ] Mein Alkoholgenuss ist höher als früher
- [ ] Mein Medikamentengebrauch hat sich erhöht
- [ ] Ich bin in bestimmten Situationen aggressiver geworden
- [ ] Ich werfe mir selbst Versagen vor
- [ ] Andere sagen, ich sei unausstehlich geworden
- [ ] Dazu kann ich nicht sagen

22. Sind Sie daran interessiert, Angebote wahrzunehmen, mit denen Sie Ihre psychosoziale Situation verbessern können?

- [ ] Ja, solche Angebote würde ich gern wahrnehmen
- [ ] Ja, aber es käme auf das Angebot an
- [ ] Ich würde es zumindest erwägen, solche Angebote wahrzunehmen
- [ ] Nein, eher nicht. Solche Situationen meide ich lieber
- [ ] Nein, solche Angebote sind überhaupt nichts für mich

23. Haben Sie schon einmal Angebote wahrgenommen, die zum Ziel hatten, ihre psychosoziale Situation zu verbessern und das Selbstwertgefühl zu stärken?

- [ ] Nein, bisher nicht
- [ ] Ja, aber das hat meine Situation nicht verbessert
- [ ] Ja. Ich halte solche Angebote für sinnvoll
- [ ] Ich weiß nicht, ob bisher von mir genutzte Angebote darauf abzielten

Schreiberfahrungen

24. Das biografische und kreative Schreiben in einer Gruppe kann eine Rückbesinnung auf eigene Stärken bewirken und so das Selbstbewusstsein in Krisensituationen stärken. Haben Sie davon schon gehört oder an so einem Angebot bereits teilgenommen?

- [ ] Nein, bisher war mir das nicht bekannt
- [ ] Ja, davon habe ich schon gehört, habe aber bisher nicht daran teilgenommen
- [ ] Ja, und ich habe bereits daran teilgenommen
- [ ] Das ist mir nicht in Erinnerung

25. Könnten Sie sich vorstellen, an einer Gruppe teilzunehmen, in der biografisches und kreatives Schreiben mit dem Ziel angeboten wird, psychosozialen Druck abzubauen und das Selbstwertgefühl zu stärken?

- [ ] Nein, das ist nichts für mich
- [ ] Ja, ich würde teilnehmen, wenn mir die Bedingungen zusagen
- [ ] Ja, daran würde ich sehr gern teilnehmen
- [ ] Ich weiß nicht

26. Welche eigenen Erfahrungen haben Sie mit dem biografischen und kreativen Schreiben?

- [ ] Seit der Schule habe ich es nicht mehr versucht
- [ ] Ich schreibe sehr selten etwas
- [ ] Ich schreibe zu besonderen Anlässen etwas
- [ ] Ich schreibe öfter, aber unregelmäßig
- [ ] Ich schreibe oft und regelmäßig

27. Falls Sie bereits biografisch / kreativ schreiben: In welcher Form tun Sie es?

- [ ] Tagebuch
- [ ] Briefe
- [ ] Gedichte
- [ ] Geschichten zu eigenen Erinnerungen
- [ ] Kurzgeschichten
- [ ] Romane
- [ ] Sonstiges

Vielen Dank für Ihre Mitarbeit! Sie haben damit geholfen, ein neues Projekt zur Verbesserung der Situation Langzeitarbeitsuchender auf den Weg zu bringen.

Hans-Jürgen Fischer

Schema zur Statistikauswertung

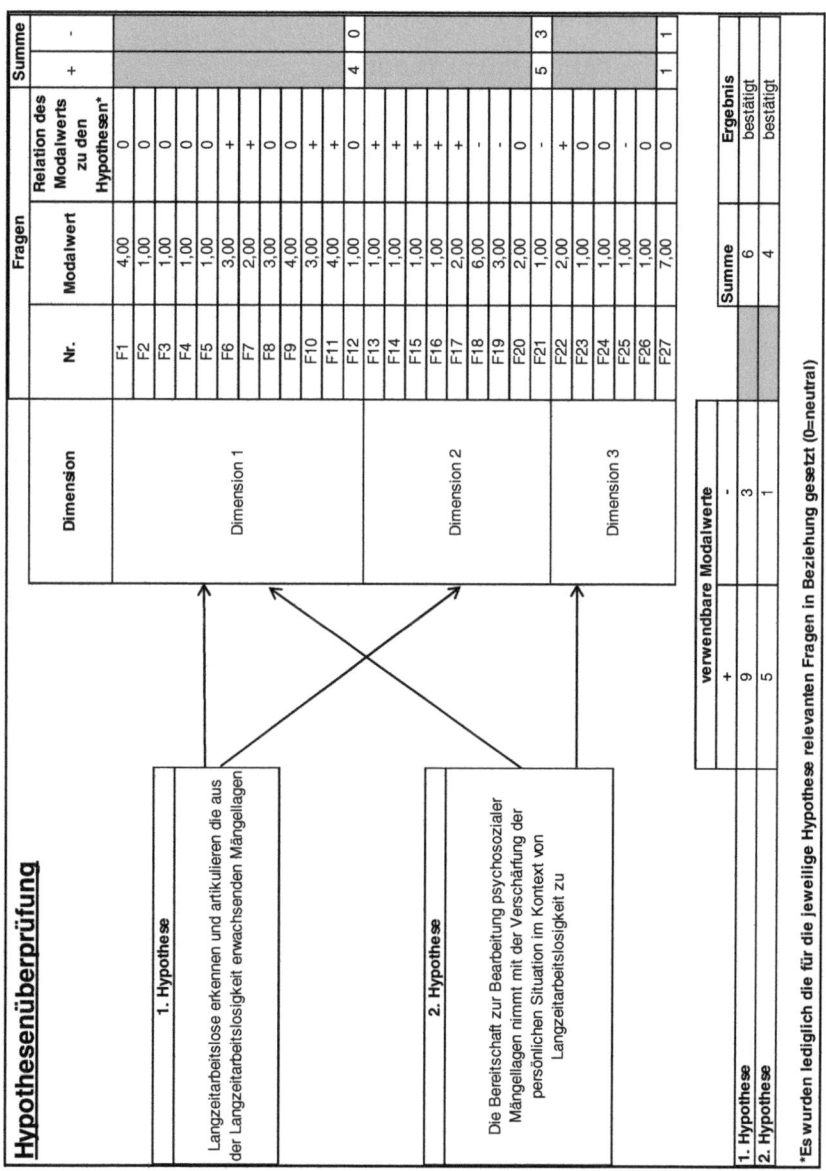

Hypothesenüberprüfung

1. Hypothese

Langzeitarbeitslose erkennen und artikulieren die aus der Langzeitarbeitslosigkeit erwachsenden Mängellagen

2. Hypothese

Die Bereitschaft zur Bearbeitung psychosozialer Mängellagen nimmt mit der Verschärfung der persönlichen Situation im Kontext der Langzeitarbeitslosigkeit zu

Dimension		Fragen			Summe	
	Nr.	Modalwert	Relation des Modalwerts zu den Hypothesen*		+	-
Dimension 1	F1	4,00	0			
	F2	1,00	0			
	F3	1,00	0			
	F4	1,00	0			
	F5	1,00	0			
	F6	3,00	+			
	F7	2,00	+			
	F8	3,00	0			
	F9	4,00	0			
	F10	3,00	+			
	F11	4,00	+			
	F12	1,00	0		4	0
Dimension 2	F13	1,00	+			
	F14	1,00	+			
	F15	1,00	+			
	F16	1,00	+			
	F17	2,00	+			
	F18	6,00	-			
	F19	3,00	-			
	F20	2,00	0		5	3
Dimension 3	F21	1,00	-			
	F22	2,00	+			
	F23	1,00	0			
	F24	1,00	0			
	F25	1,00	-			
	F26	1,00	0			
	F27	7,00	0		1	1

	Summe	Ergebnis
1. Hypothese	6	bestätigt
2. Hypothese	4	bestätigt

verwendbare Modalwerte		
	+	-
1. Hypothese	9	3
2. Hypothese	5	1

*Es wurden lediglich die für die jeweilige Hypothese relevanten Fragen in Beziehung gesetzt (0=neutral)

165

Exemplarische Texte von Teilnehmenden

Teilnehmer E., männlich, 64 Jahre alt

Was ich mir von dem Seminar erhoffe:

Ausgegangen bin ich davon, einen bestimmten Zeitraum für mich schriftlich zu fixieren und Dinge, die ich vielleicht nicht vergessen habe, aber nicht präsent habe. Mittlerweile kann ich mir vorstellen, dass der Umfang wahrscheinlich größer sein wird, d. h. ich weiter ausholen muss, um später daran feilen und verbessern zu können.

Ich bin gespannt, was sich in der Gruppe entwickelt, einen Abschluss wird es nicht geben können. Interessant stelle ich mir die konstruktive Rückmeldung – ob positiv oder negativ – vor. Da ich aus der Technik,, habe ich auf die Angewohnheit, sehr minimalistisch zuschreiben, daher erhoffe ich mir auch, meinen Schreibstil verbessern können und Anregungen zu bekommen.

Wie ich wurde, was ich bin: wichtige Lebensabschnitte

Über die entscheidende Weichenstellung meines Lebens

Die gravierendste Situation, die ich mir für mich überhaupt nicht vorstellen konnte, passierte 2004. Ich war an einem Donnerstag vor Ostern mit meiner Arbeit in Neuenhausen fertig und lud mein Werkzeug ins Auto. Ich dachte bei mir, dass meine Kisten zu folgen zu schwer sind und ich mich überhoben hatte. Den Freitag war ich in der Firma und hatte den Plan für die nächste Woche organisiert. Kurz vor Arbeitsende wurde ich angewiesen, ein anderes Auto zu nehmen. Das hieß, wieder mein Werkzeug umzuladen. Natürlich war ich der Letzte und keiner war da, mir zu helfen.

In seiner Hand wollte ich im Garten einen Baumweg machen was ich nicht mehr konnte, ich fühlte mich nicht gut. Ich musste zur Toilette, und als ich aufstehen wollte, da ich kein Stehpinkler bin, hatte ich plötzlich eine riesige Explosion und ich hatte das Gefühl, mein Bein wäre durch diese Explosion abgerissen worden. Bis ich merkte, was mit mir los war, vergingen bestimmt einige Zeit, die Schmerzen waren *(unlesbar, d. Verf.)*.

Ich habe zum ersten Mal gemerkt, wie unbeholfen man ist, wenn die Beweglichkeit nicht da ist. Ich habe den Notarzt angerufen, was sich heute nicht mehr machen würde, weil in akuten Fällen die Feuerwehr die bessere Entscheidung ist. Als der Notarzt dann endlich nach drei Stunden kam, war die erste Handlung, 10 Euro zu kassieren und zu fragen, wie 96 gespielt hat.

Daraus hat sich eine fast unendliche Geschichte entwickelt, aus der ich für mich den richtigen Weg gefunden habe.

Wie ich wurde, was ich bin: Einschneidende Erlebnisse

Der Tag, der für mich alles veränderte

Am 27. Juni 2012 hatte ich gerade ein paar E-Mails geschrieben, auch an unseren Sohn, fuhr den Rechner runter und stand auf, um in die Küche gehen und einen Kaffee zu trinken. Da konnte ich mich nicht mehr auf den Beinen halten, deshalb hielt ich mich am Türrahmen mit beiden Händen fest, um nicht umzufallen. Außerdem konnte ich nichts sehen. Wie sehr ich mich auch anstrengte, ich konnte nichts sehen. Es war mir nicht schwarz vor Augen, ich konnte nur nichts sehen. Nach einer Ewigkeit konnte ich wieder einigermaßen sehen, sie war zwar schwindlig, doch ich konnte wieder sehen und auch gehen. Ich hatte auch furchtbar Kopfschmerzen, sie nach einiger Zeit nachließen. Um 13 Uhr öffentlich meine Frau ins Nordstadtkrankenhaus gefahren. Ich musste mich in der Notaufnahme melden, die mich aber zu einem Notarzt in ein Gebäude schickte.

(Unlesbar, d. Verf.) ... bezahlt hatte, kam ich auch sofort dran. Ich wurde unter mir wurde ein Schein für die Notaufnahme ausgestellt. Nach einigen Untersuchungen in der Neurologie wurde ich in der kardiologischen Intensivstation eingewiesen. Nach dem Prozedere wie Blut abnehmen und sie anschließend an die Über-wachungsgeräte war der Verdacht auf eine Herzattacke diagnostiziert, war eine Herzfrequenz und 42 Schlägen pro Minute. Es wurde am Nachmittag auch ein CT vom Kopf gemacht, da die Kopfschmerzen nicht weggingen. Als ich nach dem CT in meinem Bett warten musste, bis ich wieder in die Intensivstation zurückgebracht wurde, konnte ich den Betrieb in der Notaufnahme verfolgen. Es war sehr interessant. Bis ein Patient, der auch in seinem Bett warten musste, die Bettdecke zur Seite schlug und aufstehen wollte. Der Kerl war betrunken und hatte sich in die Hose gemacht und blutete aus einer Kopfwunde.

Die Schwestern versuchten den Gestank mit Tannennadelduft zu überlagern, was nur leidlich gelang. Ich hatte das Glück, dass ein Pfleger nicht aus diesem Einzugsbereich weg schob. Nach einiger Zeit wurde ich dann auf mein Zimmer in der Intensivstation zurückgebracht.

Gegen ca. 22 Uhr 30 kam ein Augenarzt mit seinem ganzen mobilen Equipment vorbei und untersuchte meine Augen und mein Gleichgewichtssinn. Es wurde aber nichts gefunden, mein Puls war jetzt mein bei 55 Schlägen pro Minute.

Nach einer leidlichen Nacht und noch mehr Untersuchungen wurde ich am Nachmittag auf die normale Station verlegt. Am Nachmittag, ich hatte gerade mein neues Zimmer bekommen, wurde noch ein MRT von meinem Kopf gemacht. Danach kam mich sofort auf die neurologische Intensivstation, wo das ganze Prozedere von vorne begann. Es wurde festgestellt, dass ich einen Schlaganfall im Kleinhirn hatte.

Erlebnis mit einem Geisterfahrer!

Es war, glaube ich, 1985, als ich mit einem Arbeitskollegen noch kurz zu einer Verkaufsverhandlung gefahren bin. Wir hatten uns immer nach einiger Fahrzeit abgelöst, wenn einer müde wurde. Die erste Strecke bin ich meist gefahren, weil ich, wenn wir früh losgefahren sind, immer wacher war als er. Da wir um acht Uhr in Linz sein wollten, fuhren wir um zwei Uhr morgens los. Wir hatten uns ausgerechnet, dass die Strecke wie schon öfter in sechs Stunden zu schaffen sei. Morgens um zwei Uhr war dann die Autobahn kaum befahren, noch nicht mal von LKW´s. Nach Fulda, in einer lang gezogenen Linkskurve, dachte ich mir, wieso ist das Licht von Autos, die auf der Gegenfahrbahn fahren, so hell und zuckte (unleserlich, d. Verf.) wird durch die Leitplanke in der Mitte und Bäumen und Büschen das Licht abgedämpft und kann einen meist nicht direkt blenden.

In dieser Situation hatte ich intuitiv den Gedanken, von der linken Spur auf den Standstreifen zu fahren und abzubremsen. Ich fuhr auf den Standstreifen, da war der Geisterfahrer auch schon vorbei. Ich hielt an, machte die Warnblinkanlage an und rief die Polizei über das Telefon einen, gab meine Standort durch und hoffte, dass kein anderer in so eine Situation kam. Mit weichen Knien und einem komischen Gefühl fuhr ich weiter, mein Kollege hatte gar nichts mitbekommen, er hatte geschlafen.

Wie ich wurde, was ich bin: Einfluss anderer Menschen auf mein Leben

Zwei Elfchen

Lächeln

kostet nichts

in China ist

es an der Tagesordnung

meist

Nicken

kann vieles

bedeuten bei manchen

Menschen bestätigt ist das

Unverständnis

Was ich einer bestimmten Person sagen würde, wenn ich keine Sanktionen zu erwarten hätte.

Als ich einige Institutionen durchlaufen hatte und ich die Gewissheit hatte, nicht mehr in meinem Beruf arbeiten zu können, wurde mir vom Arbeitsamt ein Kurs zugewiesen, der anfänglich ganz gut anlief. Mit einem Motivationstrainer, der sich wirklich bemüht und versucht hatte, die Stärken und Schwächen der einzelnen Teilnehmer herauszufinden und der Positives vermitteln konnte.

Als er einigen Leuten Jobs mit Vorstellungsadressen vermittelt hatte, kamen Ausreden wie: der Urlaub steht an, die Kinder müssen in den Kindergarten gebracht werden, zu lange Fahrstrecken usw. Der Moderator musste danach selbst motiviert werden. Das war der Zeitpunkt für mich, aus dem Kurs auszusteigen, ich hätte sonst irgend jemandem gemeuchelt.

Was ich nicht bedacht hatte, ein Bildungsgutschein wird nicht weitergereicht, weil alle selbst die Kohle einsacken wollten. Ich bin dann von Pontius bis Pilatus gelaufen ...*(unlesbar, d. Verf.)* ... Digital Artist für Architektur und Produktdesign anfangen und zu Ende machen. Mir ist es damit gelungen, da ich wusste, was ich wollte, alle Parteien zu überzeugen ja sogar die einzelnen Person davon zu überzeugen, dass sie mit mir kein persönliches Glück mehr haben würden.

Wo liegen meine Stärken? Was mir im Leben gelang – und was nicht gelang

ich habe mich oft gefragt, was ich anders hätte machen können. Geprägt hat mich meine Kindheit, die einfach fantastisch war. Wahrscheinlich habe ich die also negativen Erlebnisse verdrängt, bewusst ist mir aber nach wie vor, dass ich schon in meiner Kindheit gemobbt worden bin, weil ich ein uneheliches Kind war. Diese Zeiten empfand ich als grausam. Kompensiert habe ich diese Situation durch negatives aufgefallen, außerdem war ich stinkend faul und hatte damals schon provoziert. Geholfen hat mir aber, dass die Konfliktbewältigung sehr ausgeprägt war und ich von meinen Vorfahren wohl Diplomatie vielleicht schon in die Wiege gelegt bekommen haben. Was mir auch zugute kam war das ich schon immer neugierig auf Neues war und mich nie habe beirren lassen. Sicherlich gab es Situationen, die mich in die falsche Richtung geführt haben, ich habe mich nicht gescheut, darauf zu reagieren und wenn nötig mich um 180 Grad zu drehen. Ich habe, wenn ich heute zurückschaue, eine Menge Glück gehabt, auch Menschen kennengelernt habe, die mir noch heute sehr viel bedeuten. Weitergeben möchte ich mein Wissen und einen Teil meiner Zeit ehrenamtlich zur Verfügung stellen, deshalb betreue ich Kinder, die diese Zeit gebrauchen können und auch merken sollen: Es geht nicht nur um Geld.

Was geht in mir vor, wenn Kleine den Großen ein Schnippchen schlagen?

Natürlich neigt man dazu, Sympathien für Kleine zu haben, die den Großen ein Schnippchen schlagen. Es sollte aber auf der gleichen Ebene stattfinden und nicht durch Umgehung der Regeln. Dann wäre es für mich nicht akzeptabel. Besser finde ich immer, durch Denken elegantere Wege zu finden, den vermeintlich Großen Paroli bieten zu können. Bei manchen Großen habe ich aber das Gefühl, schon im Ansatz nicht legal zu handeln. Genauso finde ich nicht gut, durch Außerachtlassen der Regeln Vorteile oder die vermeintliche Freiheit zu erlangen.

Wie ich meine größte Herausforderung bewältigt habe

ich hatte, um den Ablauf meiner Beerdigung zu organisieren, schon Gedanken entwickelt die vor allen Dingen den Angehörigen zugute kommen sollten, indem für sie keine Kosten entstanden sind, weil alles schon bezahlt wurde. Natürlich hätte mich der Gedanke geplagt, dass man einem Schwindler aufgesessen ist, der das Geld für sich selbst in Anspruch genommen hat und letztendlich wieder gar nichts geregelt sein würde, weil man heute unter Umständen nicht mal mehr einen Notar vertrauen kann.

Ich hatte es mit zunehmendem Alter auch schon öfter erlebt, dass allein so profane Dinge wie „wer soll dabei sein" die Angehörigen überfordert. Wenn alles geregelt ist, hat man einfach ein besseres Gefühl und unter Umständen kann es auch lebensverlängernd sein, weil man zufriedener und gelassener ist. Vor allen Dingen mit sich dann im Reinen zu sein, da alles geregelt ist, was man im Krankheitsfall nicht mehr selbst entscheiden kann.

Zwischenfazit: Was bringt mir das biografische und kreative Schreiben?

Ich nehme mir leider zu wenig Zeit, um mehr in Ruhe schreiben zu können, es ist wie mit vielen Dingen, die erst verinnerlicht werden müssen, um sich einen Freiraum zu schaffen. Ich habe das Gefühl, dass es mit der Zeiteinteilung auch schon besser wird.

Ich nehme zur Zeit auch war, dass das meiste um einen herum mit elektronischen Geräten passiert, dass es besonders schlimm bei Kindern ist. Manche werden das Schreiben und Lesen auch nur leidlich erlernen können. Es liegt in der Natur der Lebewesen, Perfektion muss man durch ständiges Üben und Lernen verbessern. Ich habe mir für die Zukunft vorgenommen, mehr zu üben und zu schreiben.

Gestern – Heute – Morgen

Gestern habe ich noch voller Elan an besonderes gedacht. Heute muss ich leider feststellen, dass das Umsetzen schwierig ist. Morgen wird es wahrscheinlich noch schlimmer kommen, und ich fange von vorne an.

Gestern war die Welt um sieben Uhr noch in Ordnung. Heute war ich noch früher auf, es hat sich aber nichts verbessert. Morgen werde ich mir etwas Neues ausdenken müssen.

An einem Montagmorgen im Jahre 2020

Ich schlage daher Montagmorgen die Zeitung auf und betrifft fast der Schlag. Europa hat die Grenzen geschlossen, um im Verteidigungsfall kontrollieren zu können, wer unerwünscht ist. Flüchtlinge gibt es schon lange keine mehr und auch der Handel mit außereuropäischen Ländern ist praktisch zum Stillstand gekommen. Der Computer gibt vor, was gemacht wird, um so aus der Krise, die zur Zeit wieder mal herrscht, heraus kommen zu können. Denn in der Vergangenheit waren die Politik und die Gesellschaft nicht in der Lage, irgendetwas in die richtige Richtung lenken zu können.

Also wurde von der Maschine vorgeschlagen, dass die Maschine pragmatisch alles umsetzen kann, was gebraucht wird. Es hat sicher schon länger angebahnt, das auf kurz oder lang die neoliberale Wachstumsgesellschaft an ihrem Ende angekommen ist. Die Technikgläubigkeit praktisch verordnet worden, es fiel auch nicht schwer, denn die digitale Demenz ist mittlerweile so weit fortgeschritten, dass die jüngeren Menschen sich nur mehr mit Maschine und elektrischen Geräten unterhalten können. Die Schrift und die Sprache wie man sie kennt, existieren praktisch nicht mehr. Das wollen die Maschinensprache übernommen, weil dann alle die gleiche Sprache sprechen müssen und es rationale Gedanken nicht mehr gibt. Letztendlich musste es so weit kommen, der jeder Mann seine Vorteile gesucht hat und zugesehen wurde, wie man andere übervorteilen konnte.

Dazu kommt, dass jeder EU-Bürger einen Eid ablegen musste, sich in die Gesellschaft mit allen Möglichkeiten einzubringen. Ansonsten muss er das Land verlassen, was aber praktisch unmöglich geworden ist, da man gar nicht mehr in der Lage ist, eigenständige Gedanken zu haben. Gott sei Dank bin ich dann schweißgebadet durch das Gewitter wach geworden, hoffe er sehr, dass alles nur ein Traum bleibt, obwohl einige Aspekte schon etwas in sich haben.

Drei Hindernisse, die es zu überwinden gilt

Die

Zeit einteilen

bedeutet für mich

Gedanken die ich entwickle

Umzusetzen

Wenn

ich wieder

zu euphorisch bin

denke ich oft an

Münchhausen

Gesundheit

zu erfahren

setzt immer voraus

auf sich selbst zu

achten

Ein Brief an die Gruppe aus der Zukunft

Liebe Schreibgruppe,

aus Versehen bin ich in eine Zeitmaschine gekommen. Ich konnte es mir nicht vorstellen, so etwas auf meine alten Tage erleben zu können. Ich weiß auch nicht, ob ich es schaffen würde, wieder zurückzukommen, vielleicht will ich es auch gar nicht mehr.

Die Alpen, wie wir sie kennen, gibt es nicht mehr. Sie sind durch die Erosion zu Hügeln buchstäblich zerbröselt. Auch dachte ich mir, dass es in der Zukunft eine Rolle stechen über Energie und Wasser gibt, aber nichts davon ist eingetreten. Die Menschheit hat sich darauf besonnen, mit der Natur im Einklang zu leben und die Jahreszeiten zu akzeptieren. Ausschlaggebend war die Tatsache, dass die Menschheit vom Planeten Erde nicht meckern, weil es im möglichen Umkreis keinen Planeten gibt, der bewohnbar wäre. Auch wurde der alte Traum der Kernfusion realisiert, somit gibt es Energie in Hülle und Fülle. Auch das Geld wurde wieder abgeschafft, und jeder hat genug zum Leben und kann sich in die Gemeinschaft einbringen.

Hier beschreibt Gruppe, wenn ich wüsste wie ich hierhergekommen bin, würde ich es euch mitteilen, obwohl ich auch gar nicht weiß, ob dieser Brief euch erreicht. Ich bleibe jedenfalls hier, ihr müsst leider ohne mich weiter machen.

Liebe Grüße

E.

Weichenstellung für mich – was ich noch erreichen will

mit dem Satz „früher war alles besser" verprellt man die meisten Leute. Viele wissen nicht mehr, dass es „früher" gar nicht besser war, aber die Beeinflussung war nicht so gewaltig wie heute. Mit der Verstetigung der Staatseinnahmen wurde auch ein Instrument geschaffen, das heute gleich ein gesetzlicher Anspruch abgeleitet wird, wenn es durchgesetzt wird. Der Gesellschaft ist grundsätzlich der Wert der Begriff abhandengekommen. Wie kann es sein, dass heute ein paar Schreibtische mehr wert sein sollen als Kontinuität, d.h. wenn nachhaltig gewirtschaftet wird.

Bei diesem Prozess werden ganze Generationen zurückgelassen und lapidar mit Hülsen wie „bildungsfern" und „nicht vermittelbar" abgetan. Dabei geht es schon bei den jüngsten. Was die ganzen Generationen brauchen, ist Zeit haben zu dürfen, einfach Kind sein zu können. Auch Verlässlichkeit ist sehr wichtig und Vorbild sein für diesen (*unlesbar, d. Verf.*)

E. Zolager

Rundgedicht

Mit der Vorgabe der ersten Zeile soll das Gedicht fortgeschrieben werden. Wer dieses Blatt gezogen hat, schreibt eine sich darauf beziehende zweite Zeile und gibt es an die benachbarte Person weiter usw.

Bei der achten Zeile besteht die Kunst darin, zwischen siebter und erster Zeile eine Zeile einzufügen, die beide miteinander sinnvoll verbindet.

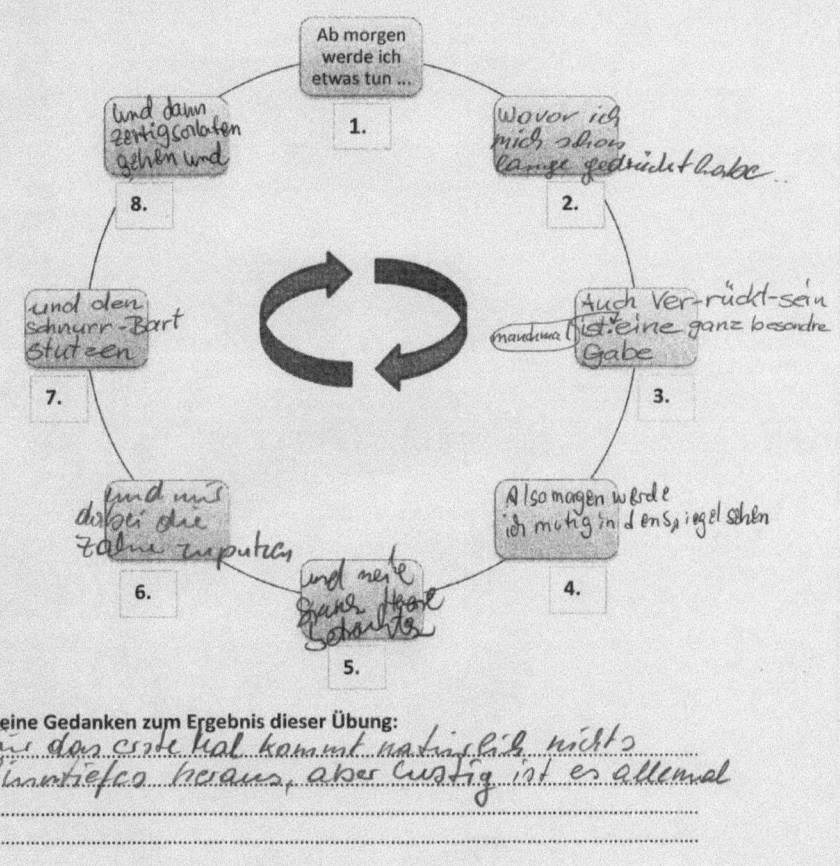

1. Ab morgen werde ich etwas tun ...
2. Wovor ich mich schon lange gedrückt habe.
3. Auch Ver-rückt-sein ist manchmal eine ganz besondre Gabe
4. Also morgen werde ich mutig in den Spiegel sehen
5. und meine grauen Haare betrachten
6. und mir dabei die Zähne reputzen
7. und den Schnurr-Bart stutzen
8. Und dann zertigcoloten gehen und

Meine Gedanken zum Ergebnis dieser Übung:
für das erste Mal kommt natürlich nichts Sinntiefes heraus, aber lustig ist es allemal

Rundgedicht

175

Teilnehmerin K., weiblich, 57 Jahre alt

Was ich mir von dem Seminar erhoffe:

- mehr Klarheit über meinen nächsten Schritte
- welche Prioritäten muss sich setzen?
- Ich überprüfe meine Wünsche und in welcher Reihenfolge ich sie umsetzen will
- was muss ich mir vielleicht noch anschauen, um wirklich Altes loszulassen?
- Vielleicht Gleichgesinnte kennen lernen
- die Möglichkeit, mich selbst besser mit meinen Talenten und Tätigkeiten wahrzunehmen
- mich wieder einer fremden Gruppe von Menschen zu öffnen und ehrlich zu kommunizieren
- mir Selbstvertrauen und mutiger werden, um neue Wege zu finden und sie auch zu gehen.

Aus meinem Steckbrief. Worüber ich hier gern etwas erzählen würde:

Eine Reise nach Frankreich. Meine Freundin Gaby und ich beschlossen, spontan nach Frankreich ans Meer zu trampen. Was wir kurz entschlossen auch taten. Da wir mit dem Geld haushalten mussten, hatten wir uns entschieden, zu campen. Nun kamen wir spät abends in Marseille an und der Campingplatz hatte schon zu. Da Gaby Französisch sprach, fragte sie in einem Bistro nach einer Jugendherberge. Daraufhin boten uns zwei junge Männer ihre Hilfe und eine Unterkunft an. Ich war sehr misstrauisch, aber gar die sprach den Mut zu. So landeten wir in einem Araberviertel, mitten in Marseille, und es begrüßten uns ca. zehn arabische Männer in der Wohnung. Der Schock saß tief und ich nahm mich zusammen und plauderte etwas in Englisch von Allah. Wir schliefen mit Kleidung und ich mit einem Messer in der Hand. Aber außer einer schlaflosen Nacht passierte Gott sei Dank nichts. Ja, mein Schutzengel hatte viel Arbeit mit mir, besonders in meiner Jugendzeit.

Wie ich wurde, was ich bin (Wichtige Lebensabschnitte)

Meine entscheidende Weichenstellung

Nach einer Ägyptenreise bekam ich eine Lungenentzündung und musste ins Krankenhaus. Anschließend wurde ich nach Norderney in eine Kurklinik geschickt. Dort bekam ich nach ca. zwei Wochen eine Einladung zu einem Gespräch bei den Chefarzt. Er hatte an seiner Seite einen Kollegen, der ihn wohl unterstützen sollte. Ich saß am anderen Ende des Zimmers und mir war richtig unwohl.

Er offerierte mir kurz und bündig, dass sich eine unheilbare Krankheit hätte und sofort die Klinik verlassen müsste. Ich stand unter Schock und wanderte, ohne etwas zu erwidern, von dannen. Kurz vor 13 Uhr stand ich vor einem Edelsteingeschäft und es fiel laut etwas zu Boden. Ich dachte, ich hätte etwas verloren, aber was ich fand war ein kleiner Rosenquarzfisch, so groß wie mein kleiner Finger, mit einem gelb-violetten Maul. Ich deutete dies als ein himmlisches Zeichen. Mein Opa war vom Sternzeichenfisch und Jesus Christus benutzte das Fischsymbol. Gelb und violett werden der Weisheit und der Transformation zugeordnet so begann eine lange Reihe Reise, die ich mit einer Interferontherapie im Alter von 49 Jahren erfolgreich abschloss. Es biss mich noch eine Zecke, und so hatte ich noch kurz darauf eine schwere Borreliose. Nachdem die Schulmedizin nichts fand und ich wahnsinnig starke Gelenkschmerzen bekam, die ein halbes Jahr anhielten, sucht ich Hilfe bei einer Heilpraktikerin. Sie fand mit einem Gerät die Borrelien und wir brauchten ca. zwei Jahre, bis ich wieder normal leben konnte.

Wie ich wurde, was ich bin (Einschneidende Erlebnisse I):

Der erste Schock war, dass meine geliebte, fürsorgliche Omi einfach tot umfiel. Ich war gerade fünf Jahre alt und damit war für mich die Zeit der Geborgenheit und Liebe vorbei. Ich bin meiner Oma sehr dankbar, da ich weiß, das viele Menschen nicht einmal dies erlebt haben.

Der zweite Schock: Ich wurde in einem 1000-Seelen-Dorf eingeschult. Es gab regelmäßig Prügel und für mich keine Unterstützung. Mein Pech war, dass der Direktor schizophren war und tatsächlich einige Jahre später in eine Psychiatrie eingewiesen wurde. Das half mir zu diesem Zeitpunkt wenig, da ich schon in der Grundschule zweimal sitzen geblieben war. Meine Mutter interessierte gar nichts. Sie war mit allem überfordert. Dann gab es Hoffnung am Ende des Tunnels. Eine neue Schule, ein neuer Klassenlehrer und das Ganze ein Dorf weiter. Mein leerer Begriff nicht, warum ich zweimal sitzen geblieben war und lud meine Mutter zu einem Gespräch ein. Aber sie tat gar nicht. Nach zwei Jahren muss sich diesen wunderbaren Lehrer wieder verlassen. Es folgten noch zwei weitere Schulen.

Es kam der Tag, der mein Leben für alle Zeiten verändern sollte. Nachdem nun neun Schuljahre und waren, stellte meine Mutter, daneben stand zur Unterstützung mein Opa, die unverbindliche Frage, was sich denn nun am liebsten weiter tun wolle? Ich antwortete klar und unmissverständlich: „Ich will weiter zur Schule gehen." Daraufhin wurden wir folgende Optionen gestellt: die erste war, ich könnte eine Ausbildung als Verkäuferin im Elektrohandel gegenüber machen, oder ein Dorf weiter eine Schneiderlehre. Da ich sonst keine Wahl hatte, so glaubte, entschied ich mich für die Schneiderlehre ein Dorf weiter. Ich tat wie mir befohlen wurde und nähte fast 18 Monate Lederhosen und Jacken. In dieser Ausbildungszeit lernte ich Bettina kennen. Sie war zwei Jahre älter und nahm Drogen, so kam ich mit 14/15 Jahren zu meinem ersten Joint, meinem ersten Tritt und ca. eineinhalb Jahre später zu meinem ersten Schuss Heroin. Ich lernte in der Lehrzeit meinen ersten Freund kennen. Leider war er ein Süchtige 18 jähriger junger Mann. Ich verliebte mich in ihn und zog zu ihm. Meine Mutter wusste noch nicht mal, wo ich hingezogen war. Sie interessierte sich nicht für mein Leben. Sie hatte ja auch noch vier Söhne und somit genug in ihrem eigenen Leben zu tun. Trotzdem war ich immer über diese Gleichgültigkeit mir gegenüber, so empfand ich es, abwechselnd traurig und wütend.

Mein erster Stiefvater war Alkoholiker und sehr gewalttätig. Er schlug dem Alkoholrausch meine Mutter, meine Brüder, seine Söhne und auch ab und an mich. Da ich aber das einzige Mädchen zu dieser Zeit in der Familie war, wurde ich von ihm bevorzugt behandelt. Er war ca. sieben Jahre Seemann und dadurch selten zuhause. So konnten wir uns alle zwischendurch von ihm erholen. Ich hatte oft, als Kind, die ehrenwerte Aufgabe, ihn aus den Kneipen abzuholen. Was ich da sah, kann ich einfach nicht beschreiben, es war einfach ekelhaft und widert mich noch heute an.

Also, die Jahre nach dem Tod meiner Uni waren harte Lehrjahre und machten sich gegenüber den Menschen recht misstrauisch. Gewalt, Verrat und Missbrauch waren an der Tagesordnung und prägten mein Leben.

Wie ich wurde, was ich bin (Einschneidende Erlebnisse II):

Meine Mutter wurde ungewollt mit 20 Jahren schwanger. Sie war verzweifelt, da ihre Adoptivmutter ihr mit Rausschmiss drohte, falls sie mit einem Kind nach Hause kommen würde. Da meine Oma keine eigenen Kinder hatte, erkannte sie die Schwangerschaft meiner Mutter bis zum letzten Tag meiner Geburt nicht. Am 17.9.1957 erblickte ich gesund das Licht der Welt. Später erfuhr ich von meiner Mutter, dass sie mich neun Monate in ihrem Bauch versteckt hatte. Ein leiblicher Vater durfte meine Mutter nicht heiraten, da er schon mal geschieden war und somit für meine Oma nicht ehetauglich war. Meine Oma war eigentlich meine Mutter, wenn sie umsorgte mich mit ihrer Liebe und Fürsorge. Durch meine Omi bekam ich ständige liebevolle Zuwendung und Geborgenheit geschenkt. Sie vermittelte mir, was es bedeutet, sich liebevoll um jemanden zu kümmern. Im meinen Alter von fünf Jahren starb sie. Für ihre Liebe und Zuwendung bin ich zutiefst dankbar

Wie ich wurde, was ich bin (Einfluss anderer Menschen auf mein Leben I):

Mein heroinsüchtiger Freund und ich wurden wegen Verstoßes gegen das BTM-Gesetz verhaftet. Das war im Nachhinein mein Glück. Da ich gerade 17 Jahre alt war, bekam ich für zwei Jahre einen Bewährungshelfer. Er verhalf ihr, gegen den willen meiner Mutter und meines richtigen Vaters zu der Möglichkeit, meinen Hauptschulabschluss nachholen zu können. Dadurch lernte ich erst mit 18 Jahren meinen richtigen Vater kennen. Denn er wollte eigentlich nicht weiter für mich zahlen. Ich zog voller Freude in eine ambulante Therapie von der DROBS in Minden. Wir lebten zuerst in einer alten Villa, später in einem sehr alten Fachwerkhaus. Alles war einfach unter spartanisch, aber ich fühlte mich das erste Mal wiederholt. In den zwei Jahren holt sich unter den schwierigsten Umständen meinen Hauptschulabschluss nach. Das Geld war knapp und erst nach Jahren bemerkte ich, dass meine Mutter mir das Geld von meinem Vater vorenthielt.

Der erste Mutterersatz war die Sekretärin von der DROBS. Sie streckte mir einen Pullover zum Geburtstag und half mir über diese Zeit mit Rat und Tat. In der Drogenberatungsstelle lernte ich meinen zweiten Freund kennen. Die verliebten unseren führten eine Beziehung. Er kam aus einem reichen Elternhaus. Der Mutter war ich ein Dorn im Auge, aber mein Freund hielt zu mir und schützte mich verbal vor ihr. Leider war es auch ein Fixer, nur Torte ist nicht immer und schon gar nicht vor mir. Meine Bedingung war: ich oder die Drogen. Ich hatte schon erlebt, wie so einige an dem Goldenen Schuss gestorben war. Mein Entschluss stand fest: keine harten Drogen mehr zu nehmen.

Nach dem Hauptschulabschluss fing ich die Mittlere Reife an, leider mit dem Fachbereich Hauswirtschaft. Ich aber wollte Sozialpädagogik studieren. Es sollte wohl nicht sein. Mitten in dem ersten Schuljahr die meine Beziehung kaputt und bei mir ging es in ein tiefes emotionales Loch. Ich brauchte Jahre, um mich wieder davon zu erholen. Die damaligen Direktorin ordern für mich zu einem Gespräch. Ich war ca. 20 Jahre und sie meinte, ich sollte erst einmal eine Pause einlegen. Ich könnte ja später wieder weitermachen ohne Vorwarnung fegte sie mich von der Schule.

Die Sekretärin von der DROBS half mir war einer Bewerbung für die Führung einer Schallplattenfiliale JPC" in Minden. Von ca. 40 Personen, die sich bewarben, hatte ich das Glück und bekam den Job. Nach ca. einem Jahr wird sich dort auf den für ca. zwei Monate nach England zu einer Freundin, Marie-Louise. Sie hatte ein kleines Mädchen namens Heidi. Leider kam sie auch aus diesem Drogenmilieu. Soweit ich weiß, ist sie später auch an den Drogen gestorben. Nach ca. einem Jahr fragte mich Marie-Louise, ob ich mit ihr und ihren Kindern in Wunstorf zusammen wohnen möchte. Sie war mit ihrem zweiten Kind schwanger und konnte die Heil-praktikerschule nicht mehr zu Ende machen. So zog ich frohen Mutes nach Wuns-torf. Ich versuchte die mittlere Reife nachzuholen, aber wieder einmal stecken sie mich in Fachbereich Hauswirtschaft, und der interessierte mich überhaupt nicht.

Nach einer warmherzigen, lebendigen, kreativen und aufregenden Zeit von ca. zweieinhalb Jahren zog sie zurück in ihr Elternhaus und ich für 18 Jahre nach Hannover. Sie ist vor ca. zwei Jahren an gebrochenem Herzen gestorben, man fand sie tot in ihrem Bett. All ihre guten Vorsätze verschwanden nach und nach unter den Zigaretten und dem Alkohol. Sie war fürsorglich, hübsch und hatte so viele Talente, und trotzdem weiß ich nicht möglich sie voll und ganz zu leben. Sie hat mich inspiriert und motiviert. Durch die fand ich den Zugang zum Hatha-Yoga und zu Gott. Ich bin ihr zutiefst dankbar dafür.

Wie ich wurde, was ich bin (Einfluss anderer Menschen auf mein Leben II):

Bielefeld war für ca. ein Jahr mein Zuhause. Noch in der Zeit in Minden lernte ich Marie-Louise kennen. Sie lebte in Wunstorf und versuchte dort, Ihren Heilpraktiker zu machen. Dann kam das erste Kind Valeska und ca. eineinhalb Jahre später wurde sie wieder schwanger. Sie fühlte sich von allem überfordert und fragte mich, ob ich Lust hätte, mit ihr und den Kindern zusammen zu wohnen. Sie war gerade mit dem zweiten Kind hochschwanger. Der eigentliche Vater lebt in Berlin und hatte wohl kein näheres Interesse an einer Familiengründung. So zog er nach Wunstorf. Marie-Louise hatte eine liebevolle und kreative Art und Weise, uns an Liebe, Schönheit und menschliche Wärme zu schenken. Durch sie lernte ich Hatha-Yoga kennen und bekam wieder Zugang zu Gott, Jesus und dem Glauben. Nach ca. zweieinhalb Jahren zog sie zurück in ihr Elternhaus. Ihr Vater war gestorben und ihre Mutter brauchte tatkräftig Unterstützung. Unsere gemeinsamen Wege lockerte sich. Sie kann Brustkrebs, und ich sah sie und ihre mittlerweile großen Mädchen ein letztes Mal. Sie starb vor ca. zwei Jahren. Ich bin ihr zutiefst dankbar für unsere gemeinsame Zeit in Wunstorf.

Skizze über eine Person, die ich beobachtet habe

Mein Nachbar: Vor Jahren, als er direkt neben mir einzog, kamen wir in ein Gespräch. Sie stellte schnell fest, dass Alkohol getrunken hatte. Er kam aus Polen und meinte im Gespräch, ja wenn er eine Frau hätte, würde er sofort mit dem Trinken aufhören nach einiger Zeit kam sogar eine Frau zu ihm. Aber der Alkohol blieb ihm treu – bis heute.

Alles Wünschen kann in Erfüllung gehen, aber wenn ich mich selbst nicht glücklich machen kann, kann es weder eine andere Person noch der Alkohol.

Meine persönliche Lebensbilanz

Meine innere Haltung hat immer entschieden, ob ich die Herausforderungen des Lebens wie zum Beispiel keinen Schulabschluss, Verlust einer geliebten Arbeitsstelle, Verlust eines Geliebten Partners oder die Erfahrung, sehr krank zu sein, als Lernaufgabe und als Motivation verstanden habe – oder eben nicht. Leider habe ich zwei Drittel meines Lebens mich selbst bedauert und damit zum Opfer gemacht. Meine eigene Macht anzuerkennen und mich auch im Alter weiterzuentwickeln, die Neugier auf das Leben zu behalten, in allem die Wunder der Schöpfung zu sehen, ist für mich das größte Geschenk.

Warum wir lachen, wenn Kleine den Großen ein Schnippchen schlagen (offenbar missverstandene Aufgabenstellung)

Weil die Kinder noch ein offenes und ehrliches Wesen besitzen. Sie sind oft sehr direkt, aber diese kindliche Art, uns Erwachsenen zu begegnen, macht einfach Freude. Ob es nun liebevoll gemeint ist oder nicht – die Kinder zeigen sich noch ganz wahrhaftig. Dieses unschuldige Verhalten ist für mich oft zum Lachen.

Ein persönlicher Triumph

Trotz aller Widrigkeiten niemals aufgegeben zu haben. Ja, ich hatte Depressionen und sogar Selbstmordgedanken – aber ich habe mich immer wieder aufgerappelt. Es waren immer zur rechten Zeit liebe Menschen da, um mir zu helfen. Die Kraft aufzubringen, den Lebensumständen immer etwas positives abzuringen, ist mein persönlicher Triumph. Er lässt mich in Würde altern, im Bewusstsein, dass mein Leben zeitlich begrenzt und kostbar ist. Den Humor zu behalten, optimistisch zu bleiben und die Gegenwart zu genießen, gehört für mich auch dazu.

Was macht mich stark?

Mein Glaube an eine höhere Macht, die ich Gott bin. Meine guten Freundschaften, Enttäuschungen vergeben zu können, offen zu sein für neue Menschen, Vertrauen in mein Leben zu bewahren, auch im Alter mutig neue Wege zu beschreiten, um weitere Erfahrungen zu machen, an die Liebe zu glauben, dass Leben und mich selbst mit einer großen Portion Humor zu betrachten, sich wie ein Kind freuen zu können, dabei alles mit Bewusstsein und Verantwortung zu tragen, dankbar zu sein, all das gibt mir ein Gefühl von Lebensfülle.

Ein Tanka zum Durchhalten

Es muss rein gar nichts

für immer und ewig sein

zeitenlos und rein

so soll es für immer sein

vertraue nur mir in dir

Die Geschichte meines persönlichen Triumphes

An einem sonnigen und sehr warmen Tag traf ich mich mit einer Bekannten in Hemmingen, genauer im „Café Rosenrot". Wir redeten über alles mögliche und irgendwann kamen wir auf meine Familie zu sprechen. Es berührte mich so sehr, dass ich zu weinen begann. Ich bat sie darum, noch ein wenig Zeit mit mir auf dem Rathausplatz am Taxistand in Hemmingen zu verbringen. Es stand ein Taxi vor Ort und sein Motor lief schon geraume Zeit. Mit einer Zeichensprache: „Nase zuhalten und Schlüssel umdrehen"gab ich dem Fahrer zu verstehen, er möge seinen Motor doch auszustellen. Leider regte sich nichts. So blieb ich hartnäckig und wiederholte die ganze Prozedur noch zweimal. Die Bekannte meinte noch zu mir: „Mensch, du bist ja mutig, ich hätte schon beim ersten Mal aufgegeben." Plötzlich stöhnte Taxifahrer leibhaftig vor mir und ... entschuldigte sich bei mir mit der Begründung: „Ich habe ein Fußballspiel verfolgt und war so vertieft darin, dass ich nichts bemerkt hatte." Ich bemerkte, dass ich es sehr nett fände, dass er sich dafür entschuldigte.

Akrostichon mit dem eigenen Namen

K   Kreativität

A   anfangen

R   Reagieren

O   organisieren

L   lachen

A   angstfrei leben

Wie ich meine größte Herausforderung bewältigte

Ich arbeite als Beraterin und unterrichte in einem neuen Körpersystem.

Es geschah wirklich ein großes Wunder, es wurde mir ein sehr großer Geldsegen zuteil. Das konnte ich mir alle Seminarhäuser anschauen und genau feststellen wo und wie ich meine Selbstständigkeit als Beraterin und Lehrerin für das neue Körpersystem eindringen konnte. Ich entschied mich für ein wunderschönes Ökodorf, mit allem Komfort, an einem sauberen und klaren See.

Mein Seminarraum ist sehr hell, warm und sehr freundlich gestaltet. Ich gebe zweimal täglich eine halbe Stunde Unterricht und habe ein sehr gutes Auskommen. Mein Leben verläuft dort sehr harmonisch. Zu meinem Seminarraum gehe ich ca. fünf Minuten. Mein Zuhause befindet sich am Rande des Ökodorfs. Sie können alle autark leben, da wir unseren eigenen Strom erzeugen, Bioland besitzen und die eigene, saubere Quelle. Mein Mann und Partner unterstützt mich und ich ihn, wir sind ein sehr glückliches und erfolgreiches Team. Wir sind alle sehr kreativ, innovativ und setzen unsere Ideen immer zum Wohle aller um. Jeder/jede kann in Würde alt werden und zuhause im Kreis seiner Lieben sterben. Das Leben war aufregend und manchmal anstrengend, und trotzdem liebenswert. Ich bin dankbar für alles.

Zwischenfazit: Was bringt mir das biografische und kreative Schreiben?

Das wöchentliche Treffen eröffnet mir neue Möglichkeiten zeigt mir neue Möglichkeiten auf, um die alten Verhaltensmuster zu erkennen und sie durch positive zu ersetzen. Allein , überhaupt wieder an einem Gruppentreffen teilnehmen zu können, kostete mich Überwindung. Die intensive Arbeit in der Gruppe ist für mich aufregend zugleich fördert sie in mir die Kommunikationsbereitschaft. Gerade bei Missverständnissen durch das gesprochene Wort können sehr leicht Konflikte entstehen. Diese Konflikte durch das gemeinsame Gespräch zu lösen die Gruppendynamik zu fördern, frei von Aggression, ist für mich eine große Herausforderung. Sich immer wieder zu öffnen, anderer wahrhaftig an seinem Erlebten teilhaben zu lassen, braucht Vertrauen und Mut. Da ich weiterkommen und wachsen möchte, empfinde ich unsere kleine Gruppe als eine gute Möglichkeit und Chance, meine selbst gesetzten Grenzen langsam aber sicher aufzulösen. Der Austausch durch das Gespräch gibt mir so auch Kraft und Freude. Danke der Gruppe für den er sich nun liebevollen Spiegel. Dir, Hans-Jürgen, bin ich sehr dankbar, denn ohne deine Initiative wäre diese kleine Gruppe nicht entstanden. Mögen noch viele weitere Workshops folgen.

Gestern – heute – morgen

Gestern war ich traurig

Heute bin ich froh

Morgen ebenso

Gestern strahlte die Sonne

heute nur zum Teil

morgen ist es ganz vorbei

Gestern grübelte ich so vor mich hin

heute ist es lustig

morgen treibt mir – hoffentlich – Erleuchtung in den Sinn

Gestern stand ich auf

heute nahm der Tag denselben Lauf

morgen aber wird es schön und die Welt sich weiterdreh´n

Was brauche ich für eine gute Zukunft?

• Gute Freunde, die meine Lebensaufgabe teilen und mich darin unterstützen
• ein guter Partner, dem liebevoll begleitet und auf den ich mich zu 100 Prozent verlassen kann
• die finanziellen Mittel oder Fördergelder, die meine Lebensvision wahr werden lassen: Eine gemeinnützige erzieherische Stiftung zum Erhalt der geistigen und menschlichen Werte, Alt hilft Jung und Jung hilft Alt, einen Wohnprojekt, wo sich jeder mit seinen Talenten einbringen kann. Wir leben und arbeiten auf einem

wunderschönen Landstrich, vor uns liegt ganz idyllisch ein glasklarer, grünlich schimmern See. Sie haben alle die Möglichkeit, autark in unserer Gemeinschaft leben zu können. Da wir uns selbst versorgen können, ob mit Strom und Wasser oder Nahrung, sind wir alle frei vom Leistungsdruck. Es gibt alles, was wir brauchen: Liebe, Licht, Reichlichnahrung, eine liebevolle, unterstützende Gemeinschaft. Wir bieten verschiedene Dienstleistungen an, zum Beispiel Kinder- und Jugendarbeit in Form von Spiel, Sport und dem lernen von ethisch-moralischen Werten, Gruppenarbeit die den Kontakt und Austausch zwischen Jung und Alt fördert. Gemeinsames Kochen, feiern, tanzen, spielen, singen, das gemeinsame Teilen all dieser Erfahrung verbindet uns. Dieses Erleben geschieht frei und jeder ist verantwortlich für seinen Aufgabenbereich. So erfahren wir hier alle Geborgenheit. Da wir uns alle gegenseitig unterstützen und besonders in Krisenzeiten, ist das Gemeinschaftsgefühl stark ausgeprägt. Die goldene Regel ist die Liebe. Alles, in Liebe getan und ausgeführt, wird uns ein Gefühl von Sicherheit. Nun leben wir alle unter dem Schutz Gottes, denn unser Glauben gibt uns Kraft und Stärke, alle Herausforderungen des Lebens meistern.

An einem Montagmorgen im Jahr 2020 …

… lebe ich glücklich mit meinem Ehemann in einer liebevollen und reichen Gemeinschaft. Nun bin ich 63 Jahre und fühle mich vitaler, kräftiger und lebendiger als mit 30 Jahren. Meine Aufgaben in der Gemeinschaft erfüllen mich mit Freude. Alles was ich mir geträumt hatte, ist in Erfüllung gegangen und hat meine Erwartungen noch bei weitem übertroffen. Alle meine Talente und Fähigkeiten ermöglichen mir ein regelmäßiges und sicheres Einkommen. Meine Freunde unterstützen mich bei allen meinen Aufgaben und ich sie auch. Jeder kann sich auf die anderen innerhalb der Gemeinschaft verlassen. Wir leben alle an einem reichen gesegneten und sicheren Ort. Wir produzieren unseren Strom vollständig selber, haben eine sehr große Bioanbaufläche und eine riesige, saubere Wasserquelle. So können wir alle autark leben und noch andere mit unseren Produkten unterstützen. Wir leben in gesunden und sicheren Häusern, die Gemeinschaft teilt sich die Verantwortung und entscheidet solidarisch. Die alten Menschen können in Würde sterben. Alt und Jung unterstützt sich. Ja, alles ist so gekommen und sogar noch besser, als ich es mir je träumen konnte. Sogar der saubere See liegt direkt vor mir. Gerade feiern wir zusammen und freuen uns gemeinsam. Ja, das Leben ist wunderbar und schön.

Drei Elfchen

Selbst

überwinden immer

wieder auch wenn

es unmöglich scheint genau

jetzt

Mutig

sein und

von vorne anfangen

nur das zählt hier

heute

Die

Last tragen

auch wenn sie

schwer ist und sich

kümmern

Wie und wo trete ich in für mich wichtigen Situationen künftig selbstbewusster auf?

Da ich gerne mit Kindern und Jugendlichen arbeiten möchte, werde ich die Möglichkeit an den Schulen, den Spielplatz oder den Jugendzentren wie auch den Sportvereinen nutzen. Durch meine Erfahrungen und Qualifikationen bin ich in der Lage, durch gezieltes vermitteln von Yoga Ausdruckstanz und einer Ernährungsberatung gezielt geduldig Hilfe anzubieten, so dass die Kinder und Jugendlichen Kraft aufbauen und ausstrahlen können. Ein gesundes Selbstbewusstsein kann sich dadurch entwickeln, in dem die Kinder und Jugendlichen ihre persönlichen Schwächen akzeptieren und mit Gefühl spielerisch im Unterricht auszudrücken lernen. Selbstdisziplin wird innerhalb der Gruppe gefördert, da gemeinsames erarbeiten von Zielen motivierend auf die Gruppe einwirkt. Beharrlichkeit und Geduld werden das gemeinsame Erarbeiten von Zielen positiv gestalten. Die gemeinsam gestaltet werden kurz vier werden aufgeführt und so zum Erfolgserlebnis, dass sie Kinderseele erfreut und dem Kind ein gesundes Selbstbewusstsein vermittelt. Das soziale Gemeinschaftsgefühl wird dadurch unter den Kindern gefördert und ausgebaut.

Ich schreibe aus der Zukunft einen Brief an die Schreibgruppe

Ich hoffe, dass es euch gut geht und eure Zukunftsvisionen sich erfüllt haben. Wie ihr ja wisst er lebe ich mit meinem Mann in einer Gemeinschaft es ist die wirklich wunderschön. Wir haben ein kleines Gästehaus, so dass ihr mich besuchen können. Zwar ist hier immer was los, denn wir haben ein Seminarhaus, wo sehr oft Workshops stattfinden, aber auch Vorträge gehalten werden. Unser sehr schönes Café-Bistro hat eine vollwertige und wohl schmecken die Küche. Täglich können wir dort zusammen essen, wenn man dies möchte. Einen Tag vorher anmelden genügt. Ihr könnt auch an unseren gemeinsamen Aktivitäten teilnehmen wie zum Beispiel Yoga, Tanz, Meditation oder er geht einfach spazieren. Der wunderschöne unsaubere sie lädt dich ein zum Baden. Ringsherum ist ein intaktes Waldgebiet, wenn du Glück hast, triffst du auf Waldemar unseren einzigen alten geschehen sei. Ja, ich kann euch nur sagen: Es ist wirklich alles noch viel besser gekommen, als ich es mir jemals vorstellen konnte.

Ihr seid herzlich eingeladen, ich freue mich über ein Wiedersehen.

Herzliche Grüße, eure K.

Was riskiere ich, wenn ich meine Interessen entschiedener als bisher vertrete?

Ich könnte meine Wohnung verlieren, da ich mich noch direkter bei der **Gagfah** beschwere und meine Nachbarin mich noch mehr belästigt als bisher. Es könnte die Möglichkeit entstehen, ins Ausland zu gehen, da dort meine Lebensbedingungen besser sein könnten. So würde ich meinen alten Freundeskreis verlieren und ich müsste von vorn anfangen. Die Übergänge zu gestalten – ob es um die Finanzen geht es in meiner neuen Wohnung – all dies braucht Kraft, Geld und viel Initiative. Einfach Neues wagen und das Alte zurücklassen braucht Mut, Ausdauer, Geduld und Hilfe. Jetzt nämlich sehr angenehm und recht komfortabel in einer kleinen Wohnung, die mehr Sicherheit spendet aber mich auch träge und bequem gemacht hat. Immerhin lebe ich schon fast 13 Jahre in ihr, da kennt man so seine guten Nischen. Vielleicht ist es für mich besonders schwer, da ich mit 42 schon einmal den Versuch gemacht habe und gescheitert bin. Einmal Freiburg und zurück nach Hannover hat mich so einiges gekostet, nicht nur Geld, auch menschlich wurde ich enttäuscht. Aber aus jeder Herausforderung bin ich gestärkt wieder hervor-gegangen. Aber es hat doch so seine Jahre gebraucht, um zu verzeihen, und jetzt…

Was mir alles passieren kann, wenn ich morgens aufstehe …

Die Sonne scheint hinter meinen Vorhängen und ich drehe mich noch einmal um und genieße mein kuscheliges, warmes Bett. In der Küche höre ich es klappern und hoffe auf meinen geliebten Grüntee. Tatsächlich bekomme ich ihn, diesmal sogar ins Bett gebracht. Ich ziehe die Vorhänge weg und sehe in den Tannen zwei ver-spielte Eichhörnchen, die sich gegenseitig jagen. Mein Panoramablick hat schon was und ich denke: „Ja das Leben kann auch schön sein." Plötzlich klingelt es an der Tür und ich bitte meinen Partnern herum, sie zu öffnen. Meine Freundin Moni steht vor der Tür und will mich spontan besuchen. Ich freue mich und koche ihr einen Tee. Ihr Besuch hat einen guten Grund, wie sie mir verrät: „Unser gemeinsames Los hat tatsächlich gewonnen." Ich bin sprachlos. Wer mich kennt, der weiß, dies ist nur selten der Fall. Nun kommt's, wir dürfen uns einen 500.000 Euro Gewinn teilen. Ich springe vor Freude an die Decke und danke dem lieben Gott für dieses Geschenk. Endlich kann ich mich selbstständig machen und so arbeiten, wie es mir gefällt. Und all dies geschieht mir, an einem Freitag, den dreizehnten. Welch ein Glückstag.

Vier Schritte zum Schreibglück

- Der erste Schritt war Hans-Jürgen. Klar, er wollte es tun…
- Der zweite Schritt folgte sogleich und die Rosa-Luxemburg-Stiftung war bereit und gab das o.k. zum biografischen Schreiben – jucheh!
- Der dritte Schritt war: die Menschen folgten seinem Ruf und schrieben – mal viel und mal wenig.
- Der letzte und der vierte Schritt ist die Vollendung – Stück für Stück ins Leben zurück.

Danke für deine Geduld. K.

Meine Zukunft als schreibender Mensch (zwei Elfchen)

Neues

kreieren mit

Geist, Verstand und

kreativer Hand für Kinder

erschaffen

Gedichte

verfassen mit

Sinn, Herz und

Verstand, dabei mutig Neues

Schaffen

Teilnehmer M., männlich, 50 Jahre alt

Impressionen im Jobcenter

In einer Zweierreihe stehen Menschen mit müden Gesichtern vor einer sogenannten Kundentheke. Eine Tasche ist auf dem Boden abgestellt. Ein Security-Mann spaziert den Gang rauf und runter.

Ein zweiter Security-Mann assistiert beim Kopieren von Unterlagen.

Ein Mann, in der Reihe stehend, stützt sich auf einer Begrenzung ab.

Zwei Frauen gehen zu einem mit Kunden-Toilette gekennzeichneten Raum.

Eine junge Frau wird von ihrem Kind begleitet. Die Mutter betrachtet ihre Unterlagen, die Tochter steht zuerst hinter der Mutter, dann geht Sie an die linke Seite der Mutter. Das Kind trägt eine Wollmütze. Die Mutter hat ihre langen, blonden Haare zu einem Pferdeschwanz zusammen gebunden. Sie trägt neonfarbene Turnschuhe und hat seitlich, rechts am Körper eine Tasche hängen.

Hinter stellt sich ein Mann, der seine kleine Tochter auf dem Arm trägt. Ihr Kopf ist mit einer grün-weiß gestreiften Mütze bedeckt.

Dann kommt eine Frau zu dem Mann. Sie hat Unterlagen in der Hand, die Sie dem Mann, ihrem Mann, zeigt. Am rechten Unterarm der Frau baumelt eine große Handtasche. Die schwarzhaarige Frau trägt ein schwarzes Oberteil und dazu passend schwarze Stiefel. Unter ihrem blauen Jeansrock lugt eine schwarze Strumpfhose hervor.

Ein Mann mit dunkelblauem Cord-Anzug tütet kopierte Unterlagen in einen Umschlag und wirft Sie in einen mit Post gekennzeichneten Briefkasten.

Ein Mann mit rotem Pullover steht direkt vor der ARGE-Mitarbeiterin und kratzt sich am linken Ohr.

Eine Frau, deren Migrationshintergrund, mit einem bunten Kopftuch erkennbar ist, unterhält sich mit einer anderen Migrantin, die kein Kopftusch trägt.

Eine andere Muslima mit grüner Jacke und schwarzem Kopftuch wirft einen Brief in den Postkasten.

Eine Frau, in der Reihe der Wartenden drückt ihre linke Hand in den Bereich ihrer Lendenwirbel.

Ein Tag im Jobcenter

Mit grimmigem Gesicht zog er im Jobcenter eine Wartenummer. Heinrich Martin war schon lange nicht mehr in einem sozialversicherungspflichtigen Job. Er war im besten Mannesalter und mit seinen fast 2 Metern Körpergröße und 100 kg Körpergewicht eine imposante Erscheinung.

Auf seiner Einladung des Jobcenter Region Hannover stand der Standardsatz: *"Ich möchte mit Ihnen über Ihre aktuelle berufliche Situation sprechen"*. Die Einladung versandt hatte Frau Meyer. Frau Meyer hatte wie ihr Klient Heinrich Martin Soziologie und Politikwissenschaften in Hannover studiert. Frau Meyer war knapp dreißig Jahre jung und teilte bei den Gesprächen mit ihren erwerbslosen Klienten mit, wie gern sie doch ihre Arbeit macht!

Herr Heinrich wartete im Foyer des Jobcenter, dass er aufgerufen wird. Um Ihn herum saßen Mütter mit Kleinkindern, junge Kerle und eine große Anzahl von Menschen mit Migrationshintergrund. Keiner der Wartenden kommunizierte miteinander, alle warteten mehr oder weniger lethargisch.

An der Wand hingen Flyer mit Angeboten der beruflichen Fort- und Weiterbildung. Auf einem Fenster klebte der Warnhinweis: *"Dieses Fenster bitte nicht öffnen"*. Die Luft im Jobcenter war stickig und schweißgetränkt. Security-Leute beobachten die Szenerie. Eine junge Frau mit ihrem Kleinkind auf dem Arm beschwerte sich beim Security-Mann über die lange Wartezeit. Der Security-Mann wies die junge Frau an, doch ruhig zu sein und baute sich drohend vor ihr auf. Als der Security Mann die junge Frau am Arm zog und sie offensichtlich gewaltsam aus dem Wartebereich ins Freie schubsen wollte, platzte Herrn Martin der Kragen.

"Lassen Sie sofort die Frau" los, platzte es aus Ihm heraus. *"Wie hier mit einer arbeitslosen jungen Frau umgegangen wird, ist einfach skandalös. Wir Arbeitslose sind auch Menschen und haben auch das Recht respektvoll behandelt zu werden."*

Ein zweiter Security-Man kam dazu und stellte sich zwischen Herrn Martin und seinem Kollegen. Aus der Menge der wartenden Arbeitslosen fielen Worte wie: *"Ihr Schweine"*, *„Haut ab"* , *„Finger weg von der Frau"*!

Die Situation erhitzte sich, indem das Kleinkind zu schreien und weinen anfing. Die Security-Männer drehten sich zu der Menge der wütenden Wartenden um; einer der Security-Männer zog ein Pfefferspray aus seinem Hosenbund.

"Wag es ja nicht" schrie Heinrich Martin den Security-Mann an. Die Menge der Wartenden Hartz IV ler rückte immer näher an die Security-Leute heran. Auf dem

193

Lärm vor ihren Büros reagierend erschienen mehrere Arbeitsvermittlerinnen im Foyer, darunter auch Frau Meyer.

"Was ist hier los?" fragte Frau Meyer und blickte dabei in Richtung von Herrn Martin.

"Eine junge Frau mit Kind möchte zu Ihnen und wurde gerade von der Security bedroht und tätlich angegangen. Ich bin der Frau zur Hilfe geeilt und werde jetzt von der Security mit einem Pfefferspray bedroht. Es kann doch nicht sein, dass eine arbeitslose Mutter vor den Augen ihres Kleinkindes mit Gewalt bedroht wird, nur weil Sie schneller einen Termin wahrnehmen möchte. Leben wir nicht in einem demokratischen und sozialen Rechtsstaat. Gilt der Satz: Die Würde des Menschen ist unantastbar – nicht für Erwerbslose?".

Frau Meyer blickte verunsichert in die Runde. Die Security-Leute schwiegen.

"Frau Meyer, darf ich Ihnen einen Vorschlag machen?"; sprach Herr Martin weiter. „*Die junge Frau mit ihrem Kleinkind geht sofort mit Ihnen in ein Beratungsgespräch.*"

Frau Meyer: *" Aber ich muss doch nach der Reihenfolge der Einladungen gehen. Nach meinem Tageskalendereintrag sind Sie jetzt dran, Herr Martin, und nicht Frau Müller."*

Herr Martin blickte die junge Mutter, Frau Müller, an und sprach: *"Frau Müller, sind Sie damit einverstanden, dass ich Sie vorlasse und beim Klientengespräch mit Frau Meyer dabei bin?"* Frau Müller die gerade die Tränen ihres Kleinkindes getrocknet hatte, antwortete: *"Ja gerne, ich möchte sofort ein Gespräch mit meiner Arbeitsvermittlerin Frau Meyer führen."*

Frau Meyer murmelte: *"Na gut"*. Herr Martin, Frau Meyer und Frau Müller und ihre Tochter Lotta betraten das Zimmer der Arbeitsvermittlerin.

"Sie wissen, warum Sie hier sind?", sprach die Arbeitsvermittlerin Frau Müller an. *"Ihr Kind ist jetzt drei Jahre alt und Sie sind aufgrund der neuesten Familiengesetzgebung verpflichtet, sich um eine existenzsichernde Arbeitsstelle zu kümmern"*.

Die junge Mutter antwortete: *"Aber ich bin doch alleinerziehend, wie soll ich denn die Familienarbeit mit einer Ganztagsstelle kombinieren? Ich arbeite doch schon halbtags beim Aldi an der Kasse."*

Frau Meyer daraufhin stoisch: *"Aber es gibt doch mittlerweile eine Ganztagsbetreuung in den Kitas. Bei der Suche nach einem Platz sind wir Ihnen gerne behilflich. Sie sind doch gesund und jung und können doch auch ganztags arbeiten".*

Daraufhin die junge Mutter:*" Ich leide seit meiner Kindheit an „Juveniler Diabetes mellitus" und bin auch Inhaberin eines Schwerbehindertenausweis".*

Die Arbeitsvermittlerin Frau Meyer: *"Wir brauchen ein amtsärztliches Attest, welches ihre tägliche Arbeitszeit auf stundenweises Arbeiten beschränkt. "*

Herr Martin, der bisher wortlos dem Zwiegespräch gefolgt war, intervenierte:

"Warum ist ein Feststellungsbescheid mit der Feststellung der Behinderungsgrades nicht ausreichend?"

Die Arbeitsvermittlerin darauf: *"Wir vom Jobcenter haben unsere Richtlinien, nach diesen Richtlinien arbeiten wir hier. Es gibt bestimmt auch berufliche Tätigkeiten, die Diabetiker ganztägig ausüben können. Möglicherweise verbessern wir die vollständige Integration von Frau Müller durch eine Umschulung."*

"Aber ich habe doch erst vor fünf Jahren meine Ausbildung zur Friseurin abgeschlossen", antwortete Frau Müller.

"Frau Müller, ich kann Ihnen einen Bildungsgutschein ausstellen", antwortete Frau Meyer" *"In ihrem Fall, müsse ich Sie allerdings erst in ein Kompetenzzentrum delegieren. Auch müsste Ich sie vom Berufspsychologen untersuchen lassen, ob Sie überhaupt geeignet sind, die angedachte Umschulung erfolgreich zum Abschluss zu bringen. Sie haben ja heute Morgen bei dem von Ihnen verursachten Aufruhr nicht den besten Eindruck hinterlassen!"*

Herrn Martin platzte der Kragen: *"Was sollen denn diese unsachgemäßen Ausfälle, Frau Meyer? Sie sitzen hier im Warmen und versuchen sich als Hobbypsychologin. Was wissen Sie überhaupt vom Leben ihrer Klienten. Sie schauen in ihren Computer auf all die arbeitsmarktspezifischen Daten der Klienten und glauben das Leben der Erwerbslosen zu kennen. Dabei wissen Sie nicht s von den Ängsten und Sorgen ihrer sogenannten Kunden. Allein das Wort Kunde; zu Ihnen geht doch niemand freiwillig hin. In ihren Rechtsfolgebelehrungen des Einladungsschreibens wird doch schon bei einmaliger Verletzung der Meldepflicht mit einer 10 Prozent Kürzung des Regelsatzes gedroht. Dazu kommen noch die Geldminderungen aufgrund sogenannter Verletzung der Grundpflichten. Auch gibt es für uns Erwerbslose ähnlich wie bei Asylbewerbern eine Residenzpflicht. Für müssen jede Arbeit annehmen, unsere berufliche Qualifikation ist für Sie ohne Be-*

195

lang. Bewerben müssen wir uns in ganz Deutschland: von den Nordseeinseln bis zur Zugspitze befinden sich unser potenziellen Arbeitsstätten. Und dann werden wir auch noch von Ihresgleichen zu Amtsärzten und Psychologen geschickt.

Wo bleibt dort die Menschenwürde?"

Was ich einer Person sagen würde, wenn ich keine Sanktionen befürchten müsste!

Frau Fochtmann! Wie haben Sie mich gequält. Jeden Tag 9 Stunden in der Tannenbergallee mit Ihnen und ihrem Team der FAA Nord.

Als Jobcoach sollten Sie mich in Arbeit bringen. Stattdessen mäkelten Sie an meinem Aussehen und insbesondere an meiner Brille herum. Auf ganz impertinente Art und Weise versuchten Sie in mein tiefstes Innere einzudringen. Ein Höhepunkt ihres Coaching war die Empfehlung eines sogenannten Motivationsgurus. Bei diesem Guru waren Sie selbst mit ihrer ehemaligen Belegschaft. Es hat bloß nichts genützt. Ihr damaliges Unternehmen ging trotzdem insolvent. Schon mein erster Tag bei der FAA Nord war bezeichnend, ihr Jobcoach-Kollege „"Arschloch" drohte bei Fehlverhalten mit unverzüglicher Mitteilung beim Jobcenter und damit verbundenen Kürzungen der ALG II-Bezüge.

So ging es dann weiter. Arbeitslose Familienväter wurden nach Hause geschickt und ihr ALG II gekürzt bzw. gestrichen.

Die angebotene Arbeit umfasste die Berufsfelder Küchenhelfer und Paketdienst-Fahrer.

Stunden lang, an vier Tagen in der Woche, mussten Bewerbungen geschrieben werden.

Später erzählte ich dann einen anderen Arbeitslosen von meinem Erlebnis. Er fragte mich, was ich denn angestellt hätte, in der Tannenbergallee kommen nur die ganz schwierigen Fälle.

Liebe Frau Fochtmann, schön dass Sie als gescheiterte Geschäftsführerin bei der FAA Nord ein Paar Euro verdienen – Für uns Arbeitslose sind Sie mit ihrer autoritären, impertinenten Art eine Zumutung. Bildungsträger wie die FAA Nord verdienen mit Arbeitslosen, den Arbeitslosen helfen können Sie jedoch nicht.

Keine Steuergelder mehr für die FAA Nord-dann sind wir beide arbeitslos und mir geht es dann richtig gut!

Was kann mir alles Morgen passieren, wenn ich aufstehe?

Ich kann ausrutschen

Ich kann mir einen Hexenschuss zuziehen

Ich kann meine Brille nicht finden

Ich kann mich mit heißen Teewasser verbrühen

Ich kann mir beim Frühstück eine Goldkrone herausbeißen

Ich kann meinen großen Zeh an der Zimmertür stoßen

Ich kann in eine Reißzwecke treten

Ich kann mich beim Kaffeetrinken verschlucken

Ich kann mir beim Duschen einen Hautausschlag zu ziehen

Ich kann meine Hose nicht anziehen

Ich kann beim Blick aus meinen Schlafzimmerfenster meine nackte Nachbarin im Innenhof erblicken.

Was riskiere ich, wenn ich meine Interessen entschiedener als bisher vertrete?

Ich riskiere Konflikte mit Menschen, die auch ihre Interessen versuchen durchzusetzen.

Vielleicht werde ich von den Menschen, mit denen ich in einen Interessenkonflikt gerate, nicht mehr gemocht.

Das harmonische Miteinander kann verloren gehen.

Eventuell führt der Interessenkonflikt dazu, dass man zukünftig unterschiedlicher Wege geht und eine Trennung unvermeidlich ist.

Vielleicht gewinne ich aber auch mehr Akzeptanz bei meinen Mitmenschen.

Beim Durchsetzen seiner Interessen kann man aber auch Menschen mit gleich gelagerten Interessen kennenlernen und gemeinsam Ziele und Wünsche verwirklichen.

Eventuell wird man von Gegenüber auch erst richtig wahrgenommen, wenn man entschieden und selbstbewusst seine Interessen vertritt.

Bevor Mensch seine Interessen gut vertreten kann, muss Mann/Frau sich über seine ursächlichen Interessen erst klar und bewusst sein!

Bella Ciao (Aus der Zukunft einen Brief an die Schreibgruppe schreiben)

Hallo, liebe Jungs und Mädels. Jetzt sitze ich hier am Ligurischen Meer nahe Genua. Überall am Strand liegen, sitzen und spielen Urlauber und Einheimische.

In Strandnähe fährt das große Kreuzfahrtschiff Seaside des Schiffbauers *Fincantieri* vorbei, welches erst vor wenigen Monaten seinen Stapellauf im genuesischen Stadtviertel *Sestri Ponente* hinter sich gebracht hat.

Die Seaside ist mit ihren 306 Meter Länge und 37 Meter Breite das größte unter italienischer Flagge fahrende Kreuzfahrtschiff.

In Genua war ich schon einmal beim G8-Treffen im Sommer 2001. Damals bin ich mit 300 000 Demonstranten die *Via Maggio* heruntergezogen, wo wir dann von einem massiven Polizeiaufgebot gestoppt worden.

Tags davor am Global Action Day wurde *Carlo Guilani* von einem Carabinieri an der Roten Zone erschossen, ich war nur wenige hundert Meter entfernt und sah die Rauchwolken der Riots über die Stadt ziehen.

Aber heute ist dass alles Vergangenheit. Berlusconi musste das Land verlassen und lebt jetzt in seinem libanesischen Exil.

Vergangenes Jahr wurde das dritte Mal Italien als Republik, als *repubblica popolare* [Volksrepublik Italien] ausgerufen. Beim Autobauer Fiat haben jetzt die revolutionären Fabrikräte das Sagen. Aus allen europäischen Ländern sind freiwillige Aufbauhelfer nach Italien geströmt.

Die Staatsgrenze wird durch Angehörige der neu gebildeten roten Volksbrigaden gesichert.

Alle Werktätigen haben das Recht auf 8 Wochen Jahresurlaub. Die Villen am Ligurischen Meer wurden zu Ferienheimen der *rosso confederazione del lavoro* umfunktioniert. Nach einem Jahr Aufbauarbeit in Italien darf ich als *amico italiano popolo* einen Monat im Gewerkschaftsferienheim urlauben.

Danach reise ich nach Deutschland zurück, um die Rote Republik Deutschland mit aufzubauen.

Die deutsche Regierung hat aufgrund von Massenstreiks von der Notstandsgesetzgebung gebraucht gemacht und die Parlamentswahlen auf unbestimmte Zeit verschoben.

Überall werden schon die Rathäuser und weitere Verwaltungsgebäude gestürmt.

Die Bundeskanzlerin warnt vor einer Intervention der Volksrepublik Italien und hat ihre amerikanischen Freunde um Unterstützung gebeten.

Alle Welt fragt sich: Wann rollen amerikanische Panzer durch das Brandenburger Tor und das Bankenzentrum von Frankfurt am Main.

Das Komitee der Vereinigten Revolutionären Volksverteidigungskräfte in Hannover hat neben der Hannover-Flagge auf dem Ratshausturm die Fahne der Volksrepubliken Deutschland und Italien gehisst.

Deutschland steht ein roter Oktober bevor.

Sag mir, wo Du stehst?

Martin   25.06.14

Rundgedicht

Mit der Vorgabe der ersten Zeile soll das Gedicht fortgeschrieben
werden. Wer dieses Blatt gezogen hat, schreibt eine sich darauf
beziehende zweite Zeile und gibt es an die benachbarte Person weiter usw.

Bei der achten Zeile besteht die Kunst darin, zwischen siebter und
erster Zeile eine Zeile einzufügen, die beide miteinander sinnvoll
verbindet.

Ab morgen
werde ich
etwas tun ...
1.

Was notwendig
ist,
2.

und nach
dem Über-Morgen
sehn
8.

obwohl ich
nicht weiß
was unbedingt
notwendig ist
3.

ich werde
auf einem Bein
zu stehn
7.

ist das
kein Wende-Mist
4.

oder doch überlinge
es zu tun
6.

doch ist es
wirklich
notwendig?
5.

Meine Gedanken zum Ergebnis dieser Übung:

....
....
....
....

Rundgedicht

200

Teilnehmerin M., weiblich, 60 Jahre alt

Was ich mir von diesem Seminar erhoffe

Neue klare praktische Ideen, andere an meinem „Arsch-Engel-Nutzen" teilhaben zu lassen.

Wert-Be-Wußt-Sein weitergeben.

Acht-Samen säen.

Gras-Halm-Gedanken verbreiten.

Mit-Menschen ent-decken.

Familien-Gründung.

Gedanken-Erweiterung.

Mut-Machung zu Un-Konventionellem.

Eigenes weitergeben können.

Blatt-Form für „..." gründen.

So geht „ES" nicht. – „WAS" geht so nicht ?!?

...~°^^°~*~°^^°~...

Farben, Formen, Material-Ent-Deckungen

Erziehungs-Muster-Immunität ent-wickeln

Re-Sis-Tanzen

Humor trotz alle-dem ...

Wahr-Nehmen

Robert Betz : „Das wird Dein Jahr 2014 !"

Was kann (mir) morgens passieren ?

- Dass der Kaffee fertig ist und dampfend an meinem Bett steht und nicht wieder weg-geht.
- Dass Möhren-Schnitzel mit Lachen und Gekitzel die Kräuter-Kreme bringen

und mir das Lied vom Frühen Stückchen singen.

- Dass eine Brot-Scheibe
  nötig ist zur Im-Bett-Bleibe
  und auf dem Teller immer schneller
  rotiert
  bis sie zu einer Flug-Scheibe wird.
- Dass meine Gitarre mir meine Pfeife bringt
- und dazu mit ihren Bass-Tönen singt:
  - Es sei wie es sei, die GeH-danken sind frei !

Was riskiere ich, wenn ich meine Interessen entschiedener als bisher vertrete ?

Welche Risiken/Wo hat es sich gelohnt ?

Aus-Grenzung.

Im besten Falle:
Leucht-Turm-Da-Sein.

Ver-Gangenheit

Zeit-Mangel

Ver-Nach-Lässigung meiner eigenen Interessen.

Spott.

Was lerne ich dabei ?

Ein klareres „ICH BIN." und „ICH WILL."

Prioritäten wi(e)der zu setzen.

Kreative Wi(e)der-Schärfe zu entwickeln (=> Sprache !)

Wahr-Nehmen => Kern-Bewusst-Sein => Wurzel-Kraft

Fliegen ... ;)

Genießen

Humor

Wieder neu nach Hause kommen ...

Nach Hause kommen

In den Arm genommen

Nicht gefragt

Ob man versagt

Einfach nur schön

Dich wieder zu sehn

Im warmen Frühjahrs-Sonnenschein

Mit Freude wieder beisammen sein

Und trotz Sturm und Regen

Freundschaft wieder pflegen

Aus innerer Geborgenheit

Achtsamkeit

Für dich und auch für die anderen

Die noch so mit dir wandern

Zeiten und Räume

Offen für Träume

Ihnen gelassen Raum wieder geben

In einem angefüllten Leben

Gelassen Vieles neu entdecken

Altes wieder wecken

Sich besinnen

Werte neu bestimmen

Und trotz alledem im Alten

Nicht erstarren und erkalten

Oder hängen bleiben in Gedanken-Treiben

Hier und Jetzt

Ist der Start gesetzt

Wer hat denn bloß gesagt

Kreativität

Sei heut´nicht mehr gefragt ?!?

Geist und Seele regt sie heimlich an

Damit man wieder leben und auch hoffen kann

Zu Hause angekommen

Herzlich in den Arm genommen

Bei einem fröhlichen Will-Kommens-Trunk

Wird das Herz dann wieder frei und jung

Y

Zorn-Gedanken-Brot

Ich sitze hier in meinem Zorn

Und brüte

Über der Frage, was bloß diesen UN-Sinn verhüte

Vor der Nase

In der Vase

Einen Strauß

Gedanken wollen hinaus

Und sich verbreitern

Um den Horizont zu erweitern

Sich zu dehnen und auch zu strecken

Und dann auch noch andere auf-zu-wecken

Zorn-Rot

Gedanken-Brot

Liegt schon daneben

Um seinen bissigen Kommentar abzugeben

Pfeffer-scharf

Ob es das überhaupt darf ?!?

Der Zeit-Wecker klingelt

Während mein Ego gelassen weiter-tingelt

Und sich um das Schmuse-Kissen ringelt

Auch wenn es das selber kaum glaubt

Hier ist Brüten erlaubt

Völlig legal

In üppiger Zahl

Dabei helfen

Heimlich wie Elfen

Fliegende Gedanken-Schnörkel

Um ohne Maß und Zirkel

Freiere Gedanken wieder zu finden

Die helfen , den Käfig des Schweigens zu überwinden

- Film-Riss -

Dazwischen ein Biß

Träumereien

Immerhin

Auch ohne Kamin

Nur virtuell

Mal so ganz schnell

Ohne weitere Kosten

Auch

Ohne zu rosten

Zwischen krausen Gedanken versteckt

Bis einer sie weckt

Zu sprühenden Leben

Funkelnde Trotz-Alledem-Hoffnung

Wollen sie weitergeben.

Boote am Steg

Boote am Steg

Schaukeln leise im Wind

Unmöglich die Fahrt

WEIL SIE ANGEBUNDEN NOCH SIND

Boote am Steg

Vertäut noch am Weg

Der zu ihnen über das Wasser

Nur führt

Was ihre Träume

NICHT IM GERINGSTEN BERÜHRT

So träumen sie eben

Von frei´rem Erleben

Leise im Wellen-Gang

Ein Angebunden-Sein lang

Boote im Wind

Schaukeln sehr sachte

Auf kleineren Wellen

Und versuchen mit Träumen

Ihr betrübendes Dasein auf-zuhellen

Und auf gelassene Weise

Gedanken zu schicken auf weitere Reise

Wobei sie am Steg

Manchmal ächzen und zittern

Als ob sie freiere Wind-Lüfte wittern

Boote am Steg

Die noch schaukeln können

Wollen sich ewige Ruhe nicht gönnen

still und stur

Liegen dagegen diejenigen nur

Deren Inneres vollständig voll-gelaufen

Mit Wasser gefüllt - bis zum Absaufen

Die sich so nicht mehr beteiligen wollen und können

in ab-wartendem leisen Schaukel-Geschehen

Und langsam versinkend zu Grunde gehen

Boote am Steg

Selbst aller-kleinste Wellen-Bewegung

Bringt ihr Dasein in neue zitternde Lebens-Erregung

Denn sie sind zu was ganz anderem geschaffen

als stillschweigend unterzugehen

Weil ihre BEGABUNGEN eben - UNGENUTZT - leider TROSTLOS er-
schlaffen

2050-Jahres-Vor-Rück-Blick:

Was hat sich ver-ändert?

Sprache hat sich ver-ändert.

Be-Wußt-Sein wohl auch.

Sprache wird dem Bewusst-Sein viel-deutlig.

Buch-Staben-Haft

Wird abgeschafft

Leise, tief- und hintergründig

Wird der Leser wahr-nehmungs-mündig.

Buch-Staben als Nach-denk-Zeichen

Wollen dem Denker dann nicht mehr aus-weichen.

Die Recht-Schreibe-Re-Form

Störte die Nach-Denkbarkeit ganz enorm.

So wird jede Ver-Stehens-und Meinungs-Viel-Falt

Dank „Rechts"-Gewalt

In UN-Denk-barkeits-Schubladen gedrängt

Bis es ihm zum Halse raus-hängt

Und es den ganzen Rechts-Über-Druß

Einfach aus-spucken muß.

Auch fühlt sich das Hirn sehr geehrt,

wird es endlich von diesen Sach-Zwängen ge-leehrt,

und es startet bedächtig und klug

alsbald einen Frei-Denker-Über-Flug.

So geht es dann schließlich von einer höheren Warte

Mit neuer Nach-Sicht bald wieder zum Starte.

Glück-Auf !

Aus meinem Splitter-B®uch

- erstrebens-Wert ?-

Rundgedicht

Mit der Vorgabe der ersten Zeile soll das Gedicht fortgeschrieben
werden. Wer dieses Blatt gezogen hat, schreibt eine sich darauf
beziehende zweite Zeile und gibt es an die benachbarte Person weiter usw.

Bei der achten Zeile besteht die Kunst darin, zwischen siebter und
erster Zeile eine Zeile einzufügen, die beide miteinander sinnvoll
verbindet.

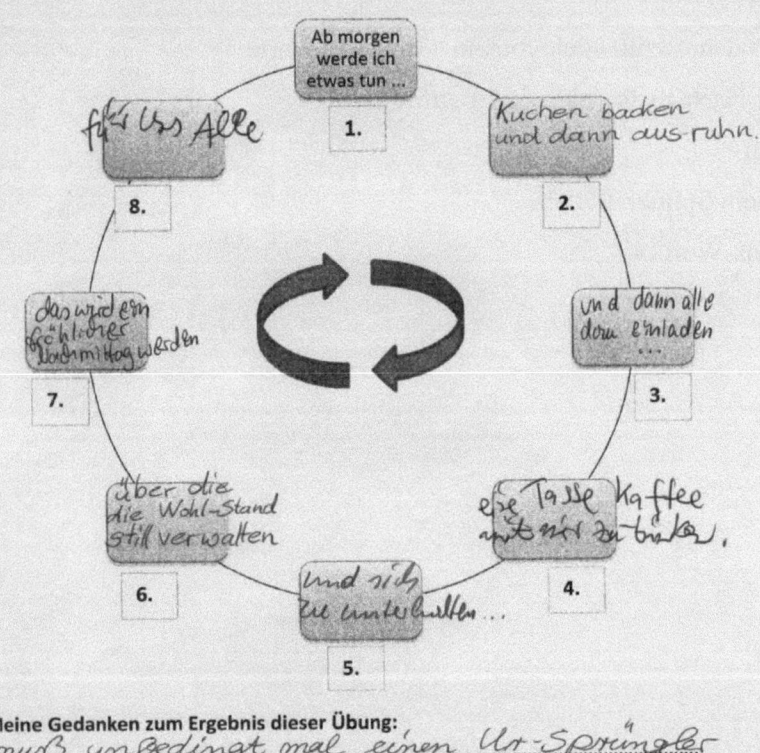

Im Kreis angeordnete Felder:

1. Ab morgen werde ich etwas tun …
2. Kuchen backen und dann aus-ruhn.
3. und dann alle dazu einladen …
4. eine Tasse Kaffee mit mir zu trinken.
5. und sich zu unterhalten …
6. über die die Wohl-Stand still verwalten
7. das wird ein fröhlicher Nachmittag werden
8. für uns Alle

Meine Gedanken zum Ergebnis dieser Übung:

… muß unbedingt mal einen Ut-Springler
fragen, was die dabei getrunken haben …

Rundgedicht

210

Teilnehmerin S., weiblich, 49 Jahre alt

Was ich mir von dem Seminar erhoffe:

Ich erhoffe mir, dass sich hier lerne, insbesondere die letzten Monate meines Lebens schriftlich so darstellen zu können, dass alle Beteiligten – und unter Umständen auch gerade noch Unbeteiligte – meine jetzige Lage verstehen können. Und dass klar wird, wurde Anfang lag, wohin alles führte und wie es so weit kommen konnte, und was der heutige Stand ist. Dass meine Ausführungen unter Umständen für Menschen in vergleichbaren Situationen hilfreich sind, damit denen besser, schneller und vor allem effektiver geholfen werden kann. Dass mein Beispiel auch als Abschreckung gilt und aber auch gleichzeitig Mut macht. Als selbst Betroffener durch das Schreiben aus der subjektiven Betrachtung heraus noch möglichst viele objektive Betrachtungsweisen herauszufinden.

Selten war ich in den letzten Jahrzehnten meines Lebens derart sprachlos. Ich ringe über meine Situation immer noch mit den Worten. Und ich hoffe, dem bisher unbeschreiblichen Schmerz in mir näher zukommen, um ihn letztlich überwinden zu können.

Die Gruppe hat mir bereits in dieser kurz miteinander verbrachten Zeit sehr viel Mut dafür gegeben.

Psychische und physische Gefährdung

Ich habe mehr oder weniger ein freies Thema den Oberbegriff Familie gewählt. Denn allein die „erste" Familie kann für genügend psychische und physische Gefährdungen sorgen. Und dabei sind sie oftmals nicht die großen Taten (die schrecklichen, von denen man – ich – aus der Presse erfahren kann), sondern die kleinen.

Schon als ich selbst Mutter geworden war, konnte ich feststellen, dass es enorm wichtig für mich war, Hilfe außerhalb von Familie (der so genannten Erstfamilie) zu suchen. Meine Erfahrungen und Erkenntnisse bis heute bestärken mich, dass ich mit diesen Weg mir und meiner ersten Familie schon psychische Belastungen ersparen konnte. Und auch meiner zweiten Familie – meine selbst gewählten Freunde und Bekannten. Die guten Freunde, die einen kennen und trotzdem mögen. Wirklich entscheidende Hilfen suche ich bei ausgebildetem Fachpersonal. Dort weiß ich, dass diese die Möglichkeit der Supervision haben. Dass sie sich mit Kollegen austauschen können. Sich selbst noch Hilfe besorgen können. Von meinen Freunden wünsche ich mir ja gerade, dass meine Gefühle zwischen Ihnen und mir bleiben.

Auf dem Cluster bin ich zu 23 Ansprechpartnern gekommen, so als Generalsüberschrift, namentlich habe ich bei 15 aufgehört, das sind nur die engsten Freunde und Verwandten. Sehr viel Kraft ziehe ich aus schönen, von mir oder von Freunden geplanten Zusammenkünften (gemeinsame Kochen, Tanzen oder Kino, Theater oder Vorträge, Musikveranstaltungen besuchen).

Und ganz am Anfang hatten wir kurz das Thema "Eigen-Egoismus". Und ich habe früh gemerkt, dass ich nur eine „gute Mutter" sein kann, wenn es mir als Mutter, Frau und Mensch auch gut geht. Und dass ich dafür selbst Sorge zu tragen habe. Ich kann von keinem verlangen, dass er mich bespaßt oder etwas macht, das mir gut tut. Das habe ich inzwischen selbst herausgefunden, was mir besonders gut tut.

Drei Elfchen

Mittwoch

Donnerstag Freitag

Samstag alles waren

einmal gute Tage zum

Tanzen

Falschinterpretationen

viele Tage

alle zusammen genommen

bringen wir noch heute

Trauer (Schmerzen)

Stimme

ruhige Worte

geben wir Geborgenheit

ich mag ruhige Stimmen

hören

Was ich einen bestimmten Person sagen würde, wenn ich keine Sanktionen zu erwarten hätte

Ich würde diese Person gerne fragen, ob sie weiß, was ihre Tätigkeit bzw. Unfähigkeit/Untätigkeit aus meinem Leben gemacht hat. Und ob sie bereit ist zuzugeben, dass sie menschlich und fachlich total versagt hat! Und vielleicht auch, wie oft sie schon so fahrlässig gehandelt hat. Warum sie sich kein genaues Bild von den Umständen gemacht hat. Warum sie mir keine Wahlmöglichkeiten gegeben hat bzw. wenigstens nicht ein Alternativszenario entworfen hat, um überhaupt eine Wahl zu geben. Es ist durchaus so, dass sich unter Umständen noch einen Kollegen um Unterstützung ersuchen werde, um den Scherbenhaufen in mir bzw. meinem Leben ein bisschen Klebstoff geben zu können. Es bleibt mir ein Rätsel, wie so viele involvierten Menschen mit Fachwissen einen so wenig planvollen Umgang mit dem Leben einer Familie begehen konnten. Das war mein Hauptantrieb, mich für diesen Kurs anzumelden. Fassungslos bin ich immer noch.

Beobachtete Szene in einer Straßenbahn: Ein zusammengehöriges Paar

Frau: weiße Hose, voll edel, schwarze Schuhe, Absatz mittlere Höhe, knielange mittelblonde Haare, ein linker Hand Ring mit weißem Stein, Tauben blaue lange offene Blusen, in der Hand auberginefarbene Jacke.

Mann: Grün-weiß gestreiftes Hemd, weißes T-Shirt darunter, Jacke schwarz, blaue Jeans, braune Schnürschuhe mit Muster sehr dicke Finger, graue Haare, Gesichtsfarbe verliert, gegerbt, dunkel.

Zu Beginn ließ er in einem Buch, wohl vom Flohmarkt, ein kleines, schmales Taschenbuch. Sie sprechen sehr selten, sehr leise, wenn man schaut aber zum Fahrgastfernsehen, die Frau nach rechts aus dem Fenster, er ist auch nach rechts geneigt. Dann steigt eine Frau ein – rötliches, längeres, gelocktes Haar, mit zwei

Spangen gehalten. Braune Tasche mit langen Fransen, Wildleder, braune Stiefeletten mit Nähten und Löchern, Absatz im Stück, brauner Ledermantel, wurden Farbe? Einen Ring an der rechten Hand mit einem übergroßen Stein, und einem schwarzen kleinen Taschenregenschirm.

Sie dreht sich auch nach rechts, ist sogleich nervös, kann ihre Füße kaum ruhig stellen, zupft an den Fransen, fast an ihr Haar. Ihr Blick ist unruhig und unsicher. Der Mann schaute sowohl beim einsteigen als auch während der Fahrt mehrfach ein

Ich tippe, sie fährt zu einem Treffen.

Warum wir lachen, wenn Kleine den Großen ein Schnippchen schlagen (oder David gegen Goliath)

Mir ist zu dem Thema wirklich kein anderes Beispiel als David gegen Goliath eingefallen. Auch diese Geschichte bekomme ich gerade nicht genau zusammen. Ich denke mir, dass ich sicher Freude und auch etwas Genugtuung empfinden würde. Darüber, dass es möglich ist, besteht kein Zweifel bei mir. Nur wenn die Aufgabe impliziert, dass ich mich selbst schon mal so gefühlt haben sollte, fehlt mir da zur Zeit kein Erlebnis ein.

Das Jobcenter als Goliath und ich als David trifft es auch nicht, da hier in erster Linie Gesetze darüber bestimmen. Und was sie einmal beim Jobcenter erreicht habe, ist auch erst geschehen, nachdem ich dort völlig zusammengebrochen bin. Und dass es mir darum ein schlechtes Erlebnis, was die Fragestellung überhaupt nicht beantwortet.

Mein persönlicher Triumph

Dazu fällt mir meine USA-Reise ein. Das war 2005. Ich hatte zuvor zwei Jahre mit einem Buch von Peter Rummer gearbeitet (Ich will, ich kam, ich werde). Und darin ging es unter anderem darum, dass ich ein bzw. mehrere Ziele formuliere und diesen Zettel jeden Abend durchlese und visualisiere. Und ein Punkt darauf war, im September 2005 in die USA zu reisen.

Ich hatte schon mehrere Jahre einen Tanzpartner und 2004 lernte er emsig beim Wallstreet-Institut Englisch. Seinem Arbeitgeber, der mehr Kontakte im Ausland hatte, reichte es nicht, sie wollten praktische Kenntnisse von ihm. Und so begab er sich auf die Suche, wie er das anstellen könnte. Und so erzählte er mir an einem Tanzabend, dass er plane, im März/April 2005 in die USA zu fliegen. Zu entfernter Verwandtschaft. Das Paar, wo er wohnen würde, wohne in Arizona, sie sei Deutsche, der Amerikaner. Ich hatte zu dem Zeitpunkt einen Freund, den ich ausschließlich am Wochenende traf, mal bei sich, aber auch bei mir. Ich war damals alleinerziehend mit drei schulpflichtigen Kindern.

Nach seiner Mitteilung dachte ich an meinen Zettel und überlegte, warum eigentlich nicht: eben fünf Monate eher in die USA zu reisen. Weil ich damals in der Sozialhilfe war, sparte ich gelegentlich etwas vom Kindergeld oder Kleidergeld. Aber fünf Monate sparen fehlten definitiv. Mein Tanzpartner lieh mir den fehlenden Betrag.

Beinlich organisierte mit Listen für mein gesamtes Umfeld, mit aufgearbeiteten für meine Kinder, die Lehrer, gab meine Einwilligungen und Erlaubnis für alles was passieren konnte, die ärztlichen Eingriff usw. und kaufte ein, beantragte, was ich brauchte: in Arizona sind im März gerade bei Nacht und tagsüber über 20 Grad. Also es gab viel mitzunehmen und zu packen.

Die Reise war ein Traum, das Land ist wunderschön. Wegen der Wetterlage und zur Entlastung der Gastfamilie reisten wir noch für fünf Tage nach Kalifornien. Wir hatten einen Mietwagen gemietet.

Und wenn ich an diese Reise denke, weiß ich, was mir zur Zeit am ehesten fehlt: ein Ziel. Denn der Weg dorthin, der entsteht beim Gehen dorthin.

Weichenstellungen für meine Zukunft: Die Strategie der Schnecke

ich bin bereits dabei, mich auf eine medizinisch-berufliche Rehamaßnahme vorzubereiten. Dazu werden in den nächsten Wochen „Arbeitsnachweise" in einer Ergotherapie-Praxis gesammelt, und diese werden dann weitergeleitet den Träger der Maßnahme. Es gibt verschiedene Arbeitsangebote: unter anderem auch Buch binden, Blöcke herstellen oder auch Hauswirtschaft. Und das, wofür ich mich entschieden habe: Praxis für einen Büroarbeitsplatz erlangen sowie auch die kommunikative Kompetenz dafür. Dass ist mein Plan in beruflicher Sicht. Eine andere Weichenstellung innerhalb der nächsten Zeit habe ich in dem Sinne auf dem Schirm, dass ich demnächst Informationen zu einer Psychotherapie mit zugehöriger Traumatherapie bekommen werden. Denn meine „Altlasten"belasten nach wie vor auch neue Beziehungen immer wieder bzw. weiterhin.

Und ich beginne durch das Schreiben, wieder gedanklich an alte und bewährte Dinge anzuknüpfen. Wird zum Beispiel auch nur durch Bücher, die wiederum zu weiteren Buchquellen führen und so wird nach und nach wieder ein Plan entstehen, in dem ich auf bestimmte Ziele hinarbeiten werde wie zum Beispiel auch auf Urlaubsziele. Inseln – Ruhe steht auf dem Arbeitsplan der Ergotherapie.

Was gibt uns Kraft, was macht uns stark?

Ich schöpfe Kraft und Zuversicht, wenn ich ehrliche Zuwendung erfahre. Und die kann auch gerade von an sich „fremden" Menschen kommen. Auch Filme und Musik, die meine Seele berühren, empfinde ich als Kraftquellen.

Bei gemeinsamen Erlebnissen mit meinen Kindern für die ich auch sehr wohl. Wenn ich sehe, dass es in meinem Leben an einer Stelle Fortschritte gibt, gibt mir das auch Kraft und Zuversicht. Gerne würde ich glaub, das auch mit meinem kurzen Erdendasein einen Sinn verbunden ist. Auch wenn ich diesen zu meinen Lebzeiten nicht mehr erfahre ich lerne gerne neue Menschen kennen und fühle mich wohl dabei, dass auch diese noch gar nichts von mir wissen. Schöne Gefühle und Erinnerungen aus der Vergangenheit oder die Vorfreude auf ein Ereignis geben mir ebenfalls Kraft weiterzuleben, zu funktionieren, nicht durchzudrehen – eben die Hoffnung auf Besserung. Ich bewege mich gerne. Beim Tanzen gelingt es mir auch, Sorgen und Probleme oder Schwierigkeiten zu vergessen. Auch bei einem ausgiebigen Frühstück lasse ich meistens alle Fragen hinter mir und richte meine Aufmerksamkeit auf das Essen. Gedankenlos dasitzen, die Natur beobachten finde ich auch sehr entspannend.

Nur ein paar quirlige Ameisen stören mich gerade etwas bei meiner Hausarbeit. Eine krabbelte frech auf meine Wanderung. Schneeweiße Wolkenberge erinnern mich an ein frisches Zitroneneis und leckere Sahne. Ja, Wolken habe ich schon als Kind gerne beobachtet. Ein Hoch auf alles und jeden, dem es gelingt, mich aus trübsinnigen und traurigen Gedanken zu reißen.

Wie ich meine größte Herausforderung bewältigte

Also, im Hinblick auf meine erste USA-Reise, wo ich ja noch zwei Kinder unterzubringen hatte, war es ja diesmal nur ich selbst also ungefähr zwei Jahre dauerte die Vorbereitung, weil ich damals gerade in einer Rehamaßnahme war und erst mal bei meinem neuen Arbeitgeber Fuß fassen musste. Und natürlich auch Geld einsparen. Außerdem brauchte ich erst mal Zeit zum recherchieren, wo ich genau ihnen wollte bzw. wo ich jemanden kenne, der jemanden kennt. Ohne Anreiseadresse läuft da nichts. Und wegen dem elften September hatten sich jetzt auch die Einreisebedingungen verschärft.

Da ich vor hatte, allein zu reisen, tat sich auch keine Tür auf für einen neuen Mitreisenden. Also ging ich zu Beginn wieder alle entsprechenden Seiten im Internet durch: Deutsche Botschaft in den USA angeschrieben per E-Mail, überall Infos gesucht und manchmal längerem Suchen gefunden.

Da ich auch diesmal kein Auto mieten wollte, sollte es schon eine Reise sein, wo ich von hier schon Unternehmungen planen und buchen wollte. Drei Wochen waren jedenfalls geplant und auch der Zeitraum im Frühjahr hatten hier bei meiner ersten Reise gefallen. Auf Preisunterschiede zwischen Frühjahr und Herbst habe ich weniger geachtet.

Auf jeden Fall wieder mit meinem Deutsch-englisch-amerikanischen Wörterbuch, meinem „Point it"-Buch und mehreren guten Büchern konnte es nur gut werden. Die Amerikaner sind freundlich, helfen gerne und so kommt man als Tourist gut durch, wenn man ebenfalls freundlich ist.

Was brauche ich für eine gute Zukunft?

In erster Linie eine dauerhafte Beschäftigung mit entsprechender Bezahlung. Und hierzu auch die entsprechende seelische und körperliche Gesundheit, die mir die dafür nötige Kraft und den Mut und die Beharrlichkeit zum Durchstarten und zum Durchhalten gibt.

Daneben weiterhin eine harmonische Beziehung zu allen Menschen, mit denen ich Kontakt habe. Mit viel Freude, Liebe und auch nicht durch alle Tage und Nächte kommen, um mich sicher und geborgen und auch wertgeschätzt zu wissen.

Bei guter, grundsätzlich Wege einer Ernährung und mit sportlichen Aktivitäten auch die zukünftige Fitness beizubehalten.

Auch immer und jederzeit eine gute Literatur, mal sachlicher, mal unterhaltsamer, fröhlicher Natur, gibt mir immer wieder gute Gefühle.

Schön auch, wenn es in meiner Beschäftigung immer wieder Momente gibt, wo herzhaft gelacht werden kann und darf.

Neben der Beschäftigung ist für mich wichtig, weiterhin auch für entsprechende Freizeitangebote wie Spaziergänge, kulturelle Veranstaltungen, Tanzmöglichkeiten und vieles mehr zu sorgen.

Und auch meine Kinder und meine Eltern weiterhin zu sehen und sie an meinem neuen und verbesserten Leben teilhaben zu lassen.

Unbedingt gehört auch dazu, dass ich in jedem Fall mehrmals im Jahr an meine Lieblingsorte reisen kann (Nordsee und Berlin) und auch sorgenfrei dazwischen verreisen kann.

Die Zuversicht auf eine bessere Zukunft sowie die Rückschau auf meine letzten fünf bis neun Jahre geben mir Mut, mich meinen neuen Aufgaben zu stellen.

Gerade bin ich an mehreren Stellen in Gesprächen bezüglich einer Rehamaßnahme. Ich hoffe, damit den Grundstein für eine bessere Zukunft gelegt zu haben.

Wichtig halte ich auch meine Einstellung, immer wieder offen auf fremde Menschen zu zugehen und ihnen und mir Möglichkeiten zu geben.

Brief aus der Zukunft an die Schreibgruppe

Lieber schreib Gruppe, danke, dass ich euch alle damals kennenlernen durfte und euch auch heute noch gerne kenne.

Jeder von uns hat sich weiter entwickelt. Und manch einer ist seiner Vision sehr nahe gekommen. Das Schreiben hat uns alle weiter gebracht, Gedanken geordnet und zu Handlungen geführt. Ich freue mich, mein gedankliches und damit auch selbst geschaffenes, reales Tal (Tief) hinter mir gelassen zu haben.

Beruflich fühle ich mich gut aufgehoben und verstanden. Ich arbeite an drei Tagen in der Woche, zwischen sechs bis acht Stunden täglich. Mittlerweile besuche ich meine Lieblingsstadt Berlin regelmäßig mehrmals im Jahr und habe dort jetzt einen festen Schlafplatz. Immer wieder nutze ich das Schreiben, um mehr Klarheit zu verschaffen, wenn im Kopf wieder nur Kreisverkehr herrscht. Ich bin Hans-Jürgen sehr dankbar, dass er die Idee zu dieser schreib Gruppe hatte.

Liebe Grüße und sonnige Zeiten für euch alle sendet S.

Mit grimmigem Gesicht zog er im Jobcenter die Wartemarke…

… und er fragte sich, wie oft er schon hier gewesen war in all den Jahren – und es fühlte sich nie besser an. Nie ließ es kalt, was er hier erlebte, oder auch was er bei anderen miterlebte. Die Dramen, die ihn manchmal sein eigenes Anliegen vergessen ließen…

Klein, unbedeutend, auch hilflos, oder schutzlos ausgeliefert dem Sachbearbeiter und seinen Gesetzesvorlagen, so kann er sich meistens vor, sobald er im Jobcenter angekommen war. Und das fahren dahin war auch schon fast ein Spießrutenlaufen. Was musste er sich wieder anhören, wenn am Vorabend wieder so ein „Prolo-Typ" auf RTL ausbreitete, wie toll der sein Hartz-IV-Leben fand: ausschlafen, gemeinsames Saufgelage mit „Leidensgefährten", bloß nicht arbeiten gehen, bei schönem Wetter am FKK-Kiesteich das sorglose Leben genießen.

Was dann für Gespräche in der U-Bahn zu hören waren, schlimmer konnten sich Rassismus oder judenfeindliche Äußerungen nicht anfühlen. Manchmal fühlte er dabei solche Wut in sich aufsteigen, dass er sich im Geiste schon aufspringen und in eine wilde Prügelei verwickelt sah. Aber im letzten Moment sieht jedoch seine Vernunft. Und auch das fragte er sie später, ob das überhaupt vernünftig war. Was würde das für eine Schlagzeile sein: „Hartz-IV-Bezieher prügelt sich um seine Ehre – als Mensch. Wahrscheinlicher wäre es, dass sein Ausbruch selbst wieder nur negative Schlagzeilen machen würden. So wie die Presse auch selten ein gutes Haar an einem Hartz-IV-Bezieher lässt.

Dass das ganze Konstrukt fast komplett umgeschrieben gehört, darüber sind sich ja mittlerweile sehr viele einig aber wirkliche Veränderung bzw. Verbesserungen brauchten bisher ewig in der Umsetzung und werden in viel zu kleinen Schritten angegangen. Was für eine Aufregung vor ein paar Jahren, wo es um eine fünf Euro Erhöhung ging. Unfassbar, im Vergleich zu anderen Nachrichtenmeldungen über die Diätenerhöhungen, Managergehältern und Übernahmezahlungen. Noch besser auch die Gehälter in der Sportwelt, da dürften doch jedem Menschen schon mit normalem Einkommen die Augen tränen oder die Ohren weh tun.

Kurt hob den Kopf und schüttelte ihn, um wieder in der Realität zu landen. Gerade zog eine Frau mit zwei Kindern im Schlepptau ebenfalls eine Wertmarke.

Nun war es sofort mit der Ruhe vorbei – ständiges Geklapper und Geschrei setzten augenblicklich ein. Eines der Kinder konnte schon laufen, das andere saß noch in der Karre. Und nun mussten wieder sämtliche PCs, die dazu dienen, nach möglichen Job-Angeboten zu schauen, zum Zeitvertreib herhalten. Als nächstes suchte sich das Kind den Kopierer als Spielzeug aus. Das wurde dann aber schnell vom Sicherheitspersonal unterbunden.

Warum er diese Mutter kein Buch dabei, um ihren Kindern vorzulesen, fragte sich Kurt? Und dabei kam auch gleich wieder bei sich selbst an. Er war heute hier, um die verbindliche Zusage für eine neue Dreizimmerwohnung zu bekommen. Mit dem Vermieter war er in allem einig, einzig die Zusage des Jobcenters fehlte. Aber längst lagen alle Belege vor, alle Zahlen standen auf Papier. Seine 50-plus-Fallmanagerin hatte ihm attestiert, dass sie ihm zutraute, in zwei Jahren auf eigenen Füßen stehen zu können. Der Businessplan war ebenfalls mehrfach gecheckt worden. Der Vermieter drohte abzusprechen, wenn nicht heute endlich das o.k. vom Jobcenter kam. Kurt hatte so lange gesucht und endlich diese schöne Wohnung gefunden. Dann folgten nur noch Behördenbesuche und Anträge, dazu ausgefüllte Erklärungen und Belege – alles gesammelt und kopiert und abgeheftet und ordentlich eingereicht. Und immer wieder war er hier gewesen, hatte eine Wertmarke gezogen, Gespräche geführt.

Vor einem Jahr war seine Frau gestorben, mit dem Wegfall der Rente war die große Wohnung für ihn allein nicht mehr tragbar gewesen in dieser schweren Zeit hatte er begonnen zu schreiben. Zuerst in klarer, dabei oft ihre Hand im Schlaf haltend. Seine berufliche Laufbahn als Sport der Deutschlehrer hatte ihn seelisch und körperlich an seine Grenzen gebracht, nach mehreren langen Krankheitsphasen und wegen Überlastung war er seinerzeit viel zu früh aus dem normalen Berufs-leben ausgestiegen – und damit begann sein persönlicher Abstieg. Er arbeitete weiter als Nachhilfelehrer, aber wohl doch nie richtig fertig mit seinem Aus-scheiden aus dem Berufsschulunterricht. Dann begann die Erkrankung seiner Frau, die all ihre Ersparnisse verschlang. In den langen Nächten begann er zu schreiben, halbbiografisch. Eben auch von Träumen, diese gemeinsam gehabt hatten und nun nicht mehr erreichen würden.

So entstand seine Idee, es in seinem … (der *Schluss fehlt, d. Verf.*)

Was riskiere ich, wenn ich meine Interessen entschiedener als bisher vertrete?

Wenn ich nun zum Beispiel meinem Wunsch nach denen würde, riskiere ich, dass die Beziehung zu meinen Eltern und Kindern abbrechen wird, mein jüngster Sohn einen starken Eckpfeiler verliert und natürlich würde meine jetzige Partnerschaft ein Ende finden.

Wenn ich zum Beispiel meinem gelegentlich aufkommenden Wunsch nach mehr Leben, d. h. mehr zu erleben, nachgeben würde, wäre das Risiko ebenfalls, meine Partnerschaft zu verlieren und eventuell in Abhängigkeiten zu geraten, ebenfalls vorhanden. Und familiärer Rückhalt ist auch kaum gegeben. Wenn ich tatsächlich den Notfälle, wieder Auto fahren zu wollen, riskiere ich auch, erneut Opfer eines Autounfalls zu werden.

Wenn ich doch erneut versuche umzuziehen, um mich wohler zu fühlen – weil die Begrenzung auf einen Raum mich auch teilweise im Kopf einschränkt – habe ich das Gefühl, manchmal gehe ich das Risiko von viel Ablehnung beim Jobcenter, bei allen die mir bisher geholfen haben, ein. Und auch eventuell nach länger andauernde Unruhe in meinem Leben.

Wenn ich den Mut hätte, meinem letzten Vermieter tatsächlich gegenüberzutreten, dieses Risiko ein, dass dies weit reichende Folgen haben könnte, weil ich nicht weiß, wie ich mich tatsächlich verhalte, und noch weniger, was er machen würde.

Wenn ich meine Interessen bezüglich meines "Andersseins" öffentlich vertreten würde, würde ich das Risiko haben, den Rest meiner Familie für ewig zu verprellen.

Wenn ich "auswandern" würde, die nicht das Risiko ein, sämtliche Verwandte und Freunde nicht mehr wiederzusehen.

An einem Montagmorgen 2020…

… bin ich in Gedanken tief in die Vergangenheit gereist und erinnere mich für längere Zeit an zwei Jahre meines Lebens, die mich haben zudem werden lassen, was mich heute ausmacht: mit Dankbarkeit denke ich an die Menschen, die mir damals und teilweise auch heute noch zur Seite stehen.

Ich denke an die doch noch gelungene Goldene Hochzeitsfeier meiner Eltern und die Feier meines runden Geburtstags. Die meisten Freunde hatten Zeit und konnten mit mir feiern. Und nun, sechs Jahre später, wird Pascal demnächst auch schon 25 Jahre alt. Wie gut sich alles entwickelt hat: er hat sein Hobby zum Beruf gemacht, verdient Geld im Internet und auch mit dem Schreiben von Songtexten. Kelvin arbeitet mittlerweile in einem Unternehmen, das in fordert und fördert und fährt erfolgreiche Kartrennen. Auch Florian hat endlich einen Arbeitgeber, der gut zu seinen Mitarbeitern ist. Und alle drei haben eine nette Freundin, und eine heißt sogar Sarah.

Mein Arbeitgeber ist auch sehr verständnisvoll. Und meine Arbeitswoche beginnt immer erst Dienstag. Ich arbeite auch nur bis Donnerstag. So wollte ich es haben, und so halte ich es auch für gesundheitsförderlich: drei Tage Arbeit, vier Tage frei. Da vermisse ich viel weniger einen langen Urlaub, bzw. die Zeit bis dahin vertreibe ich mir mit gelegentlichen Städtereisen am Wochenende.

Meine Eltern nehme ich manchmal auch noch mit. Nach wie vor treffen wir uns regelmäßig zum Kartenspielen und Kniffeln. Mittlerweile habe ich mich an mein Touch-Handy gewöhnt machen damit auch vermehrt Fotos. Ich tanze auch immer noch gerne um die gern in Ausstellungen und ins Theater. Tatsächlich habe ich mich in den Fahrradverkehr in Hannover gewöhnt und Nutzer vermehrt mein zusammenklappbares, kleines Fahrrad. Meine Haare nun noch etwas kürzer geworden, aber so typisch kurz nicht. Immer noch bevorzuge ich praktische Kleidung. Eine weiße Hose habe ich darum immer noch nicht angeschafft. Schon vor Jahren war mir aufgefallen, welche Altersklasse "weiße Hosen" vermehrt trägt.

Ja die Sommer sind schön und länger geworden. Und dieses Jahr fliege ich für eine Woche nach Mallorca. Eventuell kommt sogar Kevin mit seiner Freundin mit.

Ich überlege gerade, ob es nicht vor über zehn Jahren auch einen Film über das Leben 2020 gegeben hat. Da war viel in der Science-Fiction, als es heute tatsächlich gibt. Da haben dann doch nicht so viele Menschen in die Richtung gedacht.

So, nun genieße ich noch meinen freien Montag. Vielleicht hat ja mein guter Freund Knut noch Zeit und Lust auf ein kurzfristiges Treffen.

Ich freue mich, dass ich meine mageren Jahre hinter mir habe und mich wohl fühle, weil sich alles zum Besten gewendet hat.

Drei Elfchen zu Hindernissen

Die

letzten elf

Monate meines Lebens

behindern mein heutiges Voranschreiten

noch

Mein

Mangeldenken führt

dass keine Geldquelle

den Weg zu mir

findet

Ich

bin gewillt

dies zu ändern

darum habe ich neue

?

Wie und wo trete ich für mich wichtigen Situationen künftig selbstbewusster auf?

Da fallen mir viele mögliche Gesprächspartner ein: allen voran Behörden oder juristische Personen, aber auch zukünftige Arbeitgeber, Personen und Menschen, die Vorteile davon haben, dass ich Selbstbewusstsein ausstrahle. Dann gehen für mich Selbstbewusstsein und Selbstvertrauen Hand in Hand.

Und ein wunderbares Gedicht von seltsamen Wähler, dass mir einmal ein Arbeitskollege gab – es sind in seinem Büro – weist ausdrücklich darauf hin, wie selbst "leuchten" zu lassen, damit noch mehr Menschen sich das zutrauen und sich nicht klein machen und einkringeln.

Also heute heißt die Fragestellung für mich, mich ebenbürtig mit meinem Gesprächspartner zu sehen dazu halte ich es für sinnvoll für mich, mir einen Anker zu setzen. Damit sich aus dem "alten Muster" aussteige, falls ich da wieder hinein gerate, weil die Datenautobahn in meinem Kopf wieder an bewährter (wenn auch negativer Auswirkung) Stelle eine Abzweigung anbietet. Das Thema Selbstbewusstsein betrifft grundsätzlich alle Lebensbereiche. Und so hilft es aus meiner Sicht, wegen neu zu beschreiten, neue Dinge auszuprobieren, mehr Mut zu haben.

Dieser Schreibkurs offenbar mir eigene Schätze und Kraftquellen, die mein jetziges Selbstvertrauen steigern.

Meine Lebenserfahrung zeigt her, dass ich deutlich mehr positive Begegnungen haben, weil ich gut Vertrauensvorschüsse geben kann. Und das würde ich auch auf mein Selbstbewusstsein zurück. Natürlich spreche ich auch immer wieder – aber Dranbleiben ist die Devise, die mein Leben zum Besseren wenden wird. Ebenso der Glaube, dass dies möglich ist und mit diesem Vorsatz bzw. Ansatz es vom Universum nur diese Antwort geben kann.

Sich trauen, zu seiner Meinung zu stehen, also dass ich zu meiner Meinung stehe, egal zu welchem Thema, ist auch eine Form von gelebtem Selbstbewusstsein.

Drei Elfchen zu meiner Zukunft als schreibender Mensch

Schreiben

für mich

schon immer hilfreich

auch in Zukunft wird

weitergeschrieben

Ich

schreibe weiter

das hilft mir

zu mehr Klarheit meiner

Gedanken

Erkenntnisse

durch Schreiben

führen mich dorthin

wo mein Ziel mich

erwartet

Susanne   25.06 2014

Rundgedicht

Mit der Vorgabe der ersten Zeile soll das Gedicht fortgeschrieben
werden. Wer dieses Blatt gezogen hat, schreibt eine sich darauf
beziehende zweite Zeile und gibt es an die benachbarte Person weiter usw.

Bei der achten Zeile besteht die Kunst darin, zwischen siebter und
erster Zeile eine Zeile einzufügen, die beide miteinander sinnvoll
verbindet.

1. Ab morgen werde ich etwas tun ...

2. Was ich schon lange verhalte

3. Ich stehe früh morgens auf

4. Und suche mir was aus

5. und hänge es abends dann an einen alten Haken dann

6. und zeige es morgen bei Facebook dann

7. ein Nachtfoto von Mir

8. oder doch lieber nicht?

Meine Gedanken zum Ergebnis dieser Übung:

....
....
....
....

Rundgedicht

226

14.3 Evaluationsbogen für die Teilnehmenden

Fragebogen zur Evaluation: "Schreiben gegen das Abgeschriebensein" (2. April - 2. Juli 2014)

Persönliches Erleben

1. Hast du dich in der Gruppe wohl gefühlt?	☐ Ja, stets ☐ Ja, überwiegend ☐ Teils, teils ☐ Überwiegend nicht ☐ Nein, überhaupt nicht
2. Wie hast du dich als Person und mit deinen Erwartungen wertgeschätzt gefühlt?	☐ Ja, stets ☐ Ja, überwiegend ☐ Teils, teils ☐ Überwiegend nicht ☐ Nein, überhaupt nicht
3. Wurden deine Interessen berücksichtigt?	☐ Ja, stets ☐ Ja, überwiegend ☐ Teils, teils ☐ Überwiegend nicht ☐ Nein, überhaupt nicht
4. Denkst du, dass du im Laufe der Veranstaltung den anderen Gruppenmitgliedern näher gekommen bist?	☐ Ja, sehr ☐ Ja, überwiegend ☐ Teils, teils ☐ Überwiegend nicht ☐ Nein, überhaupt nicht
5. Hast du im Gruppenprozess Enttäuschungen erlebt, die später nicht mehr aufgearbeitet oder beseitigt wurden?	☐ Nein, gar nicht ☐ Selten ☐ Teils, teils ☐ Öfter ☐ Ja, meistens
6. Kam es einmal bei dir zu einer kathartischen Reaktion (emotionale Ergriffenheit über den eigenen Text)?	☐ Ja, mehrfach ☐ Ja, einmal ☐ Ich habe es unterdrückt ☐ Nein, niemals ☐ Ich kann mich nicht erinnern

Gruppenprozess und Gruppenaktivitäten

7. Konnten sich die Gruppenmitglieder im Laufe der Veranstaltung aufeinander einstellen?	☐ Ja, sehr ☐ Ja, überwiegend ☐ Teils, teils ☐ Überwiegend nicht ☐ Nein, überhaupt nicht
8. Was sollte bei einer erneuten Durchführung des Kurses anders oder besser gemacht werden?	☐ Mehr erklären ☐ Mehr schreiben ☐ Weniger erklären ☐ Weniger schreiben ☐ Es war nichts verbesserungswürdig
9. Zu Beginn des Kurses wurden die Regeln der Themenzentrierten Interaktion erläutert. Wurden diese Regeln beachtet?	☐ Ja, stets ☐ Ja, überwiegend ☐ Teils, teils ☐ Überwiegend nicht ☐ Nein, überhaupt nicht
10. Zu Beginn des Kurses kam es zu unregelmäßiger Beteiligung und Fluktuation durch einzelne Teilnehmende. Wie hat sich das Teilnahmeverhalten dann entwickelt?	☐ Sehr positiv ☐ Eher positiv ☐ Teils, teils ☐ Eher negativ ☐ Sehr negativ

227

Einzelkonzepte und Gesamtkonzept, Zusammenstellung der Angebotspalette

11. Waren die Übungen für dich sinnvoll und nachvollziehbar?	Ja, sehr
	Ja, überwiegend
	Teils, teils
	Überwiegend nicht
	Nein, überhaupt nicht
12. Gab es Übungen, die dir zu neuen Erkenntnissen über deine persönliche Situation verhalfen?	Ja, stets
	Ja, überwiegend
	Teils, teils
	Überwiegend nicht
	Nein, überhaupt nicht
13. Gab es Aufgabenstellungen, die dir zu schwierig waren oder die du nicht verstanden hast?	Nein, gar nicht
	Selten
	Teils, teils
	Öfter
	Ja, meistens
14. Hattest du Spaß/Freude bei einzelnen Übungen?	Ja, sehr
	Ja, überwiegend
	Teils, teils
	Überwiegend nicht
	Nein, überhaupt nicht
15. Haben sich die Einzelübungen zu einem Gesamtkonzept ergänzt?	Ja, sehr
	Ja, überwiegend
	Teils, teils
	Überwiegend nicht
	Nein, überhaupt nicht
16. Wie waren die einzelnen Sitzungen auf das Gesamtkonzept abgestimmt?	Ja, sehr
	Ja, überwiegend
	Teils, teils
	Überwiegend nicht
	Nein, überhaupt nicht
17. Waren die einzelnen Übungen abwechslungsreich?	Ja, sehr
	Ja, überwiegend
	Teils, teils
	Überwiegend nicht
	Nein, überhaupt nicht
18. War das Angebot insgesamt attraktiv?	Ja, sehr
	Ja, überwiegend
	Teils, teils
	Überwiegend nicht
	Nein, überhaupt nicht
19. Wurden deine Erwartungen hinsichtlich des Angebots und der Inhalte erfüllt?	Ja, sehr
	Ja, überwiegend
	Teils, teils
	Überwiegend nicht
	Nein, überhaupt nicht

Die Wirkung des Schreibprozesses auf die Teilnehmenden

20. Was hat der Schreibprozess in dir bewirkt?	☐ Überhaupt nichts
	☐ Verunsicherung
	☐ Nachdenken über meine Situation
	☐ Erkennen meiner Situation
	☐ Den Willen zur Gegenwehr
21. Hast du neue Einsichten hinsichtlich deiner persönlichen Lage gewinnen können?	☐ Ja, sehr
	☐ Ja, überwiegend
	☐ Teils, teils
	☐ Überwiegend nicht
	☐ Nein, überhaupt nicht
22. Hast du Anstöße zur Veränderung deiner Einstellungen bekommen?	☐ Ja, umfangreich
	☐ Ja, teilweise
	☐ Weder, noch
	☐ Nein, eher nicht
	☐ Nein, bestimmt nicht
23. Hast du dir durch neue Einsichten vorgenommen, etwas in deinem Leben zu verändern?	☐ Ja, umfangreich
	☐ Ja, teilweise
	☐ Weder, noch
	☐ Nein, eher nicht
	☐ Nein, bestimmt nicht
24. Wie hat sich der Kurs auf dein Selbstwertgefühl ausgewirkt?	☐ Es wurde sehr gestärkt
	☐ Es wurde etwas gestärkt
	☐ Ich spüre keine Auswirkungen
	☐ Es wurde leicht angekratzt
	☐ Es wurde zusätzlich beschädigt

Gruppenleitung und Rahmenbedingungen

25. War die Leitung kompetent?	☐ Ja, sehr
	☐ Ja, überwiegend
	☐ Teils, teils
	☐ Überwiegend nicht
	☐ Nein, überhaupt nicht
26. War die Leitung authentisch? (echt, glaubwürdig)	☐ Ja, sehr
	☐ Ja, überwiegend
	☐ Teils, teils
	☐ Überwiegend nicht
	☐ Nein, überhaupt nicht
27. Unterstützte die Leitung alle Teilnehmenden gleichermaßen?	☐ Ja, stets
	☐ Ja, überwiegend
	☐ Teils, teils
	☐ Überwiegend nicht
	☐ Nein, überhaupt nicht
28. Wie war der organisatorische Rahmen gestaltet (Räumlichkeiten, Beachtung persönlicher Bedürfnisse)?	☐ Sehr angemessen
	☐ Zum Teil angemessen
	☐ Weder gut noch schlecht
	☐ Zum Teil unangemessen
	☐ Völlig unangemessen

Förderung der Bereitschaft zum Fortsetzen biografischen Schreibens

29. Wurde durch den Kurs dein Interesse am biografischen Schreiben gefördert?	☐ Ja, sehr
	☐ Ja, überwiegend
	☐ Teils, teils
	☐ Überwiegend nicht
	☐ Nein, überhaupt nicht
30. Hast du die überlegt, das Erlernte auch weiterhin anzuwenden?	☐ Ja, bestimmt
	☐ Ja, wahrscheinlich
	☐ Hab mich noch nicht entschieden
	☐ Nein, eher nicht
	☐ Nein, bestimmt nicht
31. Hast du den Wunsch, auch künftig an Schreibgruppen teilzunehmen?	☐ Ja, bestimmt
	☐ Ja, wahrscheinlich
	☐ Hab mich noch nicht entschieden
	☐ Nein, eher nicht
	☐ Nein, bestimmt nicht
32. Hat die Teilnahme am Kurs bei dir eigene Schreibaktivitäten ausgelöst (über die Aufgaben im Kurs hinaus)?	☐ Ja, ich habe schon etwas geschrieben
	☐ Ja, ich habe es mir vorgenommen
	☐ Ich überlege noch
	☐ Nein, eher nicht
	☐ Nein, bestimmt nicht
33. Wurde bei dir über das biografische Schreiben hinaus auch das Interesse am kreativen Schreiben gefördert?	☐ Ja, ich habe schon etwas geschrieben
	☐ Ja, ich habe es mir vorgenommen
	☐ Ich überlege noch
	☐ Nein, eher nicht
	☐ Nein, bestimmt nicht

Förderung der Bereitschaft zur Wahrnehmung von Angeboten zur politischen Bildung und Einschätzung der Rolle des Trägers Rosa-Luxemburg-Stiftung

34. Der Kurs hatte auch eine politische Intention. Glaubst du, dass es für Menschen in deiner Lebenssituation sinnvoll ist, sich politisch zu bilden?	☐ Ja, bestimmt
	☐ Ja, wahrscheinlich
	☐ Darüber habe ich noch nicht nachgedacht
	☐ Nein, eher nicht
	☐ Nein, bestimmt nicht
35. Bist du auch künftig an der Wahrnehmung politischer Bildungsangebote interessiert?	☐ Ja, bestimmt
	☐ Ja, wahrscheinlich
	☐ Darüber habe ich noch nicht nachgedacht
	☐ Nein, eher nicht
	☐ Nein, bestimmt nicht
36. Träger dieser Maßnahme ist die **Rosa-Luxemburg-Stiftung**. Denkst du, dass dieser Kurs sich in das Gesamt-Bildungsangebot der Stiftung einpasst und mehr solcher Angebote vorgehalten werden sollten?	☐ Ja, bestimmt
	☐ Ja, wahrscheinlich
	☐ Darüber habe ich noch nicht nachgedacht
	☐ Nein, eher nicht
	☐ Nein, bestimmt nicht
37. Bist du künftig auch an anderen Bildungsangeboten der **Rosa-Luxemburg-Stiftung** interessiert?	☐ Ja, bestimmt
	☐ Ja, wahrscheinlich
	☐ Hab mich noch nicht entschieden
	☐ Nein, eher nicht
	☐ Nein, bestimmt nicht

Vielen Dank für die Mitarbeit

Hans-Jürgen Fischer, Kursleiter

14.3   Themenspeicher

Speicher für Reservethemen

Eine Liste mit Alternativthemen soll bei Bedarf verfügbar sein, um Angebote für den besonderen Fall anbieten zu können, z. B. falls ursprünglich geplante Themen in einer Situation nicht passen oder Zeitengpässe zu berücksichtigen sind.

Pos.	Thema
1	Es traf mich wie ein Blitz aus heiterem Himmel
2	Stell dir vor, es begegnet dir plötzliche eine Person, die dir früher übel mitgespielt hat: Wie verhältst du dich, was sagst du, was tust du?
3	Je ein Elfchen über eine Person mit pos./neg. Einfluss auf mein Leben
4	Bilanz: Was habe ich gemeistert - wo habe ich Fehler gemacht? (Erhöhte Wahrscheinlichkeit kathartischer Reaktionen)
5	Text: Jemand hat in deiner Anwesenheit geäußert, wer arbeiten wolle, fände auch Arbeit. Teile ihm in einem Brief deine Meinung dazu mit
6	Beschreibe deinen Tagesablauf: Was ist selbstbestimmt, was fremdbestimmt? Wo bestehen Abhängigkeiten? Wo siehst du Zwänge beim Konsumverhalten?
7	Text: Was erwarte ich vom Jobcenter - und was bekomme ich?
8	Welche Bedingungen haben mich am Erfolg gehindert?
9	Welche Menschen haben mich wie - und warum - beurteilt?
10	Was waren traumatische Schulerfahrungen?
11	Gab es ein prägendes Arbeitsverhältnis?
12	Was bestimmte meinen Berufsweg?
13	Muss sich der Mensch über Arbeit definieren?
14	Gibt es für mich Alternativen zur Erwerbsarbeit?
15	Wie stelle ich mir eine pos. veränderte Gesellschaft vor und welche Erwartungen habe ich daran?
16	Übung zu Eigensinn: Wann ich mich warum widersetzt habe
17	Stell dir vor, du wärst für einen Tag Arbeitsvermittler im Jobcenter - was würdest du anders machen?
18	Hausaufgabe: Gehe über den Wochenmarkt und nimm die Gerüche auf. Erinnere dich an die Kindheit. Welche Gerüche verbindest du mit besonderen Situationen oder Personen?
19	Fantasie ist etwas, dass sich manche Menschen gar nicht vorstellen können. Schreibe deine persönliche Fantasiegeschichte
20	Versuche, Geschmack und Geruch deines Lieblingsessens zu beschreiben
21	Bringe einen Gegenstand mit, mit dem du Erlebnisse aus der Kindheit verbindest. Die Gegenstände werden in der Mitte platziert, alle suchen blind einen heraus, tasten ihn ab und schreiben auf, welche Assoziationen er weckt
22	Ein Gedicht über die Art, sich durchzubeißen